小城杯公益之星创意诉讼大赛

U0781064

我是原告
（第2辑）

上海小城律师事务所 编

立信会计出版社
LIXIN ACCOUNTING PUBLISHING HOUSE

图书在版编目(CIP)数据

我是原告. 第2辑 / 上海小城律师事务所编. —上
海：立信会计出版社,2022.10
ISBN 978 - 7 - 5429 - 7065 - 7

Ⅰ.①我… Ⅱ.①上… Ⅲ.①诉讼法－案例－中国
Ⅳ.①D925.05

中国版本图书馆 CIP 数据核字(2022)第 193052 号

策划编辑　　华春荣
责任编辑　　杨　娟
美术编辑　　吴博闻

我是原告(第 2 辑)
WO SHI YUANGAO DI-ER JI

出版发行	立信会计出版社	
地　　址	上海市中山西路 2230 号	邮政编码　200235
电　　话	(021)64411389	传　　真　(021)64411325
网　　址	www. lixinaph. com	电子邮箱　lixinaph2019@126. com
网上书店	http://lixin. jd. com	http://lxkjcbs. tmall. com
经　　销	各地新华书店	

印　　刷	浙江天地海印刷有限公司
开　　本	710 毫米 ×960 毫米　1/16
印　　张	24
字　　数	308 千字
版　　次	2022 年 10 月第 1 版
印　　次	2022 年 10 月第 1 次
书　　号	ISBN 978 - 7 - 5429 - 7065 - 7/D
定　　价	85.00 元

前　言

　　党的十八大以来，以习近平同志为核心的党中央从坚持和发展中国特色社会主义全局出发，从实现国家治理体系和治理能力现代化的高度，提出了全面依法治国重大战略部署。在中央全面依法治国工作会议上，习近平总书记指出："推进全面依法治国，根本目的是依法保障人民权益。"这一重要论断生动诠释了习近平法治思想始终坚持以人民为中心的根本立场，饱含着真挚深厚的爱民、亲民、为民情怀。学习贯彻习近平法治思想，法治专门队伍和法律服务队伍责无旁贷，更要学深悟透、创新落实。

　　2012年由上海小城律师事务所发起，松江区司法局、华东政法大学国际法学院共同举办的"小城杯"公益之星创意诉讼大赛，鼓励在校学生从生活世界的现象中提炼出民生的焦点问题，运用学校课堂所学所知，理论联系实际，通过私权诉讼实践实现公益价值。

　　"小城杯"公益之星创意诉讼大赛作为一项创新性实践活动，以发现和培养法律人才、推动社会公益为宗旨，赢得了广泛的社会认同，从第7届开始升格为由上海市司法局、华东政法大学主办，目前形成了政府部门引领，法律职业共同体广泛参与，社会力量积极响应、合力推动的良好局面。

　　"小城杯"公益之星创意诉讼大赛所产生的公益效应，已走出上海走向全国,并诞生了著名的诉上海国拍行拍牌手续费格式条款案、诉上海迪士尼禁止游客携带食品入园规定不合理案、诉新东方学习卡余款无法提现案、诉苹果公司 iPhone12 不配充电器案等。2019 年"小城杯"公益之星创意诉讼大赛被命名为首批上海市社会主义法治文化品牌活动,写入 2021 年上海市法治宣传教育工作要点。

2018 年上海小城律师事务所曾编写出版《我是原告》一书,受到法学院学生和法律工作者的肯定与好评。近年来,大赛又涌现出一批优秀案例,如苏州市轨道交通票务规则纠纷案被江苏省高级人民法院评为 2018 年度消费者保护十大典型案例,知网买卖合同纠纷案、爱奇艺公司侵犯消费者知情权要求赔偿案被江苏省高级人民法院评为 2019 年度十大典型案例,知网买卖合同纠纷案还入选了 2020 年《最高人民法院公报》,用以指导全国类似案件的审判。时值"小城杯"公益之星创意诉讼大赛 10 周年之际,我们组织编写出版《我是原告(第 2 辑)》,愿为立志维护公益的广大法学院学子、法律工作者及各界社会知音提供参考和借鉴。

编　者

2022 年 6 月

目　　录

迪士尼乐园禁止游客携带食品入园纠纷案 / 1

当你携带食品兴致勃勃地前往迪士尼乐园游玩时,却被告知食品禁止入园,所带食品要么吃掉,要么丢掉,要么放入寄存柜(寄存费每次80元),你将作何感想?

知网买卖合同纠纷案 / 17

下载一篇 7 元的文献,却被要求最低充值 50 元,剩下的 43 元可以继续使用,但不可以退款。假如以后不再下载文献,那么 43 元等于送给了知网,你觉得合理吗?

爱奇艺知情权纠纷案 / 32

充值成功成为视频网站会员,却仍然要面对插播的广告。这一刻,正在追剧的你心里肯定不爽,你是会吐槽,还是打投诉电话?

《苏州市轨道交通票务规则》纠纷案 / 55

明明市民卡内有余额 7.1 元,乘坐一段地铁乘运费为 2 元,刷卡进站时市民卡却显示余额不足。假如你遇到这样的问题,会怎么办?

否认可因其实时通信服务免费,微信就具有向公众强制投放广告的权利?

抢注境外商标售卖假货,是对国内消费者权益的侵害,更深层次的是对中国品牌自信、中国制造自信潜移默化的侵蚀,这样的观点你认可吗?

随着新冠肺炎疫情暴发,互联网诊疗服务快速地进入大众视野,然而其中良莠不齐,需要被诊疗者睁大眼睛,保持警惕,以免上当受骗。

购买手机商家免费配送耳机和充电器是理所应当的,可当手机用户将不配充电器的手机销售商家告上法庭,却被判败诉。你认为法院的判决对吗?其中究竟有着什么样的道理?

当你在手机 App 上早早购买好了电影票,却因各种原因在电影开场前不得不改变计划,但电影票却不能退或只有 1 次退改签机会,你觉得这样的规定合理吗?

交了 2 000 多元考试报名费,后在退考规定的时间内提前与报名网站商量退考,却被告知只退款 50%,还有 50% 为报名工作和预留考场座位的费用不予退回。你怎么看?

软件却跳出付费界面,否则剪辑好的作品将付之东流,此时的你一定会很沮丧吧?

建设和交通委员会履行法定职责案 / 336

道路停车收费司空见惯,但收款人是谁?钱款到了哪里?收费标准、计费规定的依据是什么?负责单位、协管单位又是谁?这些问题的答案,你是否也想搞明白?

京东网络购物合同纠纷案 / 349

购买了一款近千元的蓝牙耳机,打开外包装时发现不是心仪的,便想申请"7天内无理由退货",却被告知"拆封包装盒上面的膜就是拆封"而不得退货。如果是你,你会甘心吗?

途经车客运合同纠纷案 / 356

在相对偏远的地方,乘客因途经车不到站停车,经常被司机强令下车。地点往往既陌生又偏僻,下车的你茫然四顾,心中是否感到很无助与无奈?

后记 / 370

迪士尼乐园禁止游客携带食品入园纠纷案

● 一、导　读 ●

　　上海迪士尼乐园,是中国内地首座迪士尼主题乐园,于2016年6月16日正式开园。迪士尼乐园是"迪士尼度假区"的一部分,除乐园外,"迪士尼度假区"还包括主题酒店、迪士尼小镇和一系列休闲娱乐设施。自开园以来,上海迪士尼乐园吸引了众多游客,对于乐园内的游玩项目和设施,游客评价普遍较高,但对于2017年11月15日上海国际主题乐园有限公司修订的《上海迪士尼乐园游客须知》(下称《游客须知》),游客则大多抱有不满。修订的《游客须知》规定:"不得携带以下物品入园:食品;酒精饮料;超过600毫升的非酒精饮料……。"而此前乐园并未有此禁止。对于这一新规,迪士尼度假区相关人士表示,关于外带食品与饮料的规定与中国大陆的大部分主题乐园以及迪士尼在亚洲的其他目的地(目前包括中国香港迪士尼乐园和东京迪士尼乐园)一致,游客可以在乐园外享用自己携带的食品和饮料,也可以在乐园外的迪士尼小镇或星愿公园用餐,用餐完毕后可重返乐园。但经查询,其所提到的乐园外的迪士尼小镇与星愿公园都隶属于迪士尼家族,这说明游客被给予的选择只有迪士尼提供的餐饮服务或在乐园外享用自带食品。对此,我们认为迪士尼乐园侵犯消费者的合法权益,遂将迪士尼乐园的经营者上海国际主题乐园有限公司告上法庭。

本案于 2019 年 3 月 5 日在浦东新区人民法院申请立案，同年 3 月 19 日收到送达回证，4 月 6 日收到传票，4 月 23 日开庭。针对庭审辩论的内容，团队于 4 月 28 日寄出第一次补充答辩意见。6 月 6 日，依据法院寄来的被告补充答辩意见和证据，团队寄出第二次补充答辩意见。9 月 11 日被告对《游客须知》中相关条款进行了修改，9 月 12 日法院组织调解并出具调解书。

此外，团队于 2019 年 5 月 16 日就《游客须知》中不准携带食品入园规定可能侵害消费者合法权益，向上海市松江区人民检察院检察公益诉讼举报中心进行了公益诉讼线索情况反映。

此案经《人民日报》、环球网、vista 看天下、腾讯新闻、今日头条等媒体报道转发后，在社会上引起较大反响。2020 年 3 月 15 日，中国消费者协会将"啄木鸟奖"授予参赛成员王洁莹，以表彰她为广大消费者争取合法权益的行为。

参赛成员

杨　峥：华东政法大学国际法学院毕业，现为江苏某地法律援助律师。

王洁莹：华东政法大学国际法学院毕业，现为上海某律师事务所执业律师。

张　悦：华东政法大学国际法学院毕业，现为北京某律师事务所（郑州）分所执业律师。

魏君枚：华东政法大学国际法学院研究生。

二、案情回顾

(一) 起因

2019年1月30日,王洁莹携带零食进入上海迪士尼乐园参观,工作人员对其翻包检查,禁止王洁莹携带食物入园,双方发生了争执,还惊动了警察。回校后,王洁莹与同学谈及在迪士尼乐园的经历,有同学提出,"小城杯"公益之星创意诉讼大赛正在征集参赛选题,迪士尼乐园经营者侵犯了消费者的合法权益,此选题有公益价值。于是,王洁莹与几位同学从社会公益价值层面进行分析,认为:上海迪士尼受众群体众多,涉及利益广泛,社会关注度高。根据国际主题娱乐协会与旅游业研究及咨询机构美国茂盛集团联合发布的《2017年度全球主题公园和博物馆调查指数》报告,上海迪士尼2017年游客量为1 100万人,2016年游客量为560万人,同比增长96.4%,仅次于东京迪士尼乐园、日本环球影城和东京迪士尼海洋公园,位居第四。因此,迪士尼相关管理规定的变化关系到众多消费者,加之这一规定对于消费者而言很少会提前注意到,容易出现到了迪士尼乐园的游客如果为游园自行准备了食物,就必须在园外吃掉、扔掉或者付费寄存在园外(寄存费每次80元)的情形。如果在园内就餐,园内食品的价格高,无疑会增加游客的负担和游玩体验。迪士尼园内的游园娱乐项目较多,游客在园中娱乐游玩时间长,经常会因为入园购票排队、入园后参加游乐活动而赶不上饭点,或者需要饮料、食品充饥。但游乐场内布设的购物点仍会给游客的游玩、购物、消费带来不便。游客随身携带食品和饮料,能够节省游园的时间,更多地参与游乐活动。至于游客自带食品是否影响园内的卫生和安全,因为完全不能确定自带食品饮料和园内购买有何区分,只能让人们感觉到这种规定会侵犯游客的权益。由此,团队认为自带食品和园内购买均应由游客自定,迪士尼乐园的规定隐藏着强买强卖的行为,实质上侵犯了游客的权益。

随后,团队决定以王洁莹个人名义将迪士尼乐园的经营者上海国际主题乐园有限公司作为被告起诉至法院,请求法院认定"禁止游客携带食品入园"的格式条款无效,并赔偿损失。

(二) 法理分析

起诉前,在指导律师的帮助下,团队认真组织法理分析,研究后确定两点诉讼请求:一是确认上海迪士尼乐园禁止游客携带食品入园的格式条款无效,二是请求上海迪士尼乐园赔偿原告损失,包括原告在迪士尼乐园外购买却因被告不合理规则而被迫丢弃的食品的费用,共计 46.3 元。

第一点诉讼请求的请求权基础是《中华人民共和国消费者权益保障法》(下称《消费者权益保障法》)第二十六条:经营者不得以格式条款、通知、声明、店堂告示等方式,作出排除或者限制消费者权利、减轻或者免除经营者责任、加重消费者责任等对消费者不公平、不合理的规定,不得利用格式条款并借助技术手段强制交易。格式条款、通知、声明、店堂告示等含有前款所列内容的,其内容无效。本案中:

(1) 被告侵犯了消费者自主选择权。消费者与迪士尼乐园形成的合同是娱乐消费合同,而不是食品消费合同,在不妨害公共利益的情况下,消费者有权选择和决定食品的来源。而被告《游客须知》的规定剥夺了消费者的权利,限制了消费者的自主选择权。入园前,消费者带食物只有三种方案:一是将所带食物放入寄存柜,而寄存费每次 80 元。二是把食物放在安检处旁的桌子上食用,但桌子数量有限。三是抛弃食物。这三种方案对消费者都不利。入园后,到了用餐时间,消费者也只有三种方案:一是不吃饭。二是选择园内价格高昂的食物。三是出园就餐后再返回。这看似有了选择空间,其实是以一种变相的手段限制了消费者的自主选择权。另外,被告所售的门票不准退票,也限制了消费者的自主选择权。

（2）被告侵犯了消费者公平交易权。根据《消费者权益保障法》第十条规定,经营者应当向消费者提供质量保障、价格合理的服务。迪士尼乐园的门票是一日作废票,因乐园的游玩项目多,游客量大,游玩时间和游玩项目的多少决定了服务质量,若游客出园就餐,游玩时间缩短,服务质量低,限制了公平交易权。若游客在园内就餐,只能选择园内价格高昂的食物,这是一种强迫交易行为。被告虽没有义务保证游客的游玩时间有多少,但不应当通过订立格式条款间接故意地减损游客的游玩时间。

（3）被告限制了消费者知情权。根据《消费者权益保障法》第二十六条规定,订立格式条款的经营者应尽到说明义务,即以显著标注的方式提醒消费者。但"去哪儿"网在售卖迪士尼门票时并未提示禁止携带食物的条款,被告官网上虽有该提示,但十分不显眼,在官网页面底部,字体微小,需要点击并查询才能了解到该条款,这对消费者而言是一种信息歧视,限制了消费者的知情权。

（三）调研

为了解社会公众对上海迪士尼乐园禁止游客带食品入园的态度,团队通过不同途径进行了调研。

1. 问卷调查

在网络上随机发放问卷,回收有效问卷 157 份,统计数据显示:有89%的人认为上海迪士尼禁止游客携带食物入园的规定侵害消费者的合法权益,86%的人认为该规定违反消费者保护法的相关规定,过半数的人认为这一规定的目的是提高迪士尼乐园园内餐饮业的创收。

2. 游客采访

团队成员采访了数位近期游玩上海迪士尼乐园的游客,询问其游玩期间的经历以及对禁止游客带食品入园的看法。

一位游客表示：迪士尼乐园对禁止游客带食品入园执行十分严格，在入园安检时会有工作人员搜包检查，要求携带食品的游客当场食用或丢弃。另一位游客认为：园内餐饮价格过高，快餐店的家庭套餐价格为 300 元左右，单人套餐均价 85 元，玉米、热狗等小吃售价高达 35 元，常见的瓶装饮料价格也多在 10 元至 25 元之间。虽然游客可凭门票出园前往附近的迪士尼小镇就餐，但由于进出园耗费时间较长，实际操作并不方便，会影响游乐项目体验。

几位游客对禁止游客带食品入园的规定表示不满，他们认为迪士尼乐园门票价格本身较高，已经达到其盈利目的，不该以促进园内消费为由限制消费者权益；且园内提供的食物价格高，性价比低；更重要的是，消费者应当有自主选择饮食的权利，迪士尼乐园采用人工开包检查的方式侵犯了个人隐私和消费者的自主选择权。

3. 专家观点

团队成员通过互联网搜集了相关领域专家对迪士尼乐园禁止游客携带食品入园这一规定的看法。

上海市消保委公益律师团律师姚海嵩表示，上海迪士尼乐园以调整《游客须知》的方式，禁止游客携带任何食品，是单方制定格式条款的行为。根据《中华人民共和国合同法》（下称《合同法》）第三十九条：采用格式条款订立合同的，提供格式条款的一方应当遵循公平原则确定当事人之间的权利和义务，并采取合理的方式提请对方注意免除或者限制其责任的条款，按照对方的要求，对该条款予以说明。园方在制定上述格式条款时，应当有明确合理的目的，并应公平地确定各方义务，否则为无效条款。姚海嵩指出，法律赋予了消费者自主选择权并禁止经营者的强制交易行为，园方应遵守法律规定，依法保护消费者合法权益。

上海市消费者权益保护委员会副主任兼秘书长陶爱莲表示，上海迪士尼乐园在考虑商业利益的同时,应注重保护消费者合法权益。禁止携带食品是迪士尼乐园统一做法,但无论园方出于园区卫生等管理需要,还是从食品安全角度出发,其背后隐含的还是商业利益。"门票加园内用餐成本高,游园时间有限,出园就餐时间长,均提高了消费者的游园成本。"陶爱莲认为,园方应该合理配置餐食种类,兼顾不同消费人群的需求,如提供不同价位的餐食供应,针对老人、婴幼儿或特殊病人,允许携带餐食或提供特殊就餐服务等,充分兼顾消费者感受和体验,让消费者可以自由选择。

(四) 起诉

2019 年 3 月 5 日,团队以王洁莹个人名义向上海市浦东新区人民法院递交民事起诉状。

附一:民事起诉状

民 事 起 诉 状

原告:王洁莹(详细信息:略)

被告:上海国际主题乐园有限公司(详细信息:略)

诉讼请求:

1. 判决确认被告《上海迪士尼乐园游客须知》中"不得携带以下物品入园:食品;酒精饮料;超过 600 毫升的非酒精饮料"条款内容无效。

2. 判令被告赔偿原告因上述入园规则被迫丢弃的食品损失人民币 46.30 元。

事实与理由:

原告于 2019 年 1 月 28 在"去哪儿"网站上购买了上海迪士尼乐

园1日票1张,于2019年1月30日前往上海迪士尼乐园游玩,并购买了部分易携带的即食食品以备游玩时食用,但在迪士尼乐园入口处被工作人员告知迪士尼乐园的游园规则禁止游客携带食品入园,原告认为迪士尼乐园制定的规则侵犯了自身合法权益,与工作人员产生口头纠纷,但由于工作人员态度强硬,原告不得不丢弃先前在迪士尼乐园外购买的食品。原告遂拨打110报警,上海市公安局浦东分局国际旅游度假区一大队接收了原告的报警。原告于报警后再次进入迪士尼乐园并在乐园内以明显高于市场价的价格购买了食品以食用。

原告认为,原告与被告之间构成了服务合同关系,上海迪士尼乐园规定的"游客不得携带食品入园"条款属于格式条款,因该条款是被告以格式合同、通知、声明、告示等方式作出的排除、限制消费者权利的条款,依据《消费者权益保护法》第二十六条的规定,属于无效的格式条款。故请求法院查明案情,依法支持原告的诉讼请求。

此致

上海市浦东新区人民法院

具状人:王洁莹

2019年3月5日

附二:原告证据清单(表1)

表1 原告证据清单

证据编号	证 据 名 称	证 明 内 容
1	被告工商信息	证明被告的主体资格
2	迪士尼乐园门票及网站购票支付记录	证明原告于2019年1月28日购买门票,与被告签订合同,并于1月30日使用门票进入迪士尼乐园

证据编号	证 据 名 称	证 明 内 容
3	《游客须知》告示	证明被告以告示的形式告知游客不得携带食品进入迪士尼乐园
4	照片	证明被告工作人员在迪士尼乐园入口处搜包检查,禁止游客携带食品入园
5	上海公安局案(事)件接报回执单	证明原告与被告工作人员因携带食品问题发生纠纷后报警
6	照片	证明原告因被告禁止游客携带食品入园而丢弃入园前所购买的食品
7	照片	证明迪士尼乐园内食品价格高昂,远高于市场价
8	发票	证明原告在迪士尼乐园内购买食品花费人民币共 30 元

(五) 庭审

2019 年 4 月 23 日下午,案件在上海市浦东新区人民法院川沙第十法庭开庭,双方的争议焦点如下。

1. 被告的行为是否排除限制了原告的自主选择权?

被告辩称:被告并没有强制消费者在迪士尼乐园内就餐,消费者可以选择在园内就餐,也可以出园就餐后再返回园内,消费者是有选择的,其自主选择权没有被限制。

原告认为:首先,被告对《消费者权益保护法》第二十六条中排除消费者自主选择权的理解存在错误,被告认为排除自主选择权是指消费者没有任何选择。实际上,法条本身并未释明"排除"的内涵,必须借助其他手段来明确其具体内涵。如最高人民法院在答复《中国消费报》记者有关饭店禁止顾客自带酒水的问题中,明确规定饭店禁止顾客自带酒水是无效条款,这与迪士尼乐园禁止游客携带食物具有同质性,虽然饭店也给予消费者选择吃或不吃,或者出饭店饮用酒水后再返回饭店的选择空间,但这种选择不是自由、自主的,而是消费者迫于经营者规定而无奈的做法,这依然是限制消费者的自主选择权的行为。烟台人民法院也曾判决电影院禁止带食物观影是无效条款,这与迪士尼的行为性质也具有相似性,电影院也允许消费者买食物、不买食物或者中途出来就餐再返回观影。被告的行为本质上是以一种变相的手段限制消费者的自主选择权,而并不是被告辩称的仅仅是一种不便利。

其次,出园就餐同样有损消费者的权利。一方面,即使游客出园就餐,被告仍能从中获益,游客出迪士尼乐园后,较近的饭店均位于迪士尼小镇等上海市迪士尼度假区的配套设施内,度假区的业主公司与管理者同样是被告及被告的关联公司。这些饭店需交铺位费和租金,只要原告在度假区内就餐,被告仍然是受益者。度假区面积广大,出度假区是不合常理的。另一方面,游客出园就餐,同样限制了消费者的自主选择权。根据被告提供的证据可以看到,迪士尼小镇位于迪士尼乐园入口附近,而根据一般游玩的规律,游客先从入口附近的景点与设施开始游玩,然后前往较远的景点与设施,等到就餐时间,游客距离入口处已经十分遥远,此时游客若想外出就餐,必须原路返回,回到出入口区域,用餐结束重新排队进入迪士尼乐园,然后前往远处的景点与设施,这个过程会浪费大量的时间,游客本可以用这些时间来游玩,现在却必须把时间花在路途奔波中。虽然迪士尼乐园允许消费者出园,但这必然会严重缩短消费者游玩的时间,变相地迫使消费者在游玩时间与出园就餐之间做出选择:消费者若不愿浪费游玩时间,就只能选择园内价格高昂的食物;若消费者选择出园就餐,就会严重浪费游玩的时间,不管消费者选择哪一种方案,都会给消费者带来损失。消费者看似有了选择的空间,实际上只能在两种都不利于自己的方案中进行选择,而被剥夺自己携带食品在乐园内就餐的权利。这同样是对消费者自主选择权的限制。这种行为类似于饭店禁止消费者自带酒水,却允许消费者中途离开饭店,喝完酒再返回饭店一样,这与直接禁止携带酒水并无本质区别。

2. 该条款是否是被告基于公共安全卫生的需要而必须订立的条款?

被告辩称:消费者可能会携带气味特殊或有安全隐患的食品入园,并且随意丢弃垃圾,该条款是基于维护园内公共卫生安全而必须订立的条款。

原告认为:首先,携带食物本身不会当然导致公共卫生安全问题,被告不能因为潜在的卫生安全问题而限制消费者权利。其次,禁带食物不能达到迪士尼想要的效果,不能避免所有潜在的卫生安全问题,因为迪士尼乐园内同样存在气味奇特的食物,游客也可能丢弃园内食品垃圾。再次,迪士尼乐园有其他更加合理的手段进行其自身应当尽的管理义务,可以在园内设置垃圾桶、休息区。但迪士尼为杜绝潜在的卫生安全问题,把自身该承担的责任和义务,利用其优势地位,强加于消费者,限制了消费者的权利。被告辩称因为游客会带各种千奇百怪、气味奇特的食物,本质上还是排除自己的管理义务,并且存在对消费者素质的歧视。

另外,同样是迪士尼乐园,加州、奥兰多、巴黎迪士尼乐园均可以携带食物,偏偏亚洲的迪士尼乐园不可以携带,这是对亚洲地区的歧视。

3. 原告对本案是否具有诉的利益?

被告庭后补充的证据和答辩意见中,对原告的个人信息进行了调查,被告发现原告参加了"小城杯"公益之星诉讼大赛,并提交了"小城杯"开幕式时的照片作为证据,以此主张原告在本案中没有受到真正的损失,且涉案合同已经履行完毕,原告不具有诉的利益,是为了参加比赛获得奖金而进行的诉讼。

原告认为：被告的主张是毫无根据的，诉的利益是指所提出的诉讼请求所具有的通过判决使纠纷得以解决的必要性和实效性。原告此前通过向消协举报、报警等方式来解决与被告的纠纷，但纠纷没有得到有效解决，因此具有提起诉讼的必要性。

原告的诉讼请求同时也具有实效性。被告认为涉案服务合同已于2019 年 1 月 30 日游玩结束后履行完毕，原告不认同此观点。合同履行完毕是指当事人双方按照合同的约定或者法律的规定，全面、正确地完成各自承担的义务，使合同债权得以实现，合同法律关系归于消灭。在本服务合同中，被告负有的义务是在原告出示门票后允许原告入园，但被告却在履行义务时附加了"丢掉随身食物"这一不合理的条件，并且通过搜包这种侵犯消费者隐私和尊严的方式来检查消费者随身携带的物品。因此原告认为，被告并没有全面、正确地履行合同义务，其履行具有瑕疵，合同没有履行完毕。由于被告的履行具有瑕疵，给原告造成了一定的损失，虽然原告不能请求继续履行合同，但可以请求被告赔偿损失。原告的诉讼具有实效性，原告对本案有诉的利益。

（六）调解

2019 年 9 月 11 日被告对《游客须知》相关条款内容进行修改，2019 年 9 月 12 日在法院的组织下进行了调解，法院给双方出具了调解书。

附：浦东新区人民法院民事调解书

民 事 调 解 书

（2019）沪 0115 民初 22409 号

原告：王洁莹（详细信息：略）

委托诉讼代理人：杨峥、张悦（详细信息：略）

被告：上海国际主题乐园有限公司（详细信息：略）

委托诉讼代理人：陈周、李亦然（详细信息：略）

案由：服务合同纠纷

原告王洁莹与被告上海国际主题乐园有限公司服务合同纠纷一案，本院于 2019 年 3 月 15 日立案后，依法适用简易程序，于 2019 年 4 月 23 日公开开庭进行了审理。后因案情需要，本院依法裁定本案转为普通程序进行审理。

原告王洁莹向本院提出诉讼请求：

（1）判决确认被告《上海迪士尼乐园游客须知》中"不得携带以下物品入园：食品；酒精饮料；超过 600 毫升的非酒精饮料"条款内容无效。

（2）判令被告赔偿原告因上述入园规则被迫丢弃的食品损失人民币 46.30 元。

事实和理由：

2019 年 1 月 28 日，原告在"去哪儿"网站上购买了上海迪士尼乐园 1 日票 1 张。2019 年 1 月 30 日，原告前往上海迪士尼乐园游玩，并携带部分即食食品以备游玩时食用。原告在上海迪士尼乐园安检区安检时，被工作人员告知根据上海迪士尼乐园入园规则不得携带食品进入乐园。原告与被告的工作人员交涉未果，遂自行处理食品后入园。现原告以上海迪士尼乐园规定的"游客不得携带食品、饮料入园"条款属于无效的格式条款为由诉至本院。

2019 年 9 月 11 日，被告对入园规则中相关条款内容进行了修改：除少数特殊食品仍禁止携带外，游客可携带供本人食用的食品及饮料进入上海迪士尼乐园。

本案审理过程中，经本院主持调解，当事人自愿达成如下协议：

被告上海国际主题乐园有限公司补偿原告王洁莹人民币 50 元(当庭给付)。

上述协议,不违反法律规定,本院予以确认。

案件受理费人民币 50 元,减半收取计 25 元,由原告王洁莹和被告上海国际主题乐园有限公司各半负担。

本调解书经各方当事人签收后,即具有法律效力。

审判长　顾江平

审判员　唐墨华

人民陪审员　沈　英

二〇一九年九月十二日

书记员　叶丹军

三、参赛感悟

这个案件是我们团队参加第五届"小城杯"公益之星创意诉讼大赛的一个公益诉讼案件,虽然是以私诉的方式进行,但达到的诉讼效果出乎我们的预料,参赛项目取得了总决赛的一等奖。特别是此案经《人民日报》、环球网、vista 看天下、腾讯新闻、今日头条等媒体报道转发后,在社会上引起较大反响,2020 年 3 月 15 日,中国消费者协会将"啄木鸟奖"授予王洁莹,让我们更感意外。

当时,我们作为大四的学生,专业水平必然是有所欠缺的,但作为法学专业的学生,我们对消费者权益保护方面的法律还是有一定的了解,之前最高人民法院也有明确餐饮行业禁止自带酒水食物是霸王条款,实践中也有法院判决过电影院禁止自带食物的条款无效,我们认为迪士尼乐园的规定与之相似,侵犯了消费者的权益。作为法学生,"较劲"是我们的"天职",并且这次公益之星创意诉讼大赛给予我们很大的支持和鼓励。我们也希望这一案件可以创造更大的公益价值,让社会公众更加关注自身的权益。

在整个诉讼过程中我们也遇到许多困难。首先,对于能否立案就有争议,我们与立案庭庭长"唇枪舌剑"了将近 1 小时,最终庭长让我们下次把起诉状修改好再过来立案。我们当即决定留在法院附近,利用中午时间修改了诉状,下午再前往法院,最后成功立案使我们也很惊喜。其次,诉讼受到许多人的关注,有人认为从立案到调解结案的过程,是媒体和舆论在推动。实际上,我们并没有想要通过媒体、利用舆论去干扰法官的判决。不可否认,这个案子的结果是有舆论的影响,但这并不与法律对立。再次,迪士尼请的是方达律师事务所的律师,他所提供证据的清单里有一张照片,是我们参加比赛的合照,还把王洁莹用红圈圈了出来,意思是王洁莹是为参加公益大赛才来起诉的,这让我们觉得既严谨又搞笑,但也让我们觉得他很专业、很细致、很令人佩服。最后,对方律师团队的知识和经验都比我们丰富,代理律师又是资深律师,这些都让我们感到压力,但压力不是我们退缩的理由。

起诉过程中,我们调查到迪士尼目前已拥有 6 处世界顶级的家庭度假目的地,美国和法国的 3 处迪士尼乐园没有禁止消费者携带食物进园,而日本和中国的迪士尼乐园却禁止携带食物。经过调查和问卷调研,我们了解到:多数人认为上海迪士尼乐园相关规定的目的是提高园内餐饮业的创收,从而侵害了消费者的合法权益,这是我们决定用法律手段为消费者争取权益的原因。

我们也了解到,之前也有人起诉迪士尼,有的没有被立案,有的判败诉。所以,这个案子本身是有争议的。双方怎样去举证、质证,说理够不够充分,加上法官的自由裁量权,最终怎样判决其实不能轻易定夺。

好在此案的结果让我们非常感动,给了我们更多的勇气和动力。

——杨　峥、王洁莹、张悦、魏君枚

四、指导律师点评

王洁莹诉上海迪士尼乐园一案受到了社会的广泛关注,很多网友表示,王同学"干了我们想干又没干的事情"。消费问题与大众息息相关,由于大多消费者缺乏相应的法律知识,维权意识淡薄,或者维权渠道不畅,维权成本过高,因而真正发起维权的案件数量远低于实际侵权量。而经营者不但对个人消费者实施侵权,在面对众多消费者时仍然毫不犹豫地挥起了"镰刀",割起了"韭菜"。我作为指导律师参与了本案指导,见证了华政学子从起诉到调解所经历的全部困难和努力,即便是学法者面对维权时也并非一帆风顺。我曾评价四位华政学子"少年一世能狂,是法学界的希望"。对于学生而言,本案是一场非常有意义的实践,从学法到用法,从课本知识到解决问题,知易行难。法律人第一步是进行法律判断,对于涉及法律问题的事件,法律人应当敢为敢先。

本案件对社会而言具有一定的公益价值,既解决了上海迪士尼乐园允许游客携带食物进园的问题,同时又让广大消费者看到消费者与经营者之间在法律面前都是平等的主体,没有"大象"和"蚂蚁"之分。消费者的权益一旦受到侵犯,就要自觉拿起法律的武器维护自身的合法权益。作为经营者也应深思,如何站在消费者的角度思考,充分认识提高服务与质量才是长久经营之道。

期待有更多的像王洁莹同学这样的"啄木鸟"诞生。

——上海志君律师事务所　袁丽

知网买卖合同纠纷案

　　中国知网作为权威的学术平台,已被越来越多的人所认可和使用。知网于 1999 年建立,2016 年数据显示,知网收录国内学术期刊 8 149 种,文献总量 45 921 420 篇,其客户基本涵盖各行各业:教育文化、党政社团、生命环境、基建能源、科研企业,总体覆盖率高于万方、维普等其他资源数据平台。至今,知网已成为各大高校的首选资料平台,也是中国最大的论文检索平台,它买断了大量的学术资源,有时已成为学生查找一些论文资源的"必经之路",近乎垄断的学术地位造成了用户对其具有极大的依赖性,其受众之广、用户黏性之强是其他门户网站难以匹敌的。随着社会分工的专业化与人生活需求的多元化,百度百科快餐式的科普知识越来越不能满足人们的需要,社会大众对专业论文、对知网的依赖性越来越强,知网的受众在逐年增加。

　　根据"中国知网会员・流量计费标准表",购买文献最低价格为 0.5 元/页,与此形成鲜明对比的是,当个人用户在充值时,知网设定了充值门槛——最低充值金额为 50 元,个人无法自己设定任意充值金额如 1.5 元、2 元等。如果个人用户是学者,其为了日后的研究会购买大量文献,最低 50 元、上不封顶的充值额度限制对他们并无大碍,但仍存在大量用户只是为查阅某一篇文章(此文章有时是独家数字出版期刊全文),且今后可能不会再使用知网并在知网消费,为了几块钱的文献充值 50 元,知网无疑大大提高了消费者成本,消费者实际上是在不情愿地进行更多的消费。同时,充值的选择为 50 元、100 元、300 元、500 元、1 000 元、2 000 元、3 000 元,而文献的价格根据不同种类、不同标准而不同,大部分消费者反映最后充值的金额是难以完全消费的,会有或多或少的剩余且剩余金额不够购买其他文献,同时又无法申请平台返还,余额只能留在自己的账户上,自己却无法行使自己的财产权利。消费者要么放弃剩余金额将其留给平台,若想要继续消费剩余金额,只能再次进行充值。总的来看,知网充值门槛过高且不合理,充值后未能完全消费的钱无法申请返还,这两点成为消费者被无形侵权的事实。

本案于 2018 年 11 月 6 日向苏州市姑苏区人民法院提起诉讼。同年 11 月 26 日,同方知网公司将余额 41 元退还至原告的支付宝账户,2019 年 1 月 30 日,姑苏区人民法院作出同方知网(北京)技术有限公司在其经营的中国知网(www. cnki. net)充值中心关于最低充值额限制的规定无效,并驳回原告其他诉讼请求的判决。

事后,此案引起法学界的关注,案件被江苏省高级人民法院评为 2019 年度十大典型案例,还入选了 2020 年第一期《最高人民法院公报》,用以指导全国类似案件的审判。

参赛成员

宋飞达:苏州大学王健法学院知识产权专业学生。

苏瑞怡:苏州大学王健法学院法学专业学生。

刘智超:苏州大学王健法学院法学专业学生。

施佳丽:苏州大学王健法学院知识产权专业学生。

雷一鸣:苏州大学王健法学院知识产权专业学生。

二、案情回顾

（一）起因

2018年5月25日19时30分，刘智超在中国知网阅读关于中药的学术文献《中药》并希望下载，下载该论文需支付7元。刘智超完成中国知网个人用户注册后，点击"购买"按钮，网站弹出要求"充值"的页面，刘智超随后进入中国知网"充值中心"。然而，虽然充值中心内包含支付宝、微信、银联在线等10种不同的充值方式，却人为限定了充值金额的选项，即只能选择50元、100元、200元、300元、500元、1 000元、2 000元和3 000元8种充值金额。最终，刘智超因下载7元的文献而被迫充值50元。

刘智超认为，该充值金额的最低额"门槛"限制是对消费者不公平、不合理的规定，存在变相强制消费者购买的可能，存在侵犯消费者自由选择权和公平交易权的可能。知网不返还充值剩余的行为，违反了《中华人民共和国价格法》（下称《价格法》）的规定。因此，刘智超决定将知网告上法庭。

（二）法理分析

《消费者权益保护法》第九条规定：消费者享有自主选择商品或者服务的权利。消费者有权自主选择提供商品或者服务的经营者，自主选择商品品种或者服务方式，自主决定购买或者不购买任何一种商品、接受或者不接受任何一项服务。消费者在自主选择商品或者服务时，有权进行比较、鉴别和挑选。第十条规定：消费者享有公平交易的权利。消费者在购买商品或者接受服务时，有权获得质量保障、价格合理、计量正确等公平交易条件，有权拒绝经营者的强制交易行为。第十六条规定:经营者向消费者提供商品或者服务,应当依照本法和其他有关法律、法规的规定履行义务。经营者和消费者有约定的,应当按照约定履行义务,但双方的约定不得违背法律、法规的规定。经营者向消费者提供商品或者服务,应当恪守社会公德,诚信经营,保障消费者的合法权益;不得设定不公平、不合理的交易条件,不得强制交易。第二十六条规定:经营者在经营活动中使用格式条款的,应当以显著方式提请消费者注意商品或者服务的数量和质量、价款或者费用、履行期限和方式、安全注意事项和风险警示、售后服务、民事责任等与消费者有重大利害关系的内容,并按照消费者的要求予以说明。经营者不得以格式条款、通知、声明、店堂告示等方式,作出排除或者限制消费者权利、减轻或者免除经营者责任、加重消费者责任等对消费者不公平、不合理的规定,不得利用格式条款并借助技术手段强制交易。格式条款、通知、声明、店堂告示等含有前款所列内容的,其内容无效。

国家工商行政管理总局(2018 年改名为国家市场监督管理总局)《侵害消费者权益行为处罚办法》(下称《处罚办法》)第十二条第一款第一项规定:经营者向消费者提供商品或者服务使用格式条款、通知、声明、店堂告示等的,应当以显著方式提请消费者注意与消费者有重大利害关系的内容,并按照消费者的要求予以说明,不得作出含有下列内容的规定:免除或者部分免除经营者对其所提供的商品或者服务应当承担的修理、重作、更换、退货、补足商品数量、退还货款和服务费用、赔偿损失等责任。

《中华人民共和国价格法》(下称《价格法》)第四十一条规定:经营者因价格违法行为致使消费者或者其他经营者多付价款的,应当退还多付部分;造成损害的,应当依法承担赔偿责任。

对照知网的做法,充值金额的最低额"门槛"限制是对消费者不公平、不合理的规定。

虽然中国知网设定充值金额的价格行为权属于企业经营自主权的范畴，但由于经营者和消费者在经济地位上的不对称，根据《中华人民共和国民法总则》(下称《民法总则》)和《消费者权益保护法》的规定，中国知网作为经营者应当在提供商品或服务时遵循自愿、公平的原则，保障消费者享有自主选择权和公平交易权等各项基本权利和合法权益的行使。如果损害消费者的合法权益，中国知网则应当承担相应的民事责任。

第一，中国知网要求个人用户在购买金额较小的单篇文章前，必须先选择规定的最低充值额度进行充值，如果个人用户没有选择最低额度为 50 元的选项进行充值，那么就无法购买该金额较小的单篇文章。换言之，个人用户本可以直接支付单篇文章的价格(如 7 元)进行购买，但迫于该平台充值最低额度的要求而必须支付明显高于文章价格的费用，否则无法购买该单篇文章。该规定属于设定不公平、不合理的交易条件进行强制交易的行为，侵犯了消费者自主决定购买或者不购买任何一种商品的权利。依据《消费者权益保护法》第九、第十、第十六、第二十六条规定，中国知网的这一要求侵犯了消费者的自主选择权和公平交易权。

第二，在个人用户被迫支付明显高于单篇文章价格的费用后，中国知网没有给出相关通道来保障消费者退还多余金额的权利。换言之，中国知网通过支付高额费用的手段变相强制消费者购买和使用其提供的商品，对不接受其不合理条件的消费者拒绝提供相应的商品，并且部分免除了其作为经营者对其提供的商品所应承担的更换、退货、补足商品数量、退还货款和赔偿损失的责任。根据《消费者权益保护法》第十六条，《处罚办法》第十二条和《价格法》第二条、第四十一条的规定，中国知网这一要求属于因价格违法行为致使消费者多付价款，应当退还多付部分。

国家发展计划委员会《关于商品和服务实行明码标价的规定》第十

九条规定：经营者不得在标价之外加价出售商品，不得收取任何未予标明的费用。先消费后结算的，须出具结算单据，并应当列出具体收款项目和价格。一项服务可分解为多个项目和标准的，经营者应当明确标示每一个项目和标准，禁止混合标价或捆绑销售。

《合同法》第三十九条第一款规定：采用格式条款订立合同的，提供格式条款的一方应当遵循公平原则确定当事人之间的权利和义务，并采取合理的方式提请对方注意免除或者限制其责任的条款，按照对方的要求，对该条款予以说明。第四十条规定：格式条款具有本法第五十二条和第五十三条规定情形的，或者提供格式条款一方免除其责任、加重对方责任、排除对方主要权利的，该条款无效。

《民法总则》第五条规定：民事主体从事民事活动，应当遵循自愿原则，按照自己的意思设立、变更、终止民事法律关系。第六条规定：民事主体从事民事活动，应当遵循公平原则，合理确定各方的权利和义务。

知网充值最低金额的规定，事实上属于对消费者不公平、不合理的格式条款规定。个人用户若要购买7元的单篇文章，必须在标价之外至少支付43元的额外费用，如果用户之后不再购买该平台的文章，那么该43元无法退还，中国知网事实上构成了以格式条款加重消费者负担，收取了未予标明的费用，有捆绑销售的嫌疑。

知网平台规定的收费项目及价格标示在单篇文章下端，被消费者知悉后构成要约，消费者知悉收费的项目后仍然在此购买文章，双方达成消费合同。但本案中当事人真实的意思仅仅是购买自己需要的特定文章，而最低充值金额的规定导致当事人在实现自己真意的同时，必须向账户充值最低50元的金额，实质上是当事人被强制负担了额外的充值费用，这对消费者来说显然是不公平、不合理的。依据《合同法》第三十九、第四十条规定，中国知网最低充值金额的规定，是免除其责任、加重个人用户责任、排除个人用户主要权利的格式条款,该条款无效。该规定也与《民法总则》第五条、第六条规定的公平、自愿的基本原则背道而驰。

(三) 取证

团队通过截图方式获取原告购买文献、充值选择、充值金额、知网会员流量计费标准的证据,保存在注册知网会员时需要同意的格式合同《CNKI用户注册协议》里,通过电话录音讯问知网客服账户金额的使用方式,获取剩余金额无法退回的信息。相关证据如下:

证据一:充值金额选择页面。证明内容:消费者在知网充值金额选择少,只有 50 元、100 元、300 元、500 元、1 000 元、2 000 元、3 000 元的充值金额选择,消费者自主选择权被侵犯。

证据二:充值金额(50 元)与充值后购买文献(7 元)的支付证明。证明内容:原告为购买 7 元的文献而充值 50 元。

证据三:中国知网会员流量计费标准表。证明内容:知网充值金额门槛高,购买文献最低金额为 0.5 元,而充值金额 50 元起。

证据四:拨打中国知网服务电话的对话录音(略)。证明内容:知网用户账户余额不能退还,只能在平台内消费。

由于所获取证据日后可能灭失或者难以取得,我们还向公证机构申请保全证据公证。

(四) 原被告确定

1. 原告

根据《中华人民共和国民事诉讼法》(下称《民事诉讼法》)第三条、第四十八条、第四十九条规定,刘智超为消费者也是受害者,因此确定原告为刘智超。

2. 被告

根据注册知网会员签订格式合同《CNKI 用户注册协议》，合同的相对方为同方知网(北京)技术有限公司，合同约定"服务系统的电子服务的所有权和运作权归同方知网(北京)技术有限公司"，即服务提供方为同方知网(北京)技术有限公司，充值收款方为《中国学术期刊（光盘版）》电子杂志社有限公司。根据《民事诉讼法》第五十二条规定，将同方知网(北京)技术有限公司和《中国学术期刊（光盘版）》电子杂志社有限公司确定为共同被告。

（五）管辖

根据《民事诉讼法》第二十三条：因合同纠纷提起的诉讼，由被告住所地或者合同履行地人民法院管辖；《最高人民法院关于适用〈中华人民共和国民事诉讼法〉的解释》第二十条：以信息网络方式订立的买卖合同，通过信息网络交付标的的，以买受人住所地为合同履行地。买方刘智超所在地为苏州市姑苏区，故应由苏州市姑苏区人民法院管辖。

（六）诉讼请求

1. 请求法院判令被告取消充值最低限额之门槛，并设立自定义充值金额。

2. 请求法院判令被告返还原告账户余额人民币 43 元。

3. 请求法院判令被告承担诉讼费用。

（七）结果

2018 年 11 月 6 日，团队以刘智超名义向苏州市姑苏区人民法院提交民事起诉状。2019 年 1 月 30 日，姑苏区人民法院作出同方知网(北京)技术有限公司在其经营的中国知网(www.cnki.net)充值中心关于最低充值额限制的规定无效,并驳回原告的其他诉讼请求。事后,此案经媒体进一步披露,引起法学界的关注,案件被江苏省高级人民法院评为2019年度十大典型案例,还入选了2020年第一期《最高人民法院公报》。

附:《最高人民法院公报》有关此案内容

刘智超诉同方知网(北京)技术有限公司
买卖合同纠纷案

【裁判摘要】

经营者单方设定的最低充值金额条款不仅侵犯了消费者的自主选择权、无故占用了消费者的资金,还会额外增加消费者申请退款时的负担,因此,该最低充值金额条款属于限制消费者合法权益的格式条款,系对消费者不公平、不合理的规定,应认定无效。

原告:刘智超,男,20岁,汉族,住所地:江苏省苏州市姑苏区。

被告:同方知网(北京)技术有限公司,住所地:北京市海淀区西小口路。

法定代表人:王明亮,该公司董事长。

原告刘智超因与被告同方知网(北京)技术有限公司(下称"同方知网公司")发生买卖合同纠纷,向江苏省苏州市姑苏区人民法院提起诉讼。

原告刘智超诉称:原告刘智超在被告运营的中国知网下载名为《中药》的文献时,网页提示需付费7元,原告点击"购买"按钮后,弹出充值页面,原告随后进入中国知网"充值中心"。充值中心提供了支付宝、微信、银联在线等不同的充值方式,但均设置了最低充值金额限制,即个人用户最低充值限额为 50 元。原告为下载 7 元的文献被迫充值 50 元。购买该文献后,原告就账户余额退还问题与客服沟通,但客服以退款需要手续费,退款程序复杂、周期长为由,未给原告办理退款。中国知网在其网页"答读者问"一栏第 19 条写道:"充值的金额不能退回,购买充值的金额没有时间限制,用完为止。"明文规定不能退款。根据《消费者权益保护法》第二十六条第二款的规定,经营者不得以格式条款、通知、声明等方式,作出排除或者限制消费者权利、减轻或免除经营者责任、加重消费者责任等对消费者不公平、不合理的规定,不得利用格式条款并借助技术手段强制交易,该条第三款规定,格式条款、通知、声明等含有前款所列内容的,其内容无效。最低充值额限制及充值金额不能退还的规定是格式条款,限制了原告的权利,加重了原告的责任,应属无效。此外,《消费者权益保护法》第九条、第十条还规定消费者享有自主选择权及公平交易权。被告通过最低充值金额限制,拒绝向原告提供其商品的行为,是设定不公平、不合理的交易条件进行强制交易的行为,侵犯了原告的上述权利。故请求法院判令:

(1) 撤销被告作出的最低充值金额限制。

(2) 被告返还原告账户全部余额人民币 43 元。

(3) 被告承担诉讼费用。

审理过程中,原告将上述第 1 项请求变更为:请求法院判令被告制定的最低充值金额限制条款无效。

被告同方知网公司辩称:

(1) 个人用户充值的余额可以退回,客服人员的答复是表示可以退回,只是向原告说明退回的程序复杂,还会扣除手续费,建议原告继续使用。原告称与客服多次沟通不属实,事实上我方得知原告起诉后多次主动联系原告,试图解决此事,但均被原告拒绝。我方已经将原告账户余额 41 元退至原告的付款账户。

（2）网站首页帮助中心第 19 条是以问答形式表述，且位置不显眼，不应视为原、被告之间的合同条款。我方在实际操作中并未按照该问答的规定操作，而是可以退回充值余额。我方已经于 2018 年 11 月 26 日将该条问答删除。

（3）最低充值额限制是一种商业惯例，被告在其运营的中国知网网站和手机知网中提供了多种充值方式，如支付宝、微信、银联在线、会员卡等，有的充值方式最低限额系 10 元。银行电汇、邮局汇款及在书刊超市里订阅期刊可以对任意金额进行结算，均没有最低金额限制。不同充值方式所设定的最低限额和阶梯充值金额是出于为用户使用效率考虑，这样可以大幅减少每篇文章的付费操作次数，毕竟多数用户会重复下载或阅读文献，该方式执行多年来也得到用户认可。鉴于实践中确实存在小额付费的用户需求，我方即将增加 0.5 元短信充值的支付方式选项，每篇文献每页的费用为 0.5 元，最低充值 0.5 元的规定已相当于取消了最低充值金额限制。此外，被告也在研发单篇付费系统，目前正在测试。

江苏省苏州市姑苏区人民法院一审查明：

2017 年 5 月 9 日，刘智超在同方知网公司运营的中国知网（www. cnki. net）上通过支付宝充值 50 元，中国知网充值中心对于用支付宝方式充值的最低额限制设定为 50 元。后刘智超于充值当日至 2018 年 6 月 2 日期间在中国知网合计消费 9 元，账户余额共 41 元。2018 年 10 月 21 日，刘智超电话联系中国知网的客服，询问是否可以自定义充值及账户余额能否退还，客服答复不可以自定义充值，不同的充值方式对于最低充值金额有不同规定。对于多余的金额可以退还，但退款周期长，还需扣除一定的手续订购费，如需继续使用中国知网，建议先不退款。2018 年 11 月 6 日，刘智超以中国知网作出的最低充值金额限制及账户余额不能退还的规定侵犯其权益为由将同方知网公司起诉至苏州市姑苏区人民法院。2018 年 11 月 26 日,同方知网公司将余额 41 元退还至刘智超的支付宝账户。

另查明,中国知网充值中心上列明多种充值方式:支付宝、微信支付、银联在线、会员卡、神州行卡、汇付天下、移动短信、银行电汇、邮局汇款等,其中支付宝的充值最低限额为 50 元,其他部分支付方式也设定了不同金额的最低充值额限制。中国知网在其帮助中心网页"答读者问"一栏第 19 条写道:"个人用户没使用完的金额是否可以退订? 账户余额不支持转出功能,购买的充值金额没有时间限制,用完为止。"刘智超提起诉讼后,同方知网公司将该问答内容删除。

江苏省苏州市姑苏区人民法院一审认为:消费者享有自主选择商品或者服务的权利,有权自主选择商品品种或者服务方式,自主决定购买或者不购买任何一种商品。经营者不得以格式条款、通知、声明、店堂告示等方式,作出排除或者限制消费者权利、减轻或免除经营者责任、加重消费者责任等对消费者不公平、不合理的规定,不得利用格式条款并借助技术手段强制交易。格式条款、通知、声明、店堂告示等含有前款所列内容的,其内容无效。本案中,被告同方知网公司在中国知网上关于最低充值额限制的规定导致消费者为购买价格仅为几元的文献需最低充值 10 元至 50 元。虽然账户余额可以退还,但同方知网称退还需扣除手续费,故该网站对于最低充值额的设定占用了消费者的多余资金,且收取退款手续费也增加了消费者的负担。故该规定侵犯了消费者的自主选择权,限制了消费者的权利,是对消费者不公平、不合理的规定,应认定无效。虽然本案的最低充值金额较低,大多数消费者尚可忍受,也未提出异议,但该做法的负面示范效应仍应引起重视并加以规范、指引,商家应在充值时允许消费者对于充值金额进行自定义。对于刘智超要求同方知网公司退款的请求,因同方知网公司已经退款,故对该项请求予以驳回。

综上,苏州市姑苏区法院依照《中华人民共和国消费者权益保护法》第九条、第二十六条第二款、第二十六条第三款、《最高人民法院关于适用〈中华人民共和国民事诉讼法〉的解释》第二百七十一条之规定,于 2019 年 1 月 30 日判决如下:

(1)被告同方知网(北京)技术有限公司在其经营的中国知网(www. cnki. net)充值中心关于最低充值额限制的规定无效。

(2)驳回刘智超的其他诉讼请求。

本判决为终审判决。

三、参赛感悟

基于知网的高度覆盖率与广泛影响力,我们认为本次诉讼具有如下社会公益价值:

维护知网个人用户合法权益,优化个人用户对知网产品的使用体验。除了高校等团体用户,知网还有广泛的个人用户,而许多个人用户对知网的使用频率并不高,往往仅对特定的一至两篇文章有需求。但是,最低充值金额的限制却使得很多个人用户望而却步,无法满足其自身合理的消费需求,或者在充值后,既无法充分利用剩余金额也无法收到退款,个人利益在无形中受到侵害。本次诉讼旨在督促中国知网修改不合理的充值制度,维护个人用户利益,使得对专业论文具有需求的广泛社会群众的利益得到保障,社会公益价值明显。

防范代下载中介的滋生并预防潜在的知识产权侵权风险。由于最低充值金额的限制给个人用户造成了极大的不便,提升了个人用户使用数据资源的成本,用户与文献资源之间的桥梁中断,网络上的一些

"中国知网代下载"服务也应运而生,许多淘宝商家集中下载客户所需要的文献,并收取额外服务费用,这极大地影响了社会公众对于文献资料的使用效率,同时大部分商家在二次传播、销售文献资料的过程中存在侵犯他人知识产权的问题。

对其他具有不合理最低充值金额限制的产品起到警示与示范作用。设定充值门槛的行为并不只有知网一家企业,之所以选择知网作为诉讼对象,是基于其高度代表性与广泛影响力。实际上,设置充值门槛的行为在社会生活的各个领域屡见不鲜:市民交通卡的充值、理发店会员卡的充值、网络游戏余额充值等,充值门槛作为一种锁定客源、提升营业额的手段,实际上已成为商业领域的潜规则。随着这种无形门槛的设置,侵犯消费者权益的现象也越来越多,消费者逐渐习惯了这一潜规则,忽视了对自身利益的维护。我们希望通过本次诉讼,不仅能够维护消费者的权利,也能让越来越多已经习惯于充值门槛的消费者意识到自己权益受到侵犯的事实,积极维护自身合法权益,从而改变这一不合理现象,产生更为深远的社会影响。

——宋飞达、苏瑞怡、刘智超、施佳丽、雷一鸣

四、指导律师点评

大多数人不会为几十元钱去打官司维权。有些商家利用公众这一心理,设置霸王条款,损害消费者利益,获取不义之财。知网,号称"全球最大中文知识门户"网站,凭借其在中文学术期刊行业的垄断地位,设置最低充值额,同时设置退款障碍,让用户账户余额大概率永远"沉淀"在公司账户中,就属于这一类行为。本案刘同学一人账户余额虽仅43元,但知网注册用户有2亿多人,由此可推算本案判决触及知网利益

数亿元,或者说维护公众利益数亿元。

　　苏州大学法学院这几位同学,遭遇不公,敢于挑战强大对手,勇气可嘉。这几位同学在诉讼过程中攻坚克难,在诉讼各个环节的工作都可圈可点,展现了良好的法学素养。首先,同学们各自独立研究涉案事实、法律,检索判例,通过多轮讨论最终完成诉讼方案。其次,面对立案难的问题,同学们准备了充分的预案,协调合作,有礼有节提出立案依据说服法官,顺利完成立案。再次,开庭前同学们反复模拟演练,提出各种对方可能抗辩的主张假设,并制定应对策略,做到胸有成竹。庭审中面对实战经验丰富的资深律师,同学们不畏强手、临危不乱、沉着应对,赢得庭审优势。最终,案件胜诉,引发各类主流媒体广泛报道,成功树立经典案件,入选最高法院公报案例。

　　苏大法学学子可谓未出茅庐已露锋芒,相信本案一定会成为他们法律人生中值得骄傲的回忆。

——上海小城(苏州)律师事务所　张林华

爱奇艺知情权纠纷案

一、导 读

　　近些年网络视频发展迅速，不少视频网站通过"免费视频＋会员"的模式，在购买相关视频、影片版权之后提供有偿观看服务，或通过在播放视频前后添加广告的形式赚取广告费。我们发现，在添加广告的形式中，有一种广告插入的方式较为特殊，即片头的广告播放结束正片开始之后，在一个随机的时间点网站会再次跳出一个无法关闭的广告，网站在播放广告之前虽然有十秒左右的倒计时提示用户接下来会进入广告，有时甚至是未提示用户而直接突然进入广告，但是由于用户已经观看了一定时间的视频，且看完了片头较长时间的广告，很多用户都会选择观看完广告后继续享受视频服务。这种利用观众心理的广告效果很好，但我们认为这不仅极大降低了用户的观影体验，而且侵犯了网站用户的知情权、公平交易权、自主选择权。

　　相对而言，用户同意以观看片头的广告为代价观看选定的视频，由此达成一个合同，但用户对于视频中间随机时间点跳出的广告是没有被事先告知的，并且广告无法关闭，这意味着用户将被强制观看广告，即便用户可以关闭视频网页，但也将因无法完整看完该视频遭受损失。在观看影视作品时，影视作品的连贯性无疑是用户追求的体验之一，一旦被打断,则会大大降低用户可欣赏到的艺术性,观影感受大打折扣。

爱奇艺在播放综艺、电视剧等视频时,中途频繁插播广告,客观上严重侵害了用户的自主选择权与公平交易权,主观上破坏了用户观看视频的舒适度,降低了用户的视听体验与文化产品的质量。我们以此为诉由,将其告上法庭。

本案于 2019 年 3 月 20 日由苏州市姑苏区人民法院立案受理,4 月18 日开庭审理,6 月 19 日法院作出一审判决,双方均不服提起上诉。苏州市中级人民法院于 8 月 7 日立案,10 月 24 日作出终审判决。

本案经新华日报、江苏卫视、澎湃新闻等多家媒体关注报道后,引起了一定程度的社会反响,被江苏省高级人民法院评为 2019 年度十大典型案例。

参赛成员

孙烨婷:苏州大学王健法学院法学专业毕业,现为北京某律师事务所(上海)分所实习律师,主要从事证券与资本市场相关业务,业务领域包含首次公开发行并上市、上市发行见证、重大资产重组、可转债发行、非公开股票发行、债券发行、员工持股计划等。

许艳姿:苏州大学王健法学院法学专业毕业,现为上海师范大学法学硕士。

汤睿琦:苏州大学王健法学院法学专业毕业,现为上海某律师事务所(苏州)分所实习律师。

二、案情回顾

(一) 起因

2018 年 9 月 21 日,孙烨婷在浏览爱奇艺网站时,在视频的右上角看到"会员跳广告"的宣传提示,为了享受跳过广告的服务,孙烨婷花费58元购买了为期3个月的爱奇艺网站会员,但9月28日在观看爱奇艺网站自制综艺《中国音乐公告牌》时,却发现爱奇艺在播放视频过程中,依然插播了不少广告。充值成会员就是为了跳过广告,出现这样的情况,孙烨婷觉得自己的权益受到了侵犯。当询问其他同学时,孙烨婷发现遇到这种问题的不只她一个人,类似情况也不局限于爱奇艺视频网站。于是,孙烨婷和同学们讨论研究这个问题,并请教专业老师和律师,最终决定起诉爱奇艺公司。

(二)法理分析

在指导律师的帮助下,团队认真查阅有关法律法规依据,与案件较为直接关联的有:

国家新闻出版广电总局发布的《广播电视广告播出管理办法》第十七条规定:播出电视剧时,可以在每集(以45分钟计)中插播2次商业广告,每次时长不得超过1分30秒。其中,在19:00至21:00之间播出电视剧时,每集中可以插播1次商业广告,时长不得超过1分钟。播出电影时,插播商业广告的时长和次数参照前款规定执行。

《〈广播电视广告播出管理办法〉的补充规定》将第十七条修改为:播出电视剧时,不得在每集(以45分钟计)中间以任何形式插播广告。播出电影时,插播广告参照前款规定执行。

国家新闻出版广电总局、信息产业部发布的《互联网视听节目服务管理规定》第十七条规定:用于互联网视听节目服务的电影电视剧类节目和其他节目,应当符合国家有关广播电影电视节目的管理规定。互联网视听节目服务单位播出时政类视听新闻节目,应当是地(市)级以上广播电台、电视台制作、播出的节目和中央新闻单位网站登载的时政类视听新闻节目。

《消费者权益保护法》第九条规定：消费者享有自主选择商品或者服务的权利。消费者有权自主选择提供商品或者服务的经营者，自主选择商品品种或者服务方式，自主决定购买或者不购买任何一种商品、接受或者不接受任何一项服务。消费者在自主选择商品或者服务时，有权进行比较、鉴别和挑选。第十条规定：消费者享有公平交易的权利。消费者在购买商品或者接受服务时，有权获得质量保障、价格合理、计量正确等公平交易条件，有权拒绝经营者的强制交易行为。

（三）调研

起诉之前，团队就爱奇艺视频播放中插播广告现象进行问卷调查，收到有效问卷62份。统计结果显示：

问卷人群中，使用过或正在使用爱奇艺观看视频的占96.77%；关于使用爱奇艺视频网站的频率：每月少于一次的占17.74%，每月两到三次的占40.32%，每周两到三次的占35.48%，每天不少于一次的占6.45%；使用爱奇艺的过程中，遇到过视频中插播广告情况的占98.39%，遇到这种情况的频率为：经常遇到的占54.84%，有时遇到的占33.87%，偶尔遇到的占11.29%；关于遇到这种广告之后用户的反应：观影心情受影响的占80.65%，继续观看的占85.48%，退出视频的占8.06%，无所谓的占11.29%；关于这种广告添加方式的看法：认为正当合理高效的占6.45%，认为损害观众利益的占59.68%，有可取之处但应当预先告知观众的占48.39%，认为应当取消这种广告插播方式的占51.61%；关于视频网站可以作出的改善：认为可以减少误导性的小剧场式广告的占24.19%，认为可以停止在视频播放过程中插入广告的占62.9%，认为可以对即将播放广告进行提示的占70.97%，认为可以在点开视频前对视频的总广告时长进行提示的占50%。

(四)起诉

2019 年 3 月,团队以孙烨婷的名义向苏州市姑苏区人民法院提起诉讼,请求法院判令:爱奇艺公司停止插播广告的侵权行为,爱奇艺公司返还孙烨婷充值的会员费 58 元、赔偿孙烨婷 500 元。3 月 20 日法院立案受理,4 月 18 日开庭审理。

一审过程中,孙烨婷变更诉讼请求,要求法院判令爱奇艺公司:① 停止插播广告的侵权行为。② 在其官方网站首页上进行公开赔礼道歉。③ 赔偿孙烨婷充值的会员费 58 元。

庭审主要围绕以下 3 个争议焦点展开,法院作了如下梳理与认定:

争议焦点一,爱奇艺公司在播放视频时插播广告的行为是否违反法律法规的强制性规定?

《消费者权益保护法》第十六条规定:经营者向消费者提供商品或者服务,应当依照本法和其他有关法律、法规的规定履行义务。经营者和消费者有约定的,应当按照约定履行义务,但双方的约定不得违背法律、法规的规定。就本案而言,首先,《广告法》第四十四条规定:利用互联网从事广告活动,适用本法的各项规定。利用互联网发布、发送广告,不得影响用户正常使用网络。在互联网页面以弹出等形式发布的广告,应当显著标明关闭标志,确保一键关闭。爱奇艺网站在视频节目中插播的广告,不属于页面弹出广告,其行为未违反该条款的规定。其次,《广播电视广告播出管理办法》及其补充规定是国家新闻出版广电总局发布的针对广播电视播放广告的部门规章,对广播、电视播放广告的原则导向、内容限制、播放时间、监管责任等内容进行了规定,其中关于播放时间的规定,包括每套节目每日公益广告播出时长不得少于商业广告时长的 3%、每套节目每小时商业广告播出时长不得超过 12 分钟、每集电视剧(以 45 分钟计)中不得插播广告等内容。国家新闻出版广电总局、信息产业部发布的《互联网视听节目服务管理规定》第十七条规定：用于互联网视听节目服务的电影电视剧类节目和其他节目，应当符合国家有关广播电影电视节目的管理规定。互联网视听节目服务单位播出时政类视听新闻节目，应当是地（市）级以上广播电台、电视台制作、播出的节目和中央新闻单位网站登载的时政类视听新闻节目。未持有《许可证》的单位不得为个人提供上载传播视听节目服务。互联网视听节目服务单位不得允许个人上载时政类视听新闻节目，在提供播客、视频分享等上载传播视听节目服务时，应当提示上载者不得上载违反本规定的视听节目。任何单位和个人不得转播、链接、聚合、集成非法的广播电视频道、视听节目网站的节目。该条款是针对互联网节目本身性质和内容的限制和规定，爱奇艺网站在播放视频时插播广告未违反上述两部门规章。经查，国家工商行政管理总局发布的《互联网广告管理暂行办法》是对互联网广告制定的部门规章，该规章未对互联网企业播放广告的时长、插播时间作出强制性规定。故孙烨婷认为爱奇艺网站播放视频节目插播广告的行为违反法律法规的强制性规定，事实和理由不能成立。

争议焦点二，爱奇艺公司插播广告的行为是否违反双方之间的网络服务合同的约定？

爱奇艺公司应按照与消费者达成的服务合同内容提供服务，遵守双方的约定。就本案而言，第一，爱奇艺公司在宣传 VIP 服务时使用了"会员跳广告"的宣传语，但该公司在权益介绍界面、《VIP 会员服务协议》中对"跳广告"的含义作出了详细的说明，应认为《VIP 会员服务协议》、会员权益介绍构成双方的合同条款。第二，在履行服务协议的过程中，爱奇艺公司遵照该协议约定跳过了片头强制插播的广告，并且提供了诸如免费（半价）看大片、提前看剧集、高清晰度等一系列非 VIP 会员无法享受的服务，提升了消费者的用户体验，符合消费者购买 VIP 服务的目的。第三,爱奇艺公司在部分视频节目中插播了与进度条结合在一起、可拖拽的广告,该广告时长较短、可拖拽跳过,其在权益介绍、服务协议中也作出了说明,虽然爱奇艺公司未能证明该类广告均属于版权方提供或者用户提供,但该类广告与非 VIP 用户强制观看的广告具有明显的区别,应认定属于协议中载明的其他广告形式,爱奇艺公司未违反服务合同相关条款的约定。

争议焦点三,爱奇艺公司在签订服务合同的过程中是否履行了充分告知的义务?

在消费服务领域中,经营者和消费者处于信息不对称的地位,经营者极有可能利用信息不对称的优势,将风险转换给消费者,因此法律对经营者的提示告知义务提出了严格的要求,尤其是经营者在经营活动中使用格式条款的,应当以显著方式提请消费者注意商品或者服务的数量和质量、价款或者费用等与消费者有重大利害关系的内容。就本案而言,第一,爱奇艺公司基于《VIP 会员服务协议》向消费者提供服务,该协议系爱奇艺公司单方提供的格式合同,条款较多、内容复杂,对消费者诸项权利和义务进行了界定,既然其要求消费者受该协议约束,理应对消费者进行充分告知。第二,爱奇艺公司将 VIP 权益介绍作为"VIP"的下拉菜单供消费者点击查看具体的权益,在付款界面提供《VIP 会员服务协议》供消费者阅读,其权益介绍、《VIP 会员服务协议》对"跳广告"的含义作出了说明,部分消费者可以通过查看权益介绍和服务协议了解"跳广告"等 VIP 服务的具体含义,应认为爱奇艺公司履行了部分告知义务,其主观上不存在恶意欺诈消费者的故意。第三,在部分消费者的认知中,"跳广告"的一般含义是可跳过所有广告,爱奇艺公司提供的"跳广告"服务仍存在无法跳过"少部分其他类型的广告"的情形,爱奇艺公司对此应向消费者进行说明,考虑到网页内容的纷繁复杂,此种提示应更为显著、明确。爱奇艺网站在"会员跳广告"宣传语处可不通过权益介绍界面直接点击进入付款界面,虽然付款界面有《VIP会员服务协议》供消费者阅读,但该协议字体较小、标示不够显著,也没有要求消费者阅读并确认后付款,此种方式虽为消费者扫码支付提供了便利,但也导致消费者可能未充分了解自己的权利义务即进行了购买,故爱奇艺公司在履行告知义务方面存在瑕疵,孙烨婷主张因受爱奇艺网站宣传的误导未了解"跳广告"的具体含义即进行了购买VIP服务具有一定的可能性。

综上所述,爱奇艺公司提供的VIP服务在播放视频时插入部分广告,未违反法律法规的强制性规定,未违反其与消费者之间的网络服务合同相关条款的约定,孙烨婷要求爱奇艺公司在播放视频时停止插播广告的诉讼请求,于法无据,本院不予支持,但爱奇艺公司在履行告知义务上存在瑕疵,应承担相应的责任。赔礼道歉主要适用于经营者侵害消费者的人格尊严、侵犯消费者人身自由或者侵害消费者个人信息的情形,本案中爱奇艺公司在签订、履行网络服务合同中不存在上述违法行为,孙烨婷要求爱奇艺公司赔礼道歉的诉讼请求,法院不予支持。爱奇艺公司未向孙烨婷充分告知其应有的权利和义务,导致孙烨婷在观影体验等方面受到一定的损害,应依据消费者权益保护法的规定向孙烨婷承担赔偿责任。孙烨婷作为消费者在购买相应的VIP服务时未进一步了解VIP会员权益的具体内容,在缔约过程中也存在一定的疏忽。综合考虑爱奇艺公司在提供服务中的瑕疵对孙烨婷的实际影响、孙烨婷支付的服务费用、孙烨婷已享受跳广告服务中跳过片头广告的服务以及其他VIP服务等因素,法院酌情确定爱奇艺公司赔偿孙烨婷30元。爱奇艺公司在与消费者订立网络服务合同的过程中,向消费者告知权利义务的方式上存在一定的瑕疵,容易导致双方产生不必要的纠纷,其作为行业内知名企业,为促进互联网视频播放行业规范发展、减少纠纷和诉讼,宜作出必要合理的改进,采用更为显著、明确的方式对格式条款约定的消费者权利义务进行提示、提醒。

2019 年 6 月 19 日,姑苏区人民法院依照《中华人民共和国消费者权益保护法》第二条、第八条、第十六条、第二十六条、第五十二条之规定,判决:第一,北京爱奇艺科技有限公司于判决生效之日起 10 日内赔偿孙烨婷 30 元。第二,驳回孙烨婷其他诉讼请求。案件受理费 50 元,减半收取 25 元,由北京爱奇艺科技有限公司负担。

(五) 二审

对于姑苏区人民法院的判决,孙烨婷和爱奇艺公司双方均不服,都提起上诉。

孙烨婷的上诉请求:一是撤销一审判决,改判支持孙烨婷的全部诉讼请求。二是一审、二审诉讼费由爱奇艺公司负担。

事实和理由:

(1)一审法院遗漏了案件的核心争议焦点,即爱奇艺公司是否侵犯了孙烨婷的知情权、自主选择权及公平交易权,其侵权行为是否成立,一审法院未判定爱奇艺公司停止插播广告的行为是错误的。① 爱奇艺公司的行为已经侵犯了孙烨婷的知情权、自主选择权及公平交易权。爱奇艺公司利用"会员跳广告"的宣传语吸引客户购买会员,在未尽提示义务的前提下又在隐藏位置以会员协议的方式对消费者"会员跳广告"的实际权利进行不当限缩解释,且对消费者的核心权利进行剥夺。根据《广告法》第四条的规定:广告不得含有虚假的内容、不得欺骗和误导消费者,爱奇艺公司已经构成了欺诈和虚假宣传,侵犯了消费者的知情权。② 爱奇艺公司插播在节目中间的广告侵犯了孙烨婷的自主选择权、公平交易权。爱奇艺公司主张的手动拖拽进度条的跳过方式不具有合理性和可操作性,用户在未被告知广告时长的情况下,手动拖拽很难恰到好处地跳到广告结束。既然是"跳广告",爱奇艺公司就应保证广告自动跳过，而不是手动拖拽，应保证"跳"而不是"拖"。爱奇艺对于中间插播广告的关闭方式未通过任何有效方式进行提示，更未有一键关闭的设置。因此，孙烨婷在自己的知情权、自主选择权、公平交易权受到侵害时，有权要求经营者改正错误，提供正确的服务，有权拒绝强制交易，并获得合理的赔偿。爱奇艺公司已经构成侵权，理应承担停止侵害的侵权责任。

（2）一审法院认为爱奇艺公司插播广告的行为未违反法律、法规的强制性规定，属于适用法律错误。① 爱奇艺公司违反了《广告法》第四十四条的规定：利用互联网从事广告活动，适用本法的各项规定。利用互联网发布、发送广告，不得影响用户正常使用网络。在互联网页面以弹出等形式发布的广告，应当显著标明关闭标志，确保一键关闭。一审法院认为爱奇艺公司插播的广告不属于页面弹出广告，不适用该规定，是对该条法律规定的错误解读。②"会员跳广告"的宣传语构成了合同要约，爱奇艺公司违反了合同法上的约定义务。"会员跳广告"内容具体属实，对会员合同的订立确定有重大影响，消费者也是在看到该宣传语后，进行点击购买，因此"会员跳广告"的宣传语应视为要约。综上，爱奇艺公司的行为已经违反法律强制性规定及合同约定。

（3）一审法院认为爱奇艺公司插播广告的行为未违反双方之间的网络服务合同约定，是以无效条款来衡量爱奇艺公司是否尽到了合同义务，显属错误。① 根据《合同法》第四十一条的规定，"会员跳广告"的含义应当按照通常理解予以解释。任何一个普通人在看到"会员跳广告"的宣传语时，都会理解为购买了会员权益后可以跳过广告或免除广告。如果仅仅为跳过片首的广告，页面理应显示"会员片首跳广告""会员跳片首广告"等语言。② 根据《合同法》第四十条的规定，爱奇艺公司在会员协议中对会员权益的说明属于排除对方主要权利的格式条款，应为无效条款。"会员跳广告"是会员的核心权益和主要权利，爱奇艺公司却企图通过格式条款来排除会员的主要权利，该格式条款属于无效条款。

（4）一审法院认为爱奇艺公司在履行告知义务方面存在瑕疵，却没有明确确认其是否违反告知义务，其格式条款是否构成无效条款。根据《合同法》第三十九条、《消费者权益保护法》第二十六条的规定，爱奇艺公司将会员协议隐藏在页面底端一个非常不显眼的位置，且爱奇艺公司没有任何对限制"跳广告"权利的具体说明，仅在充值界面的下方以一行未加粗、未加黑、未添加下划线甚至字号都很小的字标示"VIP会员服务协议"，明显未尽提示义务。从操作顺序上看，在消费者点击"会员跳广告"后即出现付款页面，并未提示消费者阅读会员协议或先行勾选会员协议进行确认，而是企图通过这种隐蔽方式促使消费者在不知情的情况下迅速购买其会员服务，显然有欺诈的故意。

（5）一审法院认为爱奇艺公司未侵犯消费者人格尊严权而驳回孙烨婷要求爱奇艺公司赔礼道歉的要求是错误的。爱奇艺公司的行为不仅构成欺诈，且在庭审答辩时对孙烨婷进行恶意中伤，指责孙烨婷恶意诉讼，为博出位，吸引眼球等。孙烨婷的人格尊严已严重受损，要求爱奇艺公司二审时当庭赔礼道歉。

（6）一审法院以孙烨婷未尽到合同签订义务，而确认爱奇艺公司赔偿孙烨婷 30 元实属适用法律错误。孙烨婷要求爱奇艺公司赔偿的原因是爱奇艺公司的行为构成了欺诈，爱奇艺公司侵犯了孙烨婷的知情权、公平交易权、自主选择权等消费者的权利，且完全违反了合同约定的义务，因此要求 58 元的赔偿完全合情合理。孙烨婷多次向爱奇艺公司索要合同，其客服人员均答复不能提供购买会员时的协议，且孙烨婷无法在会员个人中心予以保存或查看协议，孙烨婷甚至无法查看协议，也就不可能尽到合同签订的义务。

爱奇艺公司的上诉请求：一是撤销（2019）苏 0508 民初 2479 号民事判决书第一项，并依法改判驳回孙烨婷的全部诉讼请求；二是一审、二审诉讼费由孙烨婷承担。

事实和理由：

（1）一审法院认定孙烨婷为个人日常生活购买、接受服务，并据此适用《消费者权益保护法》，属于事实认定和法律适用双重错误。事实上，孙烨婷购买 VIP 会员是为了学校比赛，即苏州大学组织的创意诉讼大赛，而非为了个人日常生活。苏州大学网站显示，孙烨婷甚至获得了大赛的二等奖，并赢得了奖金两万元。在巨额奖金和学分的驱动下，孙烨婷购买会员的行为完全不是消费行为，本案不应当适用《消费者权益保护法》。

（2）一审法院认定孙烨婷存在被爱奇艺公司宣传误导的可能，也属事实认定错误。孙烨婷购买会员的时间为 2018 年 9 月 21 日，而在此之前，其为了参加创意诉讼大赛，就已经向苏州大学提交了诉讼立项申请，准备以爱奇艺公司欺诈为由提起诉讼。孙烨婷在购买会员之前，已经知道会员观看的视频中存在广告，其根本不可能因受到"会员跳广告"的所谓误解而进行本次购买行为，本案不存在侵犯知情权的情形。

（3）一审法院认定《VIP 会员服务协议》的标识不够显著，在告知方式上存在瑕疵，属于事实认定错误。首先，《VIP 会员服务协议》的标识出现在付款页面，每一个会员注册都必然经过，该标识和《自动续费服务协议》的标识单独构成一行，在付款码正下方、距离付款码不足 1 厘米处，系付款码下的唯一内容，其位置足以引起消费者的注意。此外，网站首页的固定置顶栏上也放置了相关标识。加之《VIP 会员服务协议》第 5.2 条对"会员跳广告"的含义已经进行了充分、详细、准确的说明。因此，爱奇艺公司已经充分履行了告知义务，不应承担赔偿责任。其次，参照南京中院在先判决的北京百度网讯科技有限公司与朱烨隐私权纠纷案，与该案中《使用百度前必读》的标识相比，本案中爱奇艺公司的告知方式是合情、合理、合法的。再次，对比优酷和腾讯视频的付款界面可知,《VIP 会员服务协议》的电子链接位置,完全符合互联网行业通行的告知方式,进一步印证爱奇艺公司充分、合理地履行了告知义务。最后,一审法院违背了审判中立原则,足以影响案件的公正判决,据此产生的错误判决应当予以撤销。一审法院在案件审判前转发了孙烨婷的单方采访,对孙烨婷参与的苏州大学创意诉讼大赛也不可能不知道,且批准大量记者对本案庭审的全部过程进行采访,足见一审法院存在违背审判中立原则的行为。

二审法院苏州市中级人民法院于 2019 年 8 月 7 日立案,2019 年 10 月 24 日作出终审判决。

附:苏州市中级人民法院民事判决书

民 事 判 决 书

(2019)苏 05 民终 8042 号

上诉人(原审原告): 孙烨婷(详细信息:略)

委托诉讼代理人: 郑长虹、赵达军(详细信息:略)

上诉人(原审被告): 北京爱奇艺科技有限公司(详细信息:略)

委托诉讼代理人: 江亚文、魏超(详细信息:略)

上诉人孙烨婷、北京爱奇艺科技有限公司(以下简称爱奇艺公司)因知情权纠纷一案,均不服苏州市姑苏区人民法院作出的(2019)苏 0508 民初 2479 号民事判决,向本院提起上诉。本院于 2019 年 8 月 7 日立案受理后,依法组成合议庭,开庭进行了审理。上诉人孙烨婷及其委托诉讼代理人郑长虹、赵达军,上诉人爱奇艺公司委托诉讼代理人沈亚文、魏超到庭参加诉讼。本案现已审理终结。

孙烨婷上诉请求:(略);事实和理由:(略)

爱奇艺公司上诉请求:(略);事实和理由:(略)

针对孙烨婷的上诉请求及理由,爱奇艺公司辩称:第一,孙烨婷在起诉状中仅主张知情权,没有包括自主选择权和公平交易权。孙烨婷在提起本案之前,对爱奇艺网站的架构、运营以及用户的权利义务非常了解。爱奇艺网站的VIP付款页面二维码下方几毫米的地方就是会员服务协议,会员服务协议中对跳广告的含义已经详细说明,而且足够清晰明显,因此不存在侵犯知情权的事实。第二,爱奇艺公司插播广告的行为不违反法律、法规的强制性规定,一审法院认定正确。第三,孙烨婷以知情权提起诉讼,关于合同条款是否有效不属于本案审理范围。第四,一审法院对于爱奇艺公司是否违反告知义务已经有所论述,但爱奇艺公司不认同一审的认定。第五,本案不属于人身性质的损害赔偿,不适用赔礼道歉的责任方式。

针对爱奇艺公司的上诉请求及理由,孙烨婷辩称:第一,本案案由为知情权纠纷,实为网络侵权责任纠纷案件。从一审判决书、庭审笔录可以发现,审理范围包含知情、公平交易权、自主选择权,二审审理范围不应受知情权限制。第二,消费者消费时对瑕疵知情与否并不影响其受到《消费者权益保护法》的保护。

孙烨婷向一审法院起诉请求:① 爱奇艺公司停止插播广告的侵权行为。② 爱奇艺公司返还孙烨婷充值的会员费58元,赔偿孙烨婷500元。一审诉讼中,孙烨婷变更诉讼请求,要求判令爱奇艺公司:① 停止插播广告的侵权行为。② 在其官方网站首页上进行公开赔礼道歉。③ 赔偿孙烨婷充值的会员费58元。

一审法院认定事实:爱奇艺网站(网址:××)系爱奇艺公司运营管理的以提供网络视频服务为主的一家网站,该网站提供不同类型的VIP服务。2018年9月21日,孙烨婷(会员用户名:Portia222)进行了爱奇艺网站"黄金VIP会员3个月"的会员充值,并成为爱奇艺网站的VIP会员,该会员服务于2018年12月20日终止。

爱奇艺网站的非 VIP 用户,观看爱奇艺视频时有片头广告,爱奇艺网站在片头广告播放时插入"会员跳广告"的提示语,点击该提示语即进入付款界面,付款界面包含价格、付款方式(付款二维码)、《VIP 会员服务协议》及《自动续费服务协议》几项内容。点击《VIP 会员服务协议》可查看 VIP 会员服务协议的内容,该协议对双方权利义务进行了约定,其中,第 5 条为 VIP 会员权益及服务期限、收费标准的约定。5.1 条载明会员权益包括不限于影视内容提前看、跳广告、VIP 高清视觉体验、杜比全景声、赠送影片等,具体以爱奇艺平台 VIP 特权页面的说明或实际提供为准。5.2 条系关于广告的特别说明:我们会在您观看影片内容时提供"跳广告"的会员权益,您可一键关闭片头广告,但此权益可能不涉及全部影视,部分影片因版权方限制或其他限制原因,仍可能会向你呈现不同类型的广告服务,且亦不排除爱奇艺以其他方式投放广告或商业信息,对此您理解并予以接受,同时我们承诺会尽量降低对您的观影体验影响。您再次确认且同意,部分影视节目自带的广告内容并非由爱奇艺直接提供,上述"跳广告"权益无法跳过该爱奇艺不可控的广告内容。孙烨婷陈述,其根据"会员跳广告"的指示,点击该广告语进入付款界面,因《VIP 会员服务协议》提示不明显,其未查看协议即购买了 VIP 会员服务。

爱奇艺公司将"VIP"置于爱奇艺网站首页的右上端,鼠标置于"VIP"处,该项下有"了解 VIP 会员专享特权""做任务、领奖励""领取会员专属福利"三项下拉菜单,点击"了解 VIP 会员专享特权"即进入 VIP 权属介绍界面,黄金 VIP 特权包括内容特权(院线新片、海量高分大片、热剧抢先看等)、观影特权(跳广告、蓝光 1080P、杜比全景声等)、身份特权(标志、皮肤等),点击"跳广告",则进入"跳广告"介绍界面,载明的权益内容为:VIP 会员观看影视内容自动跳过的前贴片广告(约 90 秒),可手动跳过会员定向推荐内容,省时省心不用等待(部分片源因版权方限制,仍可能会向您呈现不同种类的广告服务,但对您的观影体验影响较小,还请您谅解)。单击右上端的"VIP"即进入付款界面,该付款界面即包含价格、付款方式(付款二维码)、《VIP会员服务协议》及《自动续费服务协议》的界面。

孙烨婷与爱奇艺公司均确认购买爱奇艺VIP会员服务后,用户无须观看片头广告。孙烨婷在观看《中国音乐公告牌》节目时,发现节目中插入爱奇艺会员宣传、卡姿兰、即刻等广告,爱奇艺公司对此事实无异议,但主张该部分广告与视频进度条结合在一起,可以拖拽跳过,不属于VIP用户权益中可以跳过的广告。因版权方对著作权的要求、用户上传内容附带广告等原因,爱奇艺网站不可能停止插播任何广告。

一审法院认为,孙烨婷作为用户使用爱奇艺网站时购买了VIP服务,爱奇艺公司为其提供播放视频服务及其他服务,双方形成网络服务合同关系。孙烨婷为个人日常生活购买、接受该服务,符合消费者的定义。爱奇艺公司作为经营者向孙烨婷提供视频播放等相关服务,应当符合《合同法》及《消费者权益保护法》的规定,不得侵害消费者的合法权益。

争议焦点一(略)。争议焦点二(略)。争议焦点三(略)。

综上,一审法院依照《中华人民共和国消费者权益保护法》第二条、第八条、第十六条、第二十六条、第五十二条之规定,判决:① 北京爱奇艺科技有限公司于判决生效之日起10日内赔偿孙烨婷30元。② 驳回孙烨婷其他诉讼请求。案件受理费50元,减半收取25元,由北京爱奇艺科技有限公司负担。

本案二审期间,爱奇艺公司提交北京市东方公证处出具的(2019)京东方内民证字第08390号和(2019)京东方内民证字第08391号《公证书》,证明孙烨婷购买会员的行为不是消费行为,在购买会员之前就已经向学校提供了诉讼方案,诉讼之前已经知道视频中有广告;本案不是真正的维权案件,而是孙烨婷参加诉讼创意大赛项目包装出来的案件。

孙烨婷质证后认为,两份《公证书》显示的出具日期是 2019 年 2 月 4 日,但内容显示代理人韩晗于 2019 年 6 月 26 日在北京市东方公证处公证,真实性存在严重缺陷,不具有证明力,两份《公证书》均属无效。孙烨婷参加的学校诉讼创意大赛是一个公益性质的大赛,参赛团队有三个人,各自有各自的方案,大家最终确定了孙烨婷的方案。退一步讲,孙烨婷即使知道视频中间有插播广告,也不等于知道或确认爱奇艺公司的行为就是违法行为。孙烨婷在 2018 年 9 月 21 日购买 VIP 会员服务时,对于"会员跳广告"的理解就是会员可以跳过所有广告,充值时也只是扫码,没有点击查看协议条款。《公证书》不能证明孙烨婷在购买 VIP 会员服务之前已经知晓相关服务协议内容。

孙烨婷质证后,爱奇艺公司补充提供了北京市东方公证处出具的一份《补正说明》,载明以上两份《公证书》的出具日期"二〇一九年二月四日"存在笔误,应为"二〇一九年七月四日"。

以上事实,有《公证书》《补正说明》、庭审笔录等予以佐证。

本院二审查明的其他事实与一审法院认定的事实相一致。

本院认为,本案二审的争议焦点,一是孙烨婷购买 VIP 会员服务是否属于《消费者权益保护法》规定的消费者,二是爱奇艺公司"会员跳广告"的宣传是否侵犯孙烨婷的知情权、自主选择权及公平交易权,三是爱奇艺公司插播广告的行为是否违反《广告法》第四十四条的规定,四是爱奇艺公司与孙烨婷之间的网络服务合同相关格式条款的效力,五是爱奇艺公司如何承担责任。

关于争议焦点一,孙烨婷购买 VIP 会员服务是否属于《消费者权益保护法》规定的消费者。

《消费者权益保护法》第二条规定:消费者为生活消费需要购买、

使用商品或者接受服务,其权益受本法保护;本法未作规定的,受其他有关法律、法规保护。孙烨婷使用爱奇艺网站时购买 VIP 会员服务,属于爱奇艺网站的用户,与爱奇艺公司之间形成网络服务合同关系。孙烨婷以个人名义和用户身份提起本案诉讼,兼有一定公益性因素,非以营利为目的,其行为不妨害网络消费市场等社会秩序,不足以否定其消费者身份。孙烨婷购买 VIP 会员服务的行为应当适用《消费者权益保护法》的相关规定。

关于争议焦点二,爱奇艺公司"会员跳广告"的宣传是否侵犯孙烨婷的知情权、自主选择权及公平交易权。

《消费者权益保护法》第八条第一款规定,消费者享有知悉其购买、使用的商品或者接受的服务的真实情况的权利。孙烨婷主张的知情权,是其与爱奇艺公司订立网络服务合同中的知情权,基础在于网络服务合同关系。《合同法》第四十二条规定,当事人在订立合同过程中有违背诚实信用原则的行为,给对方造成损失的,应当承担赔偿责任。爱奇艺公司作为网络商家相对于消费者而言具有技术、信息等明显优势,在订立网络服务合同中应遵循诚信原则,负有如实告知消费者合同内容的义务。爱奇艺公司"会员跳广告"的宣传语,按通常含义,一般理解为会员跳过所有广告,但实际仅指跳过片头广告。爱奇艺公司虽在权益介绍页面、《VIP 会员服务协议》中对"会员跳广告"有详细说明,但用户付款可不通过权益界面,《VIP 会员服务协议》字体又较小、标示不够显著,难以引起小额付费用户的注意。在此情况下,消费者只有在实际购买并接受会员服务后,才能确知真实服务内容。爱奇艺公司使用模糊的"会员跳广告"宣传语,孙烨婷因信赖其通常含义而购买 VIP 会员服务,应认定爱奇艺公司未尽到订约前充分告知用户的义务,对孙烨婷订约形成一定知情上的影响,侵犯了孙烨婷的知情权,应承担相应责任。孙烨婷购买 VIP 会员服务兼做"公益项目"的相关事实,尚不足以证明孙烨婷在订约之前已经完全知情。爱奇艺公司认为其不可能侵犯孙烨婷知情权的主张,本院不予采信。至于孙烨婷认为爱奇艺公司侵犯其自主选择权及公平交易权的主张,因孙烨婷与爱奇艺公司订立网络服务合同时具备自主选择交易的条件,合同内容难谓不公,该主张缺乏充分依据,本院不予支持。

关于争议焦点三,爱奇艺公司插播广告的行为是否违反《广告法》第四十四条的规定。

《广告法》第四十四条规定,利用互联网从事广告活动,适用本法的各项规定。利用互联网发布、发送广告,不得影响用户正常使用网络。在互联网页面以弹出等形式发布的广告,应当显著标明关闭标志,确保一键关闭。本案中,爱奇艺网站在案涉视频节目中插播的广告,不属于页面弹出广告,孙烨婷认为爱奇艺公司插播广告的行为违反该条款规定的主张,事实依据不足,本院不予支持。

关于争议焦点四,爱奇艺公司与孙烨婷之间的网络服务合同相关格式条款的效力。

孙烨婷与爱奇艺公司之间成立网络服务合同关系,但孙烨婷并非通过点击"会员跳广告"宣传语直接与爱奇艺公司订立合同,该宣传语不构成合同的主要条款。"会员跳广告"仅是爱奇艺公司的广告宣传,性质上属于要约邀请,孙烨婷认为该宣传语为要约的主张不能成立,本院不予采纳。付款界面包含价格、付款方式(付款二维码)、《VIP会员服务协议》及《自动续费服务协议》界面等内容,孙烨婷购买VIP会员服务后,《VIP会员服务协议》确定双方之间网络服务合同的内容。《合同法》第四十条规定:格式条款具有本法第五十二条和第五十三条规定情形的,或者提供格式条款一方免除其责任、加重对方责任、排除对方主要权利的,该条款无效。《VIP会员服务协议》是爱奇艺公司单方制作重复使用的格式合同,但合同条款是对网络服务内容的具体约定,不存在法律规定的无效情形,也不存在爱奇艺公司免除其责任、加重对方责任、排除对方主要权利的情形,孙烨婷认为《VIP会员服务协议》格式条款无效的主张,缺乏事实依据,本院不予采纳,孙烨婷与爱奇艺公司之间的网络服务合同应认定合法有效。

关于争议焦点五,爱奇艺公司如何承担责任。

互联网企业的生命在于创新,在消费者权益保护和互联网产品创新的关系中,需按比例原则平衡双方利益,既要切实保障消费者合法权益,又要充分尊重和宽容互联网产品创新。爱奇艺公司作为互联网企业具有技术和资金优势,在网络服务产品创新和推广中应遵循诚实信用原则,在满足消费者需求的同时亦应保障消费者的权利。本案中,爱奇艺公司使用带有一定误导性的广告宣传语,在订立合同之前未尽到充分告知消费者的义务,违反诚信原则,导致孙烨婷作为会员用户的预期体验效果降低,给孙烨婷造成一定损失,应当承担赔偿责任。孙烨婷在购买VIP会员服务时未仔细阅读合同具体内容,自身也存在一定责任。孙烨婷享受会员服务时的用户体验低于预期,相当于服务内容有折减,可酌情以会员价格相应比例金额予以赔偿。一审法院综合双方情况,酌定爱奇艺公司赔偿孙烨婷30元合理公允,本院予以维持。爱奇艺公司插播广告的行为,符合双方约定,且合同已履行完毕,孙烨婷要求爱奇艺公司停止插播广告的请求不能成立,本院不予支持。爱奇艺公司在网络服务合同签订和履行合同中,不存在侵犯孙烨婷人格尊严权的情形,孙烨婷认为爱奇艺公司侵犯其人格尊严权,要求爱奇艺公司赔礼道歉的主张,缺乏事实和法律依据,本院不予支持。

爱奇艺公司另提出一审法院违反中立原则,该主张缺乏充分依据,本院不予采信。综上所述,孙烨婷、爱奇艺公司的上诉请求均不能成立,应予驳回;一审判决认定事实清楚,适用法律正确,程序合法,应予维持。依照《中华人民共和国民事诉讼法》第一百七十条第一款第一项规定，判决如下：

驳回上诉，维持原判。

二审案件受理费 100 元，由孙烨婷、北京爱奇艺科技有限公司各负担 50 元。

本判决为终审判决。

审判长　　杨恩乾

审判员　　叶　刚

审判员　　杨　兵

二〇一九年十月二十四日

书记员　　闻　艺

三、参赛感悟

许艳姿：

参加"小城杯"公益之星创意诉讼大赛，对我来说，是一次宝贵且难忘的人生经历。一方面，本次诉讼目的是维护平台用户群体的正当权益，能代表用户群体争取合法权益是实现自我价值的良好机会。另一方面，本次诉讼是理论知识与实践操作相融合的过程，这让我意识到不能局限于书本上的理论知识，而应当将理论付诸实践，通过实践发现问题并解决问题。

除此之外，这场比赛是一场团队赛，感谢郑长虹律师给予的指导，感谢另外两位小伙伴的帮助和坚持，团队的力量是我坚持到最后的动力之一。祝愿"小城杯"公益之星创意诉讼大赛越办越好！

汤睿琦：

本案作为公益诉讼，我们的诉讼目的是希望通过本案促进对网络视频广告乱象的整治，尽管过程有些曲折，但在郑长虹律师的鼓励和团队的密切协作下，我们坚持了下来。作为亲身经历的第一个真实的诉讼案件，它激励着我在面对挫败时选择坚持，不断努力以达成目的。现在，我已经参加工作一年有余，工作中接触的案件林林总总，但本案在我心中始终有其特殊的地位，它是我热血青春学生时代的回忆，更是我坚守正义执业理念的明灯。感谢"小城杯"公益之星创意诉讼大赛给予我学习和挑战的机会，预祝比赛取得更大的社会反响，进一步促进法学人才的培养与锻炼，维护社会公益！

孙烨婷：

回想大学时参加的诉讼，团队成员一起撰写起诉状、整合起诉材料、去法院立案。当听到案件正式立案受理的消息，所有人都松了一口气。当时的我们以为这是所有准备与繁忙的结束，却不知这才是一段"旅程"的真正开始。当爱奇艺公司法务打来一个又一个电话与我们进行沟通，以其偏向的逻辑碾压我们的反驳，稚嫩的我们完全被对方的思路带偏，而忘记了自己原有的想法。最后，我们是在郑长虹律师的指导帮助下，才顺利完成了案件诉讼的全过程。

如今，我主要从事的非诉资本市场业务，虽然并未踏入诉讼律师的行列，但回想大学时参加的这次公益诉讼，还是感触颇多。法律是一门博大精深的学问，每个法学生都经历着从书本到法庭的过程，而这场诉讼给了曾经尤显稚嫩的我一次深刻的教育，实务的精彩与烦琐是令人回味的美好体验，书本到法庭的道路也显得尤为有趣。

我的最大感受是，大学生作为即将踏入社会的年轻人，作为拥有充足时间和课本知识的人，作为对未来充满期待和拥有无限可能的人，自觉主动去完成一次对社会有益的诉讼，对自己的职业生涯和人生旅途都是格外有意义的。

◯ 四、指导律师点评 ◯

每个人都是消费者。消费者权益的保护、法治进程的推动需要千千万万的个人和个案来实现。爱奇艺"会员跳广告"侵权事件就是这样一起个案。从经济利益上看，30 元的赔偿连交通费都不够。对法学院的大学生和律师来说，能够推动法治进程向前，我们认为是有意义的。而且媒体对案件的报道，也增强了消费者的维权意识，提醒消费者可以用这种方法来维权，同学们以一个生动的案例进行普法，达到了更好的效果。

同学们这种不以善小而不为，坚持正义的满腔热情是值得鼓励和肯定的。其勇气特别值得点赞，整个过程中，这个案子也遇到不少挫折和困难，一开始法院没有受理本案，主要是案由不对。后来同学们把案由从违约改为侵权，侵权行为所在地也就是苏州姑苏区，姑苏区人民法院就可以受理。公益无大小，每个人在个人权益受到侵害时，只要拿起法律武器，就一定能推动法治社会的进步。本案的妥善处理，也为互联网企业营销方式创新与消费者权益保护之间的冲突提供了解决方案。

——上海小城（苏州）律师事务所　郑长虹、赵达军

《苏州市轨道交通票务规则》纠纷案

◯ 一、导 读 ◯

　　据数据统计,2016 年苏州地铁运送旅客 1.49 亿人次。随着苏州地铁轨道交通 1 号线、2 号线、4 号线相继运行,地铁已成为苏州居民日常出行的重要交通工具。然而,我们乘坐地铁以及查询相关法律法规后发现,《苏州市轨道交通票务规则》(下称《票务规则》)第十三条属"霸王条款"。第十三条规定:"储值卡内余额低于 7.6 元(即全线单程最高票折后价)不得进站。"我们认为,这属于不公平不合理的格式条款。因此,团队决定对苏州市地铁轨道交通集团有限公司(下称"轨交公司")提起诉讼,请求法院确认《票务规则》第十三条无效。

　　本案于 2017 年 10 月 18 日起诉,11 月 7 日在法官的主持下进行调解,双方未达成调解协议。经法院再次组织调解,双方达成以下调解协议:轨交公司于 2019 年 12 月 31 日前按最低票价进站的原则对《票务规则》第十三条进行修订并同步施行。

　　本案经苏州广播电视台官方 App"看苏州"登出后,获得名城苏州网、今日头条、网易新闻等平台的转载,2019 年 3 月 13 日江苏省高级人民法院发布江苏法院 2018 年度消费者保护十大典型案例,以《从事公共运输的承运人制定的相应〈票务规则〉内容不公平、不合理的,属无效条款》为题公布了案情,法官与专家对本案作了点评。

参赛成员

吴佳祺:苏州大学王健法学院本科生。

金亦丁:苏州大学王健法学院本科生。

朱晨馨:苏州大学王健法学院本科生。

杨宇霏:苏州大学王健法学院本科生。

二、案情回顾

(一) 起因

本案的来源是团队成员一次乘坐地铁的经历,她在乘坐地铁时刷卡(市民卡)进站失败,闸门上只显示"余额不足"(没有具体余额显示),尽管她知道卡内余额还有 6～7 元,是足以支付她本次行程的,但她只能另外排队买单程票进站,因此耽误了不少时间。抱着怀疑的态度,她进行了深入的探究,查询余额、询问客服,最后发现张贴于地铁口墙面上的《票务规则》,其中第十三条就是导致她不能进站的源头。《票务规则》第十三条规定:苏州通、市民卡、江苏交通一卡通本地卡余额低于轨道交通线网最高票价的折后金额(7.6 元)时将不能进站。江苏交通一卡通异地卡余额低于轨道交通线网最高票价时将不能进站。

众所周知,地铁是居民日常出行中的重要交通工具。对于个人来说,刷卡进站失败可能只是一次不愉快的经历,但对于苏州约 1.5 亿人次的年均客流量来说,这涉及千千万万公众的利益。团队查询苏州轨道交通官网的"便民问答",发现不少乘客表达了对这一问题的疑惑,然而轨交公司却没有给出令人信服的解答。

团队认为，《票务规则》第十三条背后蕴藏了巨大的公众利益，从法律角度分析，这是一条不合理、不公平的格式条款，就是俗称的"霸王条款"，应当无效。于是团队选择提起诉讼，促使这条规则得到改变，广大乘客由此享受到更便利、更人性化的服务。

（二）法理分析

团队分析认为，《票务规则》第十三条在性质上属于格式条款，且其加重了乘客负担，排除了乘客主要权利，减轻了轨交公司义务，为轨交公司的利益设置过度保障，当属无效。理由如下：

1. 属于《合同法》第四十条规定的无效情形

首先，《票务规则》第十三条规定进站额限制为 7.6 元，给乘客带来了不必要且不合理的负担。苏州地铁起步价为 2 元，乘客可乘 6 千米，6～16 千米每增加 1 元乘客可乘 5 千米，16～30 千米每增加 1 元乘客可乘 7 千米。对于大部分乘客来说，日常地铁出行很少走完全程，5 元以下的余额足够。有数据显示，2016 年苏州地铁每人每次平均消费约 3.5 元，远低于 7.6 元的进站限额。

其次，轨交公司并未采取足以引起乘客注意的方式提请乘客注意，仅以小版面小字体将《票务规则》张贴于地铁入口，很少有乘客了解，本可以顺利乘车的乘客因为限额无法进站，只能再找地方充钱或另买单程票（无法享受市民卡 9.5 折优惠），耽误时间甚至造成损失。

最后，实践中还有一种情形，欲用苏通卡乘坐地铁赶往车站的旅客，卡内余额虽低于 7.6 元但足以支付此次行程，旅客欲用完卡内余额后离开苏州，却受到了最低限额的限制，如欲用卡需再充值（50 元起），不用卡则要另买单程票，这都使得卡内余额无法用尽，而退卡手续麻烦，旅客原本合法合理的目的落空，并且长期以来旅客因限额无法进站而留在卡内的余额将构成一大笔不当得利。

综上,团队认为《票务规则》第十三条违反了《合同法》第四十条的规定,应为无效条款。

2.《票务规则》第十三条实质为权力的滥用

经与工作人员交谈得知,《票务规则》第十三条主要是为了防止乘客因余额不足带来的补费的麻烦或因余额不足直接在出站时"逃票"的不诚信行为。团队认为,《票务规则》第十七条规定:"出站时,单程票超程,需补交超过部分费用;储值类票卡余额不足的,需以现金形式支付本次车程费(轨道交通原因导致的除外)。"可见,轨交公司对出站时储值卡余额不足以支付乘坐里程的情形已经给出合适的解决方案,并且实践中因单程票超程或储值卡余额不足而补费的操作也不复杂,并未增加轨交公司的工作负担。

3.《票务规则》第十三条违反了公平原则

《中华人民共和国民法通则》(下称《民法通则》)第四条规定,民事活动应当遵循自愿、公平、等价有偿、诚实信用的原则。这就要求当事人应当遵循公平原则确定各方的权利义务,维持当事人之间的利益均衡。团队调研发现,苏州地铁新开通的 4 号线(通往同里方向)最高折后票价是 7.6 元,而其余的 1 号线、2 号线、3 号线最高折后票价为 7.4 元,当市民卡内剩余金额低于 7.6 元时,便无法进站,且随着线路的延长,进站限额会越来越高,比如之前还是 7.2 元的进站限额,4 号线开通后就提到了 7.6 元。

团队从市民卡公司了解到,苏州市民卡分 A 卡、B 卡,均不记名、不挂失、卡内余额不退,如果持卡者只想用卡内余额乘坐地铁但由于该限额无法进站时,会造成所持卡无法使用也无法退还的情况,这对乘客来说是不公平、不合理的。团队认为,轨交公司处于强势地位,其单方面制定的条款,给乘客设置了不公平的交易条件。

另外,从轨道交通的公益性和公司的社会责任看,《中华人民共和国公司法》(下称《公司法》)第五条明确规定,公司从事经营活动应当承担社会责任。轨道交通不仅是城市公共交通体系的重要组成部分,也是一项重要的民生工程,是便民利民的交通线,关乎公共利益,具有强烈公益性,轨交公司应当以为乘客提供快捷方便的服务为宗旨,少做不必要的限制,提高规则的人性化程度。在超程补票、逃票处罚已经有便捷规则的情况下,《票务规则》第十三条仍以"人性恶"的假设定位社会公众,采取将进站余额限定在单程最高票价的方式将诚信风险或负担不恰当地转嫁给乘客,该做法明显将经济利益放在首位而不顾社会公益与责任。

(三)调研

为了解社会公众对《票务规则》第十三条的态度与反映,团队通过多种途径进行了前期调研。

1. 登录苏州轨道交通官网

在"便民问答"一栏中,团队发现有乘客对"卡内余额低于7.6元不能进站"存在疑惑,如图1所示。

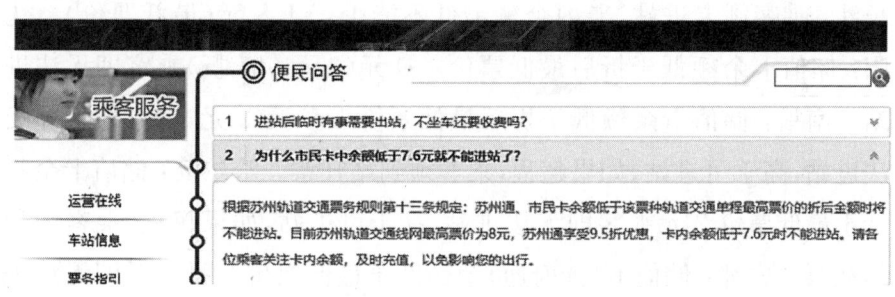

图1 "便民问答"栏目

2. 进行问卷调查

我们就此限制性条款向118人进行了问卷调查,统计结果显示:76.78%的人不知道,或者没有注意过此规定;52.54%的人当卡显示

"余额不足"时,都采取重新购买单程票;81.36%的人认为此规定不合理。调查结果表明,轨交公司对该票务规则未尽到充分的提示义务,多数受访者都是在遇到不能进站的情况时才知道该规定,或者仍不知所以然,多数受访者认为该规定不具有合理性。

3. 咨询其他城市

经拨打全国各地官方服务电话、查询当地票务规则,我们得知全国31个已投入地铁运营城市中的18个城市的相关信息如下:

北京:储值卡内余额低于单程最低票价(3元)乘客将无法进站,如果超程,乘客须到站补票。南宁:只要卡内余额还有2元以上乘客即可进站(最低票价2元),如果超程,乘客须到站补票。天津:乘客进站没有最低票价限制,只要卡内有钱即可进站,如果超程,乘客须到站补票。武汉:储值卡内余额只要不低于最低票价乘客即可进站,如果超程,乘客须到站补票。南京:储值卡内余额不低于1.9元(最低票价)乘客即可进站,如果超程,乘客须到站补票。青岛:卡内余额不低于1.8元(最低票价)乘客即可进站。重庆:无卡内余额限制,如果超程,乘客须到站补票。广州:储值卡内余额不低于2元才可进站(最低票价1.9元)。长沙:乘客刷卡进站,卡内余额最低不能少于1.8元(最低票价)。沈阳:储值卡余额低于折后最低票价1.9元(2元9.5折)乘客即无法进站。南昌:储值卡余额低于折后最低票价1.8元(2元9折)乘客即无法进站,高于可进站,如果超程,乘客须到站补票。哈尔滨:储值卡余额低于最低票价2元乘客即无法进站,高于可进站,如果超程,乘客须到站补票。成都:储值卡(天府通)余额低于最低票价2元乘客即无法进站,高于可进站,如果超程,乘客须到站补票。无锡:储值卡余额低于最低票价2元乘客无法进站,高于可进站,如果超程,乘客须到站补票。东莞:储值卡余额低于折后最低票价1.8元(2元9折)乘客无法进站,高于可进站,如果超程,乘客须到站补票。福州:储值卡余额低于最低票价(最低票价2元)时乘客将不能刷卡进站。上海：储值卡内金额为0或者负数时乘客不能进站。长春：目前只有一条线路，全程票价2元，只售票不可刷储值类卡。

（四）取证

团队成员吴佳祺于2017年10月14日上午欲从东环路站乘坐地铁1号线前往相门站，吴佳祺的市民卡B卡余额为7.1元，从东环路站乘坐至相门站的承运费为2元，然而，吴佳祺刷卡进站时，机器却显示余额不足，因此不能乘坐地铁，吴佳祺只能去售票口购买单程票后进站乘坐。吴佳祺向苏州地铁（东环路站）服务台进行了咨询，服务人员告知苏州地铁《票务规则》第十三条的规定。由于吴佳祺卡内余额不足最高票价折后价7.6元，即便市民卡的余额足以支付她从东环路站至相门站的运费，但《票务规则》第十三条的规定致使吴佳祺无法正常刷卡进站乘坐地铁。因而，吴佳祺取得如下证据（表1）：

表1　相关证据

序号	证据	证明目的
1	《苏州市轨道交通票务规则》照片	争讼条款存在，苏州市轨道交通集团有限公司的被告主体资格
2	苏州地铁自动查询机上显示的吴佳祺市民卡B卡余额的照片	吴佳祺市民卡B卡余额剩余7.1元
3	吴佳祺持卡乘坐苏州地铁（东环路）站被拒的完整视频刻录光盘	吴佳祺因卡内余额低于最高票价折后价（7.6元）无法进站

（五）起诉

2017年10月18日，团队以吴佳祺名义起草了民事起诉状，并向苏州市工业园区人民法院申请立案。

附：民事起诉状

民 事 起 诉 状

原告： 吴佳祺(详细信息：略)

被告： 苏州市轨道交通集团有限公司(详细信息：略)

诉讼请求：

1. 请求法院确认被告于 2016 年 6 月 1 日起施行的《苏州市轨道交通票务规则》第十三条内容无效。

2. 请求法院判令被告尽到告知义务,轨道交通卡内余额——不能进站时显示卡内余额。

事实与理由：

原告于 2017 年 10 月 14 日上午欲从东环路站乘坐地铁 1 号线,原告市民卡 B 卡余额为 7.1 元,从东环路站乘坐至相门站的承运费为 2 元,然而当原告刷卡进站时机器却显示余额不足,因此不能乘坐地铁,原告只能去售票口购买单程票进站乘坐。原告向苏州地铁(东环路站)服务台进行了咨询,服务人员告知原告苏州地铁《票务规则》第十三条规定,苏州通、市民卡、江苏交通一卡通本地卡余额低于轨道交通线网最高票价的折后金额时将不能进站。江苏交通一卡通异地卡低于轨道交通的线网最高票价时将不能进站。原告卡内余额不足最高票价折后价,即便原告市民卡的余额足以支付从东环路站至相门站的运费,但因为被告所谓的《票务规则》第十三条的规定,致使原告无法正常刷卡进站乘坐地铁。

被告所制定的《票务规则》第十三条的规定,是被告排除或者吸纳之乘客权利的体现,是对乘客不公平、不合理的规定,该格式条款当属无效,违反了《民法通则》的公平原则和侵犯了乘客的公平交易权;并且苏州轨交公司作为一个具有强烈公益性、社会性的组织,应当承担一定的社会责任。

现依据《合同法》和《公司法》的相关规定向贵院提起诉讼,望贵院依法判决,支持原告起诉所请。

此致
苏州市工业园区人民法院

具状人:吴佳祺

2017 年 10 月 18 日

一访法院

在确定原被告主体资格、收集完备证据材料、撰写好民事起诉状之后,团队成员前往园区人民法院,找到立案庭,获取排号等待了一段时间后,向工作人员叙述了来意,立案庭工作人员大致阅览了起诉状和证据材料后,便以不符合起诉要求为由,拒绝立案。

二访法院

第一次未成功立案,团队咨询了指导律师,在指导律师的帮助下,补充完善了证据材料,于 2017 年 10 月 23 日再次来到园区人民法院,立案庭人员收下了起诉状和证据材料,要求原告填写好档案材料并签字,告知 7 天内会给予答复。另日,园区人民法院电话告知原告去指定银行缴纳诉讼费用,10 月 27 日原告收到了法院传票和案件受理通知书。

(六)调解

2017 年 11 月 7 日,团队与轨交公司在法官的主持下进行了司法调解,因双方分歧较大,未达成调解协议。争议焦点主要集中在四个方面:

1. 关于其他城市轨道交通票务规则

被告认为:苏州和其他城市不具有可比性,每个城市各有特点,不能完全借鉴其他城市的规定。

原告认为：轨道交通作为一种公共交通工具，与巴士、高铁等公共交通工具的性质相通，在全国范围内具有较强的一致性。虽然每个城市各有其经济、历史、文化特点，但这种独特性在轨道交通上的体现一般在于地铁的内饰颜色、地铁站内的装饰装潢中，而《票务规则》第十三条作为规定进站限额的格式条款，借鉴其他城市更合理的规定并不会损害轨道交通融入每个城市的经济、文化特征中，反而是推动轨道交通管理进步的良好方式。

2. 关于《票务规则》是为了安全

被告认为：《票务规则》第十三条完全是从乘客角度考虑的，是为了预防和减少高峰期客伤事故的出现和高峰期补票给乘客带来的不便，认为从客运管理角度，把客流量提至进站前要比把客流量积压到出站时的安全风险系数低，用第十三条规定把可能会补票的乘客事先拦在进站口。

原告认为：首先，苏州地铁高峰期人流量还不至于拥挤到造成踩踏事故等客伤，轨交公司认为因为设了最低票价乘客超程出不去会在出闸处造成拥堵，同样，设了最高票价乘客因余额不够进不了闸会在入闸处造成拥堵，且不少乘客无法立即给卡充值，必须去买单程票，而售票机仅 3 台，正常需要买票的乘客本就不少，进不去需要买票的乘客还得去排队买票，更会造成售票处的拥堵，而售票机的位置与入闸处是临近的，如真有轨交公司所设想的可能造成客伤的人流量的情况，这一区域的拥堵会非常严重。其次，轨交公司的做法是预设了乘客不知自己卡内余额，不能理性把握卡内余额和乘坐里程间的关系，没有将乘客置于理性人的地位；轨交公司应当将乘客置于理性的能够把握自己卡内余额和乘坐里程的关系地位，乘客知道卡内余额不够会事先充值，如果因为疏忽不知卡内余额而超程了，那么补票带来的不便后果理应承担，如果明知卡内余额不够愿意出闸再补票的，那么补票带来的时间花费等更是自愿承担的，允许进站超程补票的做法才是符合"自己责任"的原则;而轨交公司的规定,让所有乘客都承担那些可能因超程而补票的人的不利后果,无疑有违公平原则和自己责任原则。

3. 关于不再来苏州的游客

被告认为:对于不会再来苏州的游客,公司有专门的旅游票,因此并不会给外地游客带来太多不便。

原告认为:是否选择旅游票是游客根据自身实际情况而定的,对于长期出差、大学生这些并非在苏州短期停留的人来说,选择市民卡等储值卡肯定更为便利。轨交公司对于该条款并未尽到充分提示义务,许多游客并不知道可以选择旅游票来避开这个条款的限制。

4. 关于无法退还卡内余额

被告认为:若卡内余额低于 7.6 元将无法乘坐地铁,市民卡无法退还卡内余额是市民卡公司的规定,和轨交公司没有关系。

原告认为:轨交公司因为与市民卡公司交易中担心利益不平衡,而将风险转嫁到乘客身上的行为是极其不合理的。该做法将自己的利益建于百分百的安全之上,迫使乘客成为损失承担的第三方,恐有损人利己之嫌。轨交公司和普通乘客之间处于不公平的交易地位,乘客都是独立个体,无法凝聚成一个团体去为自己发声。轨交公司理应多从乘客利益考量,而不是制定《票务规则》第十三条,只为了保障自己的利益最大化,这是不合理的。

最后,轨交公司称也希望为乘客提供更好的服务,要原告提出改进建议。原告建议修改《票务规则》第十三条,将储值卡进站限额设置在高于全程最低折后票价(即大多数城市的做法),但轨交公司拒绝了原告建议。

(七) 再次调解

半个月后,法院再次组织双方进行调解。法院认为:根据《合同法》

第二百八十九条规定，从事公共运输的承运人不得拒绝旅客、托运人通常、合理的运输要求。吴佳祺需乘坐的地铁区间仅需 2 元票价，在其市民卡内余额足以支付其乘坐区间票价的情况下，不存在轨交公司所述需要透支使用的情形，吴佳祺的运输要求通常、合理，其应当享有公共运输服务的权利；轨交公司通过涉诉《票务规则》排除或限制吴佳祺在承担合理运输费用义务基础上享受公共运输服务的权利，《票务规则》有违公平原则，于消费者而言系不公平、不合理的规定。据此，吴佳祺请求确认涉诉《票务规则》无效，符合上述法律规定，应予支持。

最终，轨交公司与吴佳祺达成如下调解协议：轨交公司于 2019 年 12 月 31 日前按最低票价进站的原则对《票务规则》第十三条进行修订并同步施行。

(八) 影响

本案经苏州广播电视台官方 App"看苏州"登出后，获得名城苏州网、今日头条、网易新闻等平台的转载。2019 年 3 月 13 日江苏省高级人民法院发布江苏法院 2018 年度消费者保护十大典型案例，以《从事公共运输的承运人制定的相应〈票务规则〉内容不公平、不合理的，属无效条款》为题公布了案情，法官与专家对本案作了点评。

法官点评：

根据《合同法》第二百八十九条规定，从事公共运输的承运人不得拒绝旅客、托运人通常、合理的运输要求。《消费者权益保护法》第二十六条第二款、第三款规定，格式条款含有排除或者限制消费者权利、减轻或者免除经营者责任、加重消费者责任等对消费者不公平、不合理规定的，其内容无效。本案中，吴佳祺需乘坐的地铁区间仅需 2 元票价，在其市民卡内余额足以支付其乘坐区间票价的情况下，轨交公司通过制定涉诉票务规则拒绝吴佳祺的合理运输要求,明显违背了前述法律规定,损害了吴佳祺享受公共运输服务的权利。本案的处理结果,有助于从事公共运输的承运人慎重制定票务规则、提升公共运输服务质量,维护了吴佳祺乃至广大不特定乘客的利益。

专家点评(南京大学法学院 李友根教授):

本案的处理及其产生的社会影响,无疑是积极与正面的。本案的意义与价值更在于,公共服务部门与相关企业应当依照我国全面依法治国的理念与要求,特别是依据 2013 年修订的《消费者权益保护法》,全面梳理与反思既有的相关业务规则,以尊重与保护消费者权益为指导,改变管理者本位的观念与做法,真正提升服务水平与服务质量。对于提起此类诉讼以维护广大公众利益的消费者,全社会应当给予广泛的支持与鼓励。而人民法院的依法、公正裁判,无疑发挥着至关重要的作用。

三、参赛感悟

吴佳祺:

连续两年一直沉浸在法学书本中的我,从未想过会有这样的一次机会和诉讼走得这么近。与公益诉讼初步相识,是因为听闻了第一届"小城杯"公益之星创意诉讼大赛情况;与公益诉讼相知,是因为自己带队参与了此次以《苏州市轨道交通票务规则》第十三条格式条款不合理之处为课题的公益诉讼;与公益诉讼相爱,是因为和团队成员们在每个阶段、每次进展中不断克服困难、不断学习的成长与进步。我依旧记得,团队在选中课题前,大量搜寻各种新闻信息,查询各种法条法规,询问章正璋老师的意见,设想好每个问题,去现场进行实地考察,一次又一次的奔波,虽然辛苦但却很值得。我依旧记得团队成功入围诉讼大赛后的喜悦,也记得指导律师张玉帮助团队厘清诉讼的思路与途径。

记得第一次去法院时,我们原以为准备的起诉材料很充分,但却摔了个"大跟头",立案庭工作人员看完我们的材料后,明确告知立不了案。当时的我们还是稚嫩的,回学校途中,我们商讨了不足之处,发现实际上是我们缺乏与立案庭工作人员说理的勇气,对话回答得支支吾吾。张玉律师了解事情经过后,耐心地告诉我们解决办法,并安慰我们不要灰心丧气。当我们充实证据材料、修改完善民事起诉状,再次来到法院时,我们不再畏畏缩缩,而是勇往直前,最终成功立案。那一刻,我们无比欣喜。

霍姆斯大法官说过,法律的生命从来不是在于逻辑,而是经验。公益诉讼给了我一次亲身接触实务的机会,让我懂得了理论和实务的差异。公益路上,我将不一意孤行。

金亦丁:

参加"小城杯"公益之星创意诉讼大赛之前,我看到过"实名制火车票遗失后被迫补票""浙大女生状告昆明铁路局""提现2 000元被收取1元手续费""余某状告腾讯公司"等新闻,每次看到这样的新闻,我都为当事人的勇气而感动。

而当自己作为参赛成员,其中的经历更使我终生难忘。从确定选题、调查取证、法院立案,我们经历了犹豫、挫败,也收获了知识、经验。当初,我们在几个选题中徘徊,最终从同学亲身经历的"小事"上决定了本次诉讼;我们发放网络调查问卷,收集市民的看法;我们咨询各大城市轨道交通客服热线,了解其他城市的做法;我们查阅相关法律条文,咨询老师和律师,进行深入的法律分析;我们二访法院,历经波折,最终成功立案;我们接受记者采访,表达我们的心声。

本次诉讼也给了我动力,让我留意日常生活中或许细微但却无形地影响着、侵犯着大众合法权益的不合理的规定和做法,一些"小事",对个人来说可能只是小的私益,但对于千千万万的人的集合来说,那就是公益。这次我们提起诉讼,就是为了权利的声明,为了公益的呐喊,为了回归法律的初衷。

朱晨馨:

回顾参赛历程,个人觉得并不是一帆风顺。首要的就是课题的选择,我们结合自身的生活体验拟定了几个赛题,包括面包店现金券格式条款不合理、欧尚超市某些损害消费者利益的规定等,但都因类似取证困难或追踪时间较长等原因而排除。金亦丁同学谈及有一次坐地铁时,自己的卡里明明有钱但进不了地铁站,主要是因为轨道交通公司《票务规则》第十三条设置了卡内余额进站门槛。大家商议后认为此问题涉及大众利益,如能推动解决,很有公益价值,由此决定以此为参赛选题。

为证明《票务规则》第十三条存在不合理之处,我们打遍了全国各省市轨道交通公司的服务热线,发现只有苏州轨交公司在此项上对乘客作出了限制,这更加坚定了我们要为自己争取合法权益的信心和决心。

当我们紧锣密鼓地准备好起诉材料到法院立案时,立案庭的一位年轻女书记员看了我们的民事起诉书后,几乎是下意识地否决了我们的申请。彼时,我们四位因没有接触过司法实践都很懵,就这样无功而返。后来在指导律师帮助下,修改诉状后,我们第二次到法院立案。此时,我们的心态明显比第一次从容了,几番"交锋"后,立案庭工作人员同意收下诉状。在等待法院答复的过程中,我们又到法院去了两次,递交补全的证据材料。立案的艰辛让我体会到,做任何一件事都不是随随便便就可以成功的,付出了不一定能有收获,但要想收获一定要先付出。

参加这次比赛,我的感触有三点:一是能够把理论和实践真正结合到一起,对学习专业课程有很大帮助;二是公益诉讼本身的价值,是让我们站在绝大多数人的角度去争取权利;三是团队合作的高效性得以体现,感谢同学们的坚持不懈与陪伴。

杨宇霏:

提起笔来,细细回味过去的参赛经历,感慨良多。

首先,谈谈"公益"二字。根据《中华人民共和国民事诉讼法》(下称《民事诉讼法》)相关规定,公民个人是没有提起公益诉讼的资格的,但其实每个人又都是公共利益的受众,公共利益的克减即是公民利益的损失。因而,对于"公益"的理解不应过于狭隘,公益绝不仅仅是捐款和"支教"那么片面。作为法律人,我们更应该运用所学知识去积极地践行一些"微公益",擅于发现并推动解决社会生活中那些广大群众被普遍侵权却没有意识维权的事。虽然在此过程中,我们采取的方法可能是以个案、私诉的形式,但最终目的却是极具公益价值的。在我看来,这也许比那些被媒体曝光而不得不进行的法律意义上的公益诉讼更有意义。

其次,谈谈理论知识与实务经验。参赛之前,对于诉讼的认知和学习,我们仅仅停留在校内的理论学习方面,很少有同学亲身参与到法律诉讼中。而参赛之后,从取证、立案、调解再到诉讼,我们都是亲身参与。这不仅促使我们了解熟悉参赛项目的相关法律,对诉讼过程也有了更加体系化的认知,尤其对程序法上的相关规定有了更深刻的体会和理解。

最后,谈谈法治信仰。在亲身经历了参赛的各环节之后,自己对法律知识学习的热情被充分调动了起来,对法律工作者的身份认同有了更深层次的向往,个人觉得从事法律工作,不仅仅是解决温饱和运用专业知识的途径,也是提升自我、推动法治社会进程的方式和途径。

四、指导律师点评

当同学们确定向苏州市轨道交通集团有限公司所制定、实施已久的《票务规则》第十三条提起公益诉讼时,我也曾有过顾虑,因为《票务规则》实施已久,以公益诉讼的形式对其中的条款说"No",意味着该规则的修改,将可能引起社会反响;我们也曾有过挫折,收集案件证据时百转千回、立案时的初次挫折、一审判决驳回全部诉讼请求、二审的数次开庭,但因为坚持,我与同学们充满信心,最终苏州市轨道交通集团有限公司同意修改第十三条,不再对乘坐地铁的顾客消费卡设置最低充值额度的限制。

这是一起普通的诉讼,因为这仅为万千诉讼案件中的一起;这是一起不普通的诉讼,因为这是关注民生、挑战"霸王条款"的公益诉讼。案件一经立案,在社会上就引起强烈反响,多家媒体追踪报道,让参赛团队的信心倍增,同时又承受无限压力,好在坚持中取得了圆满的结果,彰显法之力量。

法律人的信仰就是良法与善治,作为一名法律人,愿秉承初心、秉承公益之心,尽自己所能,推动法治社会的发展。

——上海小城(苏州)律师事务所 张 玉

小米产品责任纠纷案

　　互联网的发展,在一定程度上缓解了传统交易模式下经营者与消费者之间信息不对称的尴尬,人们通过彼此的交流,通过浏览各种资料,了解商家的产品质量,进而作出更好的选择,但一系列问题也相伴而生。经过调查,我们发现小米手机擅自在系统中插入眼花缭乱的广告行为,已经引起绝大多数使用者的不满,这种不满常见于微博、自媒体等平台,但使用者的怨气有余而效力不足的讨论,或许以后会升格为舆论的压力迫使小米公司作出改正,但这显然是低效的、迟延的以及充满不确定性的。为能尽快改变这种现状,我们决定拿起法律的武器来维护广大消费者的权益。

　　本案于 2019 年 1 月 28 日向北京互联网法院提起诉讼,法院于 2019 年 4 月 25 日立案,并公开进行了开庭审理,2021 年 5 月 6 日,法院作出判令被告赔偿原告人民币 1 元,驳回原告其他诉讼请求的判决。

参赛成员

　　陈　卓:康奈尔大学法学硕士。

范外楼：华东政法大学民商法学硕士。

黄晨阳：福建师范大学民商法学硕士。

张靖宇：香港大学法学硕士。

二、案情回顾

(一) 起因

2017 年 6 月 18 日,范外楼在小米科技有限责任公司(下称"小米公司")的线上销售平台"小米天猫旗舰店"购买小米手机一台,型号为 MI6。在使用手机过程中,范外楼发现手机应用系统存在大量自带广告,且广告推送频繁,并难以找到"关闭广告"的设置。一段时间后,范外楼才发觉小米手机将"关闭广告"的设置按钮命名为"关闭推荐内容",标识不清,对其安宁权(属隐私权)造成了侵害。此外,部分广告(包括系统内置广告和经小米浏览器推送的广告)并未有明显的"广告"标识,与资讯内容混杂,多次引发误触,浪费手机流量。团队分析认为,小米公司还侵犯了范外楼的财产权益,小米公司应承担侵权责任。

(二) 法理分析

《中华人民共和国电子商务法》(下称《电子商务法》)第十七条规定：电子商务经营者应当全面、真实、准确、及时地披露商品或者服务信息,保障消费者的知情权和选择权。《消费者权益保护法》第八条规定：消费者依法享有知悉其购买、使用的商品或者接受的服务的真实情况的权利。《广告法》第四十三条规定：任何单位或者个人未经当事人同意或者请求,不得向其住宅、交通工具等发送广告,也不得以电子信息方式向其发送广告。

对消费者而言,手机大量推送广告将极大影响手机使用效果和使用体验,小米公司作为电子商务经营者有告知义务。出售小米手机时,小米公司未告知消费者手机系统 MIU 内置广告且广告无法去除的情况,侵犯了消费者的知情权。

鉴于市面同等价位的同类产品尚不存在小米手机所具有的系统内置广告且广告无法去除的现象,消费者在选择产品时,很难考虑到要关注或询问广告情况,小米手机既然存在与市场同类产品显著不同且不利于用户的设置,理应在购买界面明确告知。小米商城——隐私政策也未提及系统软件中广告推送等情况,违反了其应当全面披露商品服务信息的义务。

《中华人民共和国侵权责任法》(下称《侵权责任法》)第二条第二款规定:本法所称民事权益,包括隐私权等。《消费者权益保护法》第二十九条规定:经营者未经消费者同意或者请求,或者消费者明确表示拒绝的,不得向其发送商业性信息。《互联网广告管理暂行办法》第七条第一款、第二款规定:互联网广告应当具有可识别性,显著标明"广告",使消费者能够辨明其为广告;不得以欺骗方式诱使用户点击广告内容。《〈广告法〉实施细则》第四十四条规定:利用互联网从事广告活动,适用本法的各项规定。利用互联网发布、发送广告,不得影响用户正常使用网络。在互联网页面以弹出等形式发布的广告,应当显著标明关闭标志,确保一键关闭。

小米手机通知界面显示的有些广告,未有明显"广告"标识,且内容具有欺骗性(如米粉卡广告显示"您有 100 元话费待领取",点击后实际显示米粉卡开通链接),甚至还有错误关闭标识导致用户误点广告,这都属于诱使用户点击广告内容的类型,侵扰了用户安宁。根据相关司法判例,安宁利益属于隐私权的内容。

另外,小米手机部分广告标识不明或内容具有欺骗性,诱使用户点

击广告内容,造成流量消耗;且部分广告点击进入后手机自动下载 App
(如快看视频),浪费手机流量占用内存,侵害了用户的权益。

根据《侵权责任法》第六条第一款规定:行为人因过错侵害他人民
事权益,应当承担侵权责任。根据《民法总则》第一百二十二条规定:没
有合法依据,取得不当利益,造成他人损失的,应当将取得的不当利益
返还受损失的人。

小米公司未对推广界面的广告按规定管理,造成用户误触下载,小
米公司因此达到推广某 App 目的(包括点击量和下载量),从而获得收
益。手机用户浪费流量,受到损失,小米公司应当向消费者返还不当
利益。

(三)调研

为了解手机推送广告等情况,团队对其他品牌手机的推送广告情
况进行了检索,检索结果如表 1 所示。

表 1　不同品牌手机推送广告情况

机型	系　统	是否可以拒绝收集个性化信息	是否可以拒绝推送广告	个性化信息用途
小米	MIUI	并非都可以	未明确声明	提供推送服务。从 MIUI 发送软件更新或新产品发布的通知,包括销售和促销信息。评估相关广告表现或从 MIUI 发送相关通知
华为	EMUI	可以	明确声明可以退订并且提供关闭方式	提供个性化用户体验和个性化内容向用户发送可能感兴趣的产品与服务的信息。邀请用户参与华为促销活动和市场调查。发送营销信息

机型	系　统	是否可以拒绝收集个性化信息	是否可以拒绝推送广告	个性化信息用途
Vivo	FuntouchOS	可以	如果不想接收此类信息,可以随时退订	提供精准化的智能提醒与智慧推荐服务。方便用户阅读关键信息
Oppo	ColorOS	可以	未明确声明	用于进行产品的个性化设计,并向您提供更为贴身的服务
苹果	IOS	可以	仍会收到一些与某个应用程序内容相关或基于其他非个人信息的广告	给用户带来最佳的广告体验

通过表 1 信息,我们可以发现当前手机都会收集用户的个人信息,但用途和说明方式不尽相同。Vivo 和 Oppo 将用户信息用于提供精准化智能服务,而不会提供推送广告,且只限于产品信息,产品信息可以退订。华为会推送系统软件广告和应用广告,但提供了明确的关闭方式。苹果表示关闭收集个人信息后,仍会推送同等数量的不相关广告,目前不支持在中国投放广告。对比 Vivo 和 Oppo,小米会推送系统广告和应用广告;对比苹果,在不能关闭广告推送的情况下,苹果没有明确表示仍然会推送同等数量广告;对比华为,尽管都会推送广告,但华为提供了明确的关闭方式,而小米不能关闭广告推送。

广告性质分析——与第三方免费软件投放广告的区别。

比较一:商家与消费者的"合意"——第三方软件协议中,用户授权或默认授权:第三方 App 并非手机的自带软件或自带系统的一部分。免费软件为用户从应用商店或安装包或其他渠道免费获得,用户除了流量无其他额外财产投入,故免费软件多以投放广告为核心盈利模式。这类软件往往会提供付费模式(如会员),付费后可消除广告。

这是符合情理的,多为消费者所接受。

比较二:没有"合意"——小米系统软件的协议中,难以认为用户默认授权。将上述比较与小米的官方说明结合,可以看出,小米系统及其自带系统软件是小米手机的重要组成部分,全新小米手机必搭载 MIUI,因此消费者在购买小米手机时,所支付的价款已经部分用于购买系统,小米公司不能类推免费广告的盈利方式作为辩解。

结论:基于以上不同,小米公司不告知系统软件中存在自带广告情况的行为与免费第三方软件投放广告的方式并无可比性。

(四)起诉

2019 年 1 月 28 日,团队以范外楼名义向北京互联网法院递交民事起诉状。

附:民事起诉状

民 事 起 诉 状

原告:范外楼(详细信息:略)

被告:小米科技有限责任公司(详细信息:略)

案由:产品责任纠纷

诉讼请求:

1. 判令被告在线上线下的交易中向消费者对手机广告情况进行必要的说明或标识。

2. 判令被告为默认开启的广告提供明显的关闭按钮,不以"推荐内容"等含糊措辞包装广告,误导消费者。

3. 判令被告修改浏览器应用程序,使得用户触碰到广告区域时,不会自动下载广告内容。

4. 诉讼费由被告承担。

事实与理由：

2017 年 6 月 18 日,原告在被告小米公司的线上销售平台"小米天猫旗舰店"购买小米手机一台,型号为 MI6。

首先,原告使用该小米手机过程中,发现手机系统应用存在大量自带广告,而原告在购买手机时并未被告知"系统自带大量内置广告"这一足以影响购买意愿的重要信息。

其次,小米手机广告推送频繁,给原告使用手机和日常生活带来侵扰,原告及众多消费者在手机的使用过程中,难以找到关闭广告的设置,一段时间后才发觉,小米将关闭广告的设置按钮命名为"关闭推荐内容",标识不清,使原告基于对"推荐内容"的一般理解不会点击该按钮,也就不能关闭所有造成烦扰的广告,由此误导原告及广大消费者,对公民享有的安宁权(属隐私权)造成了侵害。

再次,部分广告(包括系统内置广告和经小米浏览器推送的广告)并未有明显的"广告"标识,与资讯内容混杂,多次引发误触,浪费手机流量,侵犯原告财产权益,依《侵权责任法》第六条第一款,被告应承担侵权责任。

最后,原告认为,被告作为电子商务经营者,应当全面披露产品真实情况,被告隐瞒有关其产品内置广告的各种情况,已违反《中华人民共和国消费者权益保护法》第八条、《中华人民共和国电子商务法》第十七条、《〈广告法〉实施细则》第四十四条,严重影响到原告对产品的使用,应属侵权行为。原告依据《中华人民共和国消费者权益保护法》第四十八条之规定以及《侵权责任法》第六条、第二十一条之规定主张权利,提起诉讼。

综上,请贵院依法裁判,支持原告诉求。

此致

北京互联网法院

具状人:范外楼

2019 年 1 月 28 日

(五)变更诉讼请求

2019 年 4 月 25 日北京互联网法院正式立案。针对前份起诉状诉讼请求不明确问题,2019 年 5 月 20 日范外楼变更了诉讼请求,将前 3 条诉求改为:

1. 判令被告就侵犯原告知情权的侵权行为向原告书面道歉。

2. 判令被告赔偿原告因触碰广告自动下载 App 而损失的数据流量费用 1 元。

3. 判令被告停止向原告推送广告。

(六)庭审

庭审中,小米公司作了以下答辩:

附:民事答辩状

民 事 答 辩 状

答辩人:小米科技有限责任公司(详细信息:略)

被答辩人:范外楼(详细信息:略)

答辩人因与范外楼(以下简称原告)产品责任纠纷一案,根据本案事实和相关法律规定,特发表如下答辩意见:

第一,答辩人既不是涉案手机产品的生产者也不是销售者,更不是涉案手机浏览器、应用市场程序的开发者提供者,非本案适格被告,原告起诉主体错误。

首先,根据答辩人对小米 6 手机信息的核实,该手机的制造商为小米通讯技术有限公司,即答辩人不为涉案手机产品生产者。其次,经答辩人核查天猫网小米官方旗舰店的经营者相关资质信息显示,"小米天猫旗舰店"的经营者亦为小米通讯技术有限公司,故答辩人既非涉案手机产品的生产者也不是销售者,与涉案产品不具有法律上的关联关系。再次,原告主张的小米 6 手机涉及带有推荐广告内容的程序为浏览器、应用市场,其开发者(著作权人)均为北京小米移动软件有限公司,相关隐私保护由小米通讯技术有限公司、小米新加坡私人有限公司负责,亦非答辩人开发及负责。因此,答辩人非本案适格被告,原告起诉主体错误,答辩人不应承担原告主张的任何产品侵权责任。

第二,原告所列案由与诉讼请求、事实及理由的主张不符,从原告主张事实来看,本案案由非产品责任纠纷。

原告在起诉状中所列案由为产品责任纠纷,但原告并未对涉案手机产品存在瑕疵进行事实阐述和举证,反而围绕涉案产品内置广告的各种情况,主张答辩人未在交易中尽到提供真实全面产品信息的义务,侵犯其安宁权为内容进行大段描述。答辩人认为,原告实质主张的是其作为消费者的知情权受损,并非产品缺陷。

声明:虽然答辩人作为被告非本案适格主体,但基于常识和公开的信息,也愿意就本案实体内容对原告作出解释,但请合议庭和原告注意的是,答辩人对实体内容的答辩意见,并不代表以下涉及的小米通讯技术有限公司、北京小米移动软件有限公司的意见。

第三,MIUI 系统及涉案程序的相关协议对涉案推荐内容进行了有效释明,未侵犯原告知情权的行为。

（1）MIUI用户协议及隐私政策中已对小米关联方或第三方提供的技能或服务的由关联方或第三方负责进行了说明。

（2）手机系统中的资源推荐、浏览器的推荐内容、应用市场福利专区中的福利领取已对推荐软件、广告信息、程序安装作出足够明确的标识。

（3）安卓手机系统中的推荐内容、福利专区为本行业商业惯例，原告作为正在接受高等教育的优秀青年，应当具备一定的手机软件常识与判断力，答辩人认为其所购安卓手机中存在推荐资讯内容的事实应当为明知。

第四，MIUI系统对相关功能设置有明确的开关，未侵犯原告的自主选择权。

原告提供的证据9、证据10中所示，MIUI手机系统对推荐内容、资源推荐设置了明确的开启与关闭方式，原告可按需在设置程序中自行选择是否关闭。因此，不存在强迫原告被动接受推荐信息的情况，没有侵犯其自主选择权。

综上所述，因答辩人不是本案适格被告，本案不涉及手机产品责任存在缺陷的事实，且就软件服务而言，相关主体的行为也未侵犯原告消费者知情权、自主选择权，请求法院驳回原告全部诉讼请求，维护答辩人的合法权益。

此致
北京互联网法院

答辩人：小米科技有限责任公司
2019年11月19日

（七）判决

2021年5月6日，北京互联网法院作出如下判决：判令被告赔偿原告人民币 1 元,驳回原告其他诉讼请求。

　　注：此案从 2019 年 4 月立案,直到 2021 年 5 月 6 日才正式判决,耗时两年多(法律规定：一审法院的案件审理一般不超过 6 个月),主要原因是 2019 年底,新冠肺炎疫情暴发而原告、被告分别在北京和上海,两地后续也相继受到疫情影响,所以法院中止了审理,直到 2021 年 5 月才作出判决。

三、参赛感悟

　　“千淘万漉虽辛苦,吹尽狂沙始到金。”这场耗时两年多的“战役”能走到最后,离不开团队对于公益与正义的初心与执着,更离不开“小城杯”给予的物质帮助及精神鼓舞。希望有更多的人,借助“小城杯”公益之星创意诉讼大赛这个平台,发挥主观能动性,不断发现身边的公益项目,让每一粒公益的种子长成参天大树。

——范外楼、黄晨阳、陈卓、张靖宇

四、指导律师点评

　　对于小米手机应用系统存在大量自带广告,且广告推送频繁的情况,大家都觉得,这里面肯定存在着不合理之处,但真要细究的话,好像又难以在法律上去定义、规范它。同学们充分运用所学的专业知识,在专家的指导帮助下,最终决定从《消费者权益保护法》中的知情权和《侵权责任法》[《侵权责任法》在《中华人民共和国民法典》(下称《民法典》)

正式施行后已经废止,但在当时是适用的]中的隐私权入手,来主张相应的法律责任。认为小米手机未告知有系统广告推送且无法关闭,同时未经同意下载 App 的行为也侵犯了用户的财产权,这两个点是抓得比较准的。

法院的判决有两项内容:一是被告小米科技有限责任公司于本判决生效后 10 日内赔偿原告范外楼 1 元,二是驳回原告范外楼的其他诉讼请求。从判决结果而言,可以说是部分支持了诉请。

小米公司作为一家大公司。庭审过程中,公司就意识到诉讼里提出的这些问题是要解决的。2019 年 6 月 6 日,公司高管发出微博,表示全面启动小米手机广告整治,明示广告下载行为,可关闭、取消,并提供清晰的"关闭"开关。同时,雷军本人也转发了这一微博并欢迎监督。可以说,同学们诉请的内容,小米公司已经整改。判决书中,法院也明确指出:"据了解即便被告的产品,在本案判决之前,有关模式也已改进,点击广告链接后,不再立即发生下载,须确认下载后才会进行应用下载。"法院的判决,更像是对同学们努力用法律推动公益行为的一种肯定。

本案主要涉及两个法律概念:一个是消费者的"知情权"和"选择权"。本案中,小米手机未告知其具有不可关闭的广告推送,且不经同意即下载 App 的操作,涉嫌侵犯了上述权利。这里介绍一个类似案例:2019 年 10 月 10 日,江苏省消费者权益保护委员会(以下简称江苏省消保委)针对智能电视开机广告屡禁不止的现象,公开约谈了涉案的 7 家智能电视企业,督促企业限时整改,但乐视电视所属乐融公司拒不整改。12 月 12 日,江苏省消保委对乐融公司依法提起了公益诉讼。一审法院认为:消费者享有自主选择商品或者服务的权利。被告生产和销售的相关品牌智能电视加载了开机广告,并通过互联网不断更新广告内容,消费者开机后会自动播放 15 秒左右的开机广告,且该广告直到播放最后 5 秒时才弹出一键关闭窗口,消费者才能选择关闭开机广告,侵害了消费者的选择权,降低了消费者观看电视的体验,侵害了众多不特定消费者的合法权益,应予整改。2021 年 3 月 23 日,经二审终审,江苏省高级人民法院驳回乐融公司上诉,维持原判。

另一个概念是"隐私权",确切地说,是隐私权中的"安宁权"。当时同学们提出这样一种观点:"安宁权"属于"隐私权"的外延,应当和"隐私权"一样得到《侵权责任法》的保障。这个观点是相当超前的,因为之后施行的《民法典》第一千零三十二条规定:自然人享有隐私权。任何组织或者个人不得以刺探、侵扰、泄露、公开等方式侵害他人的隐私权。隐私是自然人的私人生活安宁和不愿为他人知晓的私密空间、私密活动、私密信息。将"安宁权"正式写入法律,纳入隐私权范畴。"安宁权"即指自然人的私人生活安宁,包含物理空间的安全与安宁,以免受任何物理上的非法、不当侵入,以及心理、精神上的安稳与宁静,以免受任何心理和精神上的非法、不当侵扰。"安宁权"的确认,解决了很多现实生活中的困境,比如广场舞扰民、邻里的噪声、狗叫这些都属于侵犯安宁权的行为。这类行为在过去最多只能借助相邻权来维护,但举证的门槛高、难度大。《民法典》实行后,我们就可以直接依据"安宁权"来维权,要求侵权方承担包括停止侵害、排除妨碍在内的法律责任。

我对于同学们的评价是:过程不易,但表现出色。

手机自带广告是个新兴的法律课题,之前没有被大多数人所重视。小米作为国内知名手机厂商,拥有庞大的消费群体,如果说其自身的手机系统可能存在持续地对用户实施侵权行为的话,这会牵涉到海量的小米手机用户。同学们敏锐地抓住这一细节,前期广泛搜集素材,通过小米用户论坛取样本、线下组织问卷调研等,得出结论:小米手机的自带广告,带给小米用户的是长期的困扰。

立案之后,小米公司很快派出诉讼团队应诉,提出 4 点答辩意见,还就原告和被告的诉讼主体资格提出了异议,辩称小米科技有限责任公司不是本案适格被告,而原告也不适格。对此,作为尚未走出象牙塔的同学,很快稳住了心态,并没有因为面对大公司的专业团队而胆怯,大家通过多次搜证,提交了多达 17 项证据,从各方面对小米公司的答辩意见进行了反击。在后续的庭审中始终坚持诉请,没有轻易接受调解结案,终于等到了正式判决。

漫长的诉讼过程对于学生们来说,既是对诉讼技巧的磨砺,也是对辛勤付出的肯定。作为指导老师,我为他们的不懈努力感到骄傲,并以和他们并肩战斗而感到光荣!

——上海全程律师事务所　吴海松

猎豹公司网络侵权责任纠纷案

一、导 读

早在 2006 年,中国互联网协会就公布了"流氓软件"的定义,其特征包括:强制安装、难以卸载、浏览器劫持、广告弹出、恶意收集用户信息、恶意卸载、恶意捆绑等。然而,这些"流氓软件"普遍存在于用户的电脑中,其危害主要表现为:浪费用户的电脑资源、减慢电脑运行速度、频繁弹出广告窗口。如金山毒霸软件卸载后用户电脑仍残余金山主页,锁定程序将用户的浏览器主页锁定为毒霸网址,而用户不能在电脑的应用管理或者控制面板上找到它,以至于用户的自主选择主页网址的权利受到侵害。时至今日,我国尚未出台相关规定以解决此类问题,这从一个侧面反映对于恶意软件的定性之复杂。因此,团队以金山毒霸软件侵权为由将北京猎豹移动科技有限公司告上法庭,其目的除了维护受害者权益、维护网络平台与电子(软件)市场秩序,还为相关法律法规的制定提供参考价值。

本案于 2020 年 3 月向上海市长宁区人民法院提起诉讼,法院以"网络侵权责任纠纷"为案由立案,4 月第一次开庭。2020 年 5 月 22 日法院作出被告赔付原告 500 元、驳回原告其余诉讼请求的一审判决。北京猎豹移动科技有限公司不服,向上海市第一中级人民法院提出上诉,2020年8月经第一中级人民法院组织调解,并出具向被上诉人支付人民币700元的调解书。

参赛成员

  李明芮:华东政法大学知识产权学院学生。

  李芊芊:华东政法大学知识产权学院学生。

  刘 俪:华东政法大学知识产权学院学生。

  奚紫菁:华东政法大学知识产权学院学生。

  马平川:华东政法大学国际金融法律学院学生。

二、案情回顾

(一)起因

  2018年12月,李明芮使用自己的笔记本电脑登录猎豹移动官网,按照提示步骤下载了金山毒霸软件。之后,电脑经常跳出屏保或各种弹窗广告。李明芮查看电脑的控制面板后,并未发现异常,于是改用360软件管家进行查看,发现下载金山毒霸软件时,电脑被捆绑安装了猎豹护眼大师、软件管家等软件。这些软件占用电脑大量内存,减缓电脑运行速度,且经常会弹出一些垃圾信息与弹窗,用正常的途径难以将其卸载。一旦误点击这些弹窗,电脑还会自动下载许多垃圾软件,严重影响其学习与工作。团队决定,以李明芮个人名义,就金山毒霸软件的侵权行为,向人民法院提起诉讼。

(二)法理分析

  根据《消费者权益保护法》第八条、第九条规定,消费者享有知情权与自主选择权。《电子商务法》第十九条规定，电子商务经营者搭售商品或者服务，应当以显著方式提请消费者注意，不得将搭售商品或者服务作为默认同意的选项。

李明芮使用自己的笔记本电脑登录猎豹移动官网，按照提示步骤下载金山毒霸软件。下载软件时，猎豹移动官网未告知有其他软件捆绑安装，未经允许捆绑下载了猎豹护眼大师、软件管家等软件。猎豹移动作为电子商务经营者，在官方网站的描述与安装程序中，均未进行提醒，存在故意隐瞒之嫌。

金山毒霸安装官网显示，免费提供此软件。用户容易认为进行下载仅会下载安装金山毒霸这一个软件，从而进行进一步的操作。然而，其暗中将其他软件（如猎豹护眼大师、软件管家等）与金山毒霸软件捆绑，这种强制安装的行为，涉嫌欺诈。

欺诈是指以使人发生错误认识为目的的故意行为。由于他人故意的错误陈述，发生认识上的错误而为意思表示，即构成因受欺诈而为的民事行为。猎豹移动官网在免费提供金山毒霸软件的同时，暗中捆绑其他软件，符合欺诈之构成要件。根据《消费者权益保护法》第五十五条规定，用户有权要求欺诈方赔偿损失。

管辖法院之确定。猎豹移动网络有限公司所实施的行为构成侵权行为，而由侵权行为提起的诉讼，适用特殊管辖。根据《侵权责任法》第二十八条规定，因侵权行为提起的诉讼，由侵权行为地或者被告住所地人民法院管辖。侵权行为地包括侵权行为实施地与侵权结果发生地。而根据《〈民事诉讼法〉司法解释》第二十五条规定，信息网络侵权行为实施地包括实施被诉侵权行为的计算机等信息设备所在地，侵权结果发生地包括被侵权人住所地。综上，有实施被诉侵权行为的计算机设备所在地、被侵权人住所地、被告住所地等多个法院对此案有管辖权。团队考虑交通成本等因素后，选择向被侵权人住所地长宁区人民法院递交起诉状。

(三) 证据准备

根据"谁主张谁举证"的诉讼原则,团队对所主张的事实,即金山毒霸捆绑软件的侵权行为提供证据以进行证明。

一方面,团队提供了原被告身份信息,以证明原被告主体适格。其中,最重要的在于证明实施侵权行为的主体,即谁应当承担相应的侵权责任。通过查询金山毒霸官网以及企业工商信息网,得知下载金山毒霸软件的平台系由猎豹移动科技有限公司运营,足以证明该公司应承担相应责任。因此,团队相应地收集金山毒霸下载页面截图及企业工商信息网页截图等证据,以证明被告的资格及身份。

另一方面,团队收集了记录金山毒霸软件下载全过程录像、录屏和下载前后桌面与 360 杀毒软件界面截图,以证明金山毒霸软件下载时会捆绑其他软件的事实。从录屏、录像可以看出,用户通过官方正规渠道(金山毒霸官网)按照其提示的流程下载了金山毒霸软件并安装完成后,桌面出现了除目标软件以外的其他软件,即证明其公司提供的金山毒霸软件下载存在捆绑行为。为保证视频的客观真实性,团队下载金山毒霸软件过程中有两位证人全程监督,并向法院提供了两位证人书写的保证书,证明其与本案无利害关系。另外,通过下载金山毒霸软件前后电脑桌面的截屏,我们可以清晰看出桌面多了一个"软件管家"的软件图标,通过 360 杀毒软件管理界面,我们也可以认定在不知情的情况下电脑被捆绑下载了猎豹"护眼大师""软件管家"等软件。

(四) 起诉、一审

2020 年 3 月,团队以李明芮名义向长宁区人民法院提起诉讼,诉讼请求:

（1）判令被告北京猎豹移动科技有限公司立即停止侵权，将原告电脑中的猎豹护眼大师和软件管家删除。

（2）判令被告赔偿原告 500 元（其中包含交通费 344.80 元）。

事实和理由：

原告使用自己的笔记本电脑登录猎豹移动官网，按照提示的步骤下载金山毒霸软件时，被捆绑安装了猎豹护眼大师与软件管家两款软件。这些软件占用大量电脑内存，减缓电脑运行速度，并带有一定的广告，严重影响原告使用电脑进行学习工作。金山毒霸软件系由被告实际运营。原告认为，其在下载金山毒霸软件时，被告未明确告知捆绑安装其他软件，被告的捆绑安装行为，侵犯了原告的知情权与自主选择权，依法应当向原告承担相应侵权责任。

2020 年 4 月 27 日，法院公开开庭进行审理。庭审中，被告北京猎豹移动科技有限公司辩称：

第一，猎豹护眼大师（即金山毒霸"护眼模式"）及软件管家并不是捆绑软件，而是金山毒霸内置功能模块，是金山毒霸产品的一部分，系为了给用户提供更多实用、方便的功能而设置。其中猎豹护眼大师主要用于帮助用户缓解用眼疲劳。用户点击金山毒霸主界面后，点击主界面右下角的"百宝箱"就可以看到这一功能。软件管家主要是为了方便用户下载安全、无病毒的软件产品而设置，其中的每款软件都经过金山毒霸运营团队人工测试管理，确保安全可靠、放心下载。用户点击金山毒霸主界面后，即可看见软件管家模块。下载金山毒霸软件后，计算机桌面生成软件管家快捷方式，通过该快捷方式，用户可直接进入金山毒霸软件管家界面，系为用户使用该产品提供更便捷的体验。

第二，被告未侵害用户知情权和选择权。首先，被告在金山毒霸产品官网上对金山毒霸产品的各项功能进行了详细及显著介绍，其中涵盖了猎豹护眼大师和软件管家。原告在下载金山毒霸时并没有阅读这部分内容,自身存在过错。其次,该两项功能在原告下载后属于默认关闭状态,用户可以自由选择开启或关闭。最后,被告金山毒霸产品及内置功能模块是可以卸载的,用户下载后,如不想使用,可以随时卸载,作为其内置功能的软件管家桌面快捷方式亦会随着用户对软件管家的卸载而消失。

第三,金山毒霸作为供用户免费下载的软件,其运营需要一定成本,因此确实会向用户推送一些广告,符合互联网免费产品带有广告的行业惯例。金山毒霸作为安全软件,产品带有软件管家这一功能模块并将其作为桌面快捷方式存在,亦属于行业惯例。原告提供的证据材料显示其电脑中亦下载有 360 安全卫士软件,原告同时也使用了 360 软件管家,原告对上述行业惯例应当知晓。

综上,原告诉请缺乏事实和法律依据,被告金山毒霸产品作为一款杀毒软件,目的是更好地保护用户利益,给用户提供更安全、便利的电脑使用环境。被告在提供下载服务时充分保障了用户的知情权和自主选择权,不存在侵害用户利益的情形,请求法院驳回原告的全部诉请。

2020 年 5 月 22 日,长宁区人民法院作出一审判决。

附:长宁区人民法院民事判决书

民 事 判 决 书

(2020)沪 0105 民初 4669 号

被告:北京猎豹移动科技有限公司(详细信息:略)

委托诉讼代理人:张芙蓉(详细信息:略)

原告李明芮与被告北京猎豹移动科技有限公司(以下简称猎豹公

司）网络侵权责任纠纷一案，本院于 2020 年 3 月 3 日立案后，依法适用简易程序，于同年 4 月 27 日公开开庭进行了审理。原告李明芮，被告猎豹公司的委托诉讼代理人张芙蓉到庭参加诉讼。本案现已审理终结。

原告李明芮向本院提出诉讼请求：（略）

事实和理由：（略）原告遂诉至法院，请求判如所请。

被告猎豹公司辩称，不同意原告的全部诉讼请求，理由如下：（略）

当事人围绕诉讼请求依法提交了证据，本院组织当事人进行了证据交换和质证。对当事人无异议的证据，本院予以确认并在卷佐证。对有争议的证据，本院认定如下：

原告提供屏保页面（带广告）截屏三页，欲证明原告下载金山毒霸产品后，因该产品捆绑安装了猎豹护眼大师软件，导致原告在使用过程中，电脑擅自弹出屏保并推送广告、干扰原告正常使用电脑的事实。被告对该组证据的真实性、合法性、关联性均不予认可。被告表示下载金山毒霸后猎豹护眼大师功能系默认关闭状态，除非原告自行选择开启该项功能，否则不会跳出屏保。经审查，该组证据仅展示图片页面，无法证明待证事实及与本案的关联性，本院对此难以采纳。

原告提供交通费凭证，欲证明本案维权损失。被告对该组证据的真实性、合法性、关联性均不予认可。经审查，原告提供的证据为原件，被告虽不认可其真实性，但未说明合理理由或提供反驳证据，本院对该级证据的真实性予以确认，证据内容与本案争议相关，依法予以采纳。

被告提供金山毒霸产品下载过程屏幕录像视频及页面截屏，欲证明猎豹护眼大师及软件管家是金山毒霸内置功能模块，不是捆绑软件。被告在金山毒霸产品官网对各项功能模块进行了详细的介绍，且该两项功能在用户下载后均处于默认关闭状态，用户可自由选择是否开启。原告对该组证据的真实性没有异议，对证明内容不予认可。经审查，本院对该组证据的真实性予以确认，证据内容与本案争议相关，依法予以采纳。就双方对该组证据证明内容的分歧,本院将结合事实认定予以综合阐述。

被告提供 2345 安全卫士及 360 安全卫士下载过程屏幕录像视频,欲证明杀毒软件内置软件管家功能属于互联网免费软件产品惯例。原告对该证据的真实性没有异议,对关联性及证明内容不予认可。经审查,本院对该份证据的真实性予以确认,证据内容与本案争议相关,依法予以采纳。就双方对该证据证明内容的分歧,本院将结合事实认定予以综合阐述。

根据当事人双方陈述和经审查确认的证据,本院认定事实如下:

被告北京猎豹移动科技有限公司系金山毒霸产品的开发及运管主体。被告 www.ijinshan.com 网站(以下简称金山毒霸产品官网)向消费者提供金山毒霸产品的下载服务。

金山毒霸产品系一款反病毒软件,金山毒霸产品官网载明该产品具体功能包括可信云安全(自动收集与鉴定海量病毒,更新一个新病毒特征仅需 0.2 秒)、蓝芯杀毒引擎(凝聚 13 年自主创新,成就专业杀毒品质,杀毒更快更准确)、上网保护(安全网,给系统增加一道安全防护)、U 盘实时保护(启发式分析防杀 U 盘病毒,U 盘、移动硬盘交换数据更安全)、系统清理更给力(启发式分析防杀 U 盘病毒,U 盘、移动硬盘交换数据更安全)、网购保镖(打造最安全的网购交易环境)。

金山毒霸产品官网主页面中主视图为金山毒霸产品的宣传图片、文字及下载按键。该页面中间位置展示有"全面扫描""蓝芯 IV 引擎""软件净化""win10 支持""主题换肤"图标及文字。除此以外,该页面底端显示有"安全资讯""产品动态""最新活动"三个栏目链接及栏目封面图片。其中,"产品动态"栏目封面图片载有文字"护眼模式",点击图片进入标题为"金山毒霸护眼模式使用指南"的页面,该标题项下图文内容系金山毒霸护眼模式的详细功能介绍,包含护眼模式原理、护眼功能如何开启、一键防蓝光、定时休息、屏幕隐私保护、屏幕壁纸和励志语录、发现功能等介绍,文字内容主要为:护眼模式通过微软系统的开放接口去调整屏幕色温,科学过滤蓝光,并在适当的时间提醒用户休息,有效缓解眼疲劳。用户可自行选择休息时间间隔,护眼模式会通过屏保壁纸向用户推送鸡汤文或小程序,由用户根据自身需要进行放松。用户可自主选择开启或关闭隐私保护功能,如开启该功能,当用户离开电脑屏幕后可自动展示锁屏。

上述同一页面左侧显示"系统辅助"栏目,项下分别展示有"软件管家""桌面整理""换肤功能""免打扰模式"等子栏目链接。继续点击其中的"软件管家"子栏目,下拉展示"软件管家有什么用""软件卸载不了怎么办""软件体检有什么用"等功能介绍,告知用户软件管家是根据当前最新最流行的软件下载和使用情况,推荐热门软件给大家选择使用。每款软件都经过毒霸运营团队的人工测试管理,确保安全可靠,可以放心下载。

审理中,经法庭主持,用户登录金山毒霸产品官网下载金山毒霸软件并完成安装后,桌面自动生成"软件管家"快捷方式。点击金山毒霸主界面,分别展示"弹窗拦截""闪电查杀""垃圾清理""电脑加速""软件管家""百宝箱"模块;点击"软件管家",弹出独立于金山毒霸原界面的"软件管家"界面,界面左侧展示"首页""游戏""全部""体检""升级""卸载"模块,供用户进行软件搜索、下载、升级、清理、卸载等操作。鼠标右键点击任务栏金山毒霸小图标,显示"护眼模式"开关选择按键状态为"打开",点击该按键后,弹出独立于金山毒霸主界面的独立界面,显示"过滤蓝光"及"定时休息"两个功能模块为默认关闭状态。除了"软件管家"和"百宝箱",点击主界面其他功能模块,均系在主界面切换页面进行功能展示。另点击金山毒霸产品官网首页"产品大全"栏目,显示"金山毒霸""护眼大师""猎豹锁屏大师"等产品下载模块,未见"软件管家"下载模块。

2018 年底左右,原告李明芮登录金山毒霸产品官网下载金山毒霸产品。下载成功后,原告在其电脑桌面发现软件管家快捷方式,在 360 软件管家中发现猎豹护眼大师软件,原告认为被告存在捆绑安装软件行为,遂涉诉。

审理中,原告、被告确认"护眼模式"及"软件管家"在用户电脑端控制面板中可随金山毒霸软件一起整体卸载,但不可单独卸载。原告确认可通过第三方软件单独卸载"护眼模式"及"软件管家"。

因原告不同意调解,致本院无法为双方主持调解工作。

本院认为,被告系金山毒霸产品的开发及运营方,向广大终端用户提供反病毒软件产品及相关服务支持,属于《消费者权益保护法》中规定的经营者。原告通过被告官方网站下载并使用金山毒霸产品,系为生活消费需要使用软件产品并接受与之相关的服务,其合法权益受《消费者权益保护法》保护。本案中,原告明确其在本案中的请求权基础为网络侵权责任纠纷,主张被告侵犯其知情权及自主选择权,故对原告主张的法律关系项下双方诉讼主体资格,本院依法予以确认。审理中,双方对金山毒霸产品下载流程及界面展示情况均无异议,现本案的争议焦点为:一是被告金山毒霸产品是否存在捆绑安装其他软件的情形。二是如存在上述情形,是否构成对原告知情权及自主选择权的侵害。

关于争议焦点一,即"护眼模式"及"软件管家"是否系金山毒霸产品捆绑安装的软件问题。本院认为,捆绑安装主要是指将功能独立或非直接相关的两款或者多款终端软件绑定在一起导致用户无法自主选择的情形。其外在表现具备以固定组合形式出现的"捆绑"特征,但这种捆绑的外在表征既可能是因某一种产品或服务为实现其正常使用目的而必须借助的功能等方面的组合,也可能是为推广销售其他产品或服务而在主产品之上人为且非必要的附加。

本案中,"护眼模式"及"软件管家"均是下载金山毒霸产品必须同时下载及安装而无法选择不附加或不接受的"功能"。鉴于互联网行业软件产品的特殊性,本院认为,判断"护眼模式"及"软件管家"是否构成与金山毒霸产品的捆绑安装,应当从客观形式及实质功能两个方面进行审查及考量,而非被告自身对"护眼模式"及"软件管家"属性所作的定义。具体而言,在客观形式方面,主要审查"护眼模式"及"软件管家"对应功能是否存在独立软件产品、是否可以独立下载安装及卸载、调用该项功能时界面布局是集成在主软件即金山毒霸产品使用界面还是具备独立使用界面等。而在实质功能方面,主要审查这两项内置功能的核心功能是否与金山毒霸软件功能紧密相关,是否系实现该软件功能所必需。

在客观形式方面,"护眼模式"及"软件管家"均具备构成独立软件的特征。关于"护眼模式",根据查明的事实,其功能与"护眼大师"基本相同。被告官网展示的产品大全里,护眼大师软件系作为一款独立软件产品供用户进行下载使用。至于"软件管家",其虽不在被告官网所展示的独立软件中,但在用户下载安装金山毒霸后会以独立快捷方式的形式出现在用户电脑桌面,不能单独卸载;用户点击金山毒霸主界面软件管家功能模块后会直接跳转软件管家独立界面,而点击其他功能模块后页面布局仍然集成在金山毒霸使用界面。

在实质功能方面,"护眼模式"及"软件管家"对应的功能均与金山毒霸软件不具有必然联系,也非实现该软件病毒查杀功能所必需。根据查明的事实,"护眼模式"的功能为缓解用户用眼疲劳,"软件管家"系一款软件管理工具,主要功能在于供用户进行软件搜索、下载、升级、清理等,显然以上功能并非实现病毒查杀功能所必需,而是为满足用户在使用电脑过程中的其他需求。另外,从金山毒霸产品官网对金山毒霸产品功能的介绍来看,该产品包括的六项功能并未包括"护眼模式"及

"软件管家"，被告自身亦未将上述功能作为杀毒软件产品功能的组成部分进行说明及宣传。

基于上述事实及理由，本院认为，无论是从外观表现，还是从产品实质功能来看，"护眼模式"及"软件管家"均具备作为终端软件的独立性，而非金山毒霸软件的必要组成部分，被告在金山毒霸软件产品中内置"护眼模式"及"软件管家"功能构成捆绑安装软件行为。被告辩称，杀毒软件产品内置"软件管家"功能模块属于行业惯例。对此，本院认为，本案涉及的是软件之间是否构成捆绑安装以及是否因此侵害消费者权益的问题，至于类似行为是否系行业惯例，并不能决定该种行为本身是否正当，也不会因此影响消费者权益是否受损之客观事实，故不予采纳。

关于争议焦点二，即金山毒霸产品是否构成对原告知情权及自主选择权的侵害问题。本院认为，软件产品组合下载及安装的行为并不为法律所禁止，部分情况下不同软件的组合安装及使用对消费者而言可能更为便捷，消费者也未必会拒绝此类行为。但组合与捆绑之间的区别在于是否违反了消费者意愿、是否令消费者无法另行选择。而消费者知情权被保障，则是形成其真实意志并作出自主选择的基础。

根据法律规定，消费者享有知悉其购买、使用的商品或者接受的服务真实情况的权利，享有自主选择商品或者服务的权利，有权自主决定接受或者不接受任何一项服务。同时，根据《规范互联网信息服务市场秩序若干规定》第九条规定，互联网信息服务终端软件捆绑其他软件的，应当以显著的方式提示用户，由用户主动选择是否安装或者使用，并提供独立的卸载或者关闭方式，不得附加不合理条件。

本案中，消费者在选择下载金山毒霸软件时，必须同步下载及安装"护眼模式"及"软件管家"，被告并未向消费者提供"仅使用反病毒软件"的选项，亦未事先以合理方式进行告知及提示。被告所述的已在下载页面展示了"金山毒霸护眼模式使用指南",经审查,该展示内容在页面底部"产品动态"一栏下,独立于金山毒霸产品下载模块,客观上不足以让一般消费者注意到该项内容,更难以清楚地知悉该产品将与金山毒霸产品一同下载的联系。而"软件管家"的介绍更是需要消费者在点击该"金山毒霸护眼模式使用指南"后才能阅览,显然难以引起一般消费者注意。金山毒霸软件下载页面主视图以显著的方式介绍产品六大功能等,其中亦只字未提"护眼模式"及"软件管家",此种宣传方式从另一方面亦会使消费者误以为金山毒霸软件的功能仅包括上述六大功能,而与"护眼模式"及"软件管家"无涉。基于此,本院认为,被告在提供涉案软件下载服务过程中,未能保障原告的知情权。

关于原告的自主选择权。如前所述,如知情权未获保障,则消费者在不知情或完全不知情的情况下显然无法作出真正的选择,况且本案中被告也未提供除捆绑下载以外的其他选择。被告辩称下载后"护眼模式"及"软件管家"两项功能处于默认关闭状态,不构成对用户自主选择权的侵害,但该节事实与本案查明的事实不符,且即便属实,"默认关闭"亦仅指其运行状态,而非下载及安装。对于"护眼模式"及"软件管家"的下载及安装,被告并未赋予消费者自行选择的权利。另根据被告庭审确认,其未向用户提供"护眼模式"从金山毒霸软件中独立卸载的功能,即"软件管家"既不能独立关闭,亦不能独立卸载。基于此,本院认为,被告在提供涉案软件产品及服务过程中,侵犯了消费者的自主选择权。

综上,原告主张被告的捆绑安装行为侵害其知情权和自主选择权,本院依法予以采纳。关于法律责任的认定。对于经营者而言,其负有将相关服务的真实、客观信息告知消费者,由消费者进行自主选择的法定义务,该义务通过积极作为的方式履行,而只要违反了上述法定义务,即便消极不作为,亦可视为存在主观过错。被告另辩称"护眼模式"

和"软件管家"功能设置系为了方便用户更好地体验金山毒霸产品。对此,本院认为,不同消费者的具体需求及喜好存在差异,与面对众多用户的经营者而言,消费者更加清楚自身需要何种体验,这也是法律将自主选择权赋予消费者一方的原因。经营者积极提升产品和服务质量本身具有惠及消费者、增加社会整体福利的正向意义,但不必然与消费者知情权与选择权相冲突,因此种情况下不涉及消费者有无选择权,而及涉及选择权如何更好地行使问题,正如本案中被告亦可分别提供软件独立与组合安装的不同选项,最低限度也应是不以侵害用户知情权及选择权为代价。

关于原告的诉请。原告要求被告立即停止侵权,帮助其卸载"护眼大师"及"软件管家",鉴于该两个软件原告可自行卸载,故本院对其该项诉请不予支持。就原告主张的赔偿损失500元,原告因被告的侵权行为实际支出了交通费,有相应票据佐证,本院对该笔费用予以确认。原告主张的其他损失,原告虽未提供直接证据予以证明,但事实上涉案侵权行为直接导致的经济损失很难用金钱量化,考虑到被告侵权行为损害后果的客观存在、侵权行为可能给被告带来的利益、原告因此花费的时间成本等,以及从对消费者权益充分保护和经营者法定义务严格要求的角度出发,本院认为,原告主张的总额为500元的赔偿并未超过合理范围,本院依法予以支持。

据此,依照《中华人民共和国侵权责任法》第二条、第六条、第十五条,《中华人民共和国消费者权益保护法》第二条、第三条、第八条、第九条,《最高人民法院关于适用〈中华人民共和国民事诉讼法〉的解释》第九十条规定,判决如下:

(1)被告北京猎豹移动科技有限公司应于本判决生效之日起十日内赔付原告李明芮500元。

(2)驳回原告李明芮的其余诉讼请求。

如果未按照本判决指定的期间履行给付金钱义务，应当依照《中华人民共和国民事诉讼法》第二百五十三条之规定加倍支付退延履行期间的债务利息。

案件受理费 50 元，减半收取计 25 元，由被告北京猎豹移动科技有限公司负担。

如不服本判决，可在判决书送达之日起十五日内，向本院递交上诉状，并按对方当事人的人数提出副本，上诉于上海市第一中级人民法院。

审判员　周泉泉

二〇二〇年五月二十二日

书记员　孙　茜

（五）答辩

判决后，北京猎豹移动科技有限公司不服，向上海市第一中级人民法院提出上诉，2020 年 7 月 3 日第一中级人民法院受理立案后，团队及时组织收集相关证据，并撰写民事答辩状。

<h2 align="center">民 事 答 辩 状</h2>

答辩人（一审原告）：李明芮（详细信息：略）

答辩人因与上诉人北京猎豹移动科技有限公司（一审被告）侵权纠纷二审一案，针对上诉人的上诉理由答辩如下：

第一，一审法院认定"护眼大师"构成捆绑安装，事实清楚，证据充分，应予维持。

（1）上诉人称，"护眼大师"与所谓"护眼模式"是完全不同的。但根据证据所展示的内容,我们在上诉人自己的官网上可以看到,两者的介绍页面从图片到文字都高度相似,具有同一性。足以认定金山毒霸所捆绑的护眼大师与上诉人官网上的猎豹护眼大师为同一款软件。

(2)上诉人称"护眼大师"的页面要通过金山毒霸页面打开,因此足以证明其为金山毒霸的内置模块。但被上诉人认为,这显然不能作为其是一个"模块"的认定理由。上诉人完全可以通过链接等模式在一个软件中内置另一个软件的打开途径。

(3)上诉人称"护眼大师"是在"护眼模式"反响甚佳之后独立开发完成的软件,但被上诉人却在上诉人自己的官方论坛上发现,"护眼大师"的最早发布时间为2017年。并且在其他网站之上,我们也能找到猎豹"护眼大师"早在2017年发布的信息甚至下载链接。而根据金山毒霸软件的更新日志,所谓"护眼模式"是在2018年加入的新"内容",晚于"护眼大师"的发布时间。之前的更新日志中,并没有任何关于"护眼模式"的信息。因此,上诉人的说法并不成立。"护眼大师"根本就是在发布一段时间之后,被设置为了金山毒霸的捆绑软件。

(4)上诉人提到可以单独下载或卸载是独立软件的特征。在一审庭审的过程中,被上诉人已经证明了"护眼大师"可以单独下载。而在证据中,被上诉人也成功单独卸载"护眼大师",足以证明其为一款单独的软件。至于被告所提到的360软件与本案无关,更何况360软件管家是被上诉人主动下载的。

(5)被上诉人于2020年8月14日再次下载金山毒霸软件,发现上诉人已对其进行了更新:现在下载金山毒霸软件,不会捆绑安装"护眼大师",而点开上诉人所谓的"护眼模块"时,会告知用户需要另外安装软件。如果如原告所说,所谓"护眼模式"真的只是一个功能模块,就不可能出现如今需要单独下载的情况。这已经足以证明"护眼大师"为单独的一款软件。

第二,一审法院认定上诉人侵犯用户的知情权与自由选择权,适用法律正确,程序合法,上诉人的上诉理由不能成立。

(1)无论金山毒霸的产品介绍上是否有所谓"护眼模式"的介绍,也未明确告知用户在下载时会带有另外的软件。这与真实情况完全不符,已经构成了对消费者知情权的侵犯。

(2)上诉人官网设置捆绑安装的行为与搭售无异,消费者在下载金山毒霸杀毒软件的同时不得不接受另一款软件的安装,因而同时构成了对消费者自由选择权的侵犯。根据工业和信息化部《规范互联网信息服务市场秩序若干规定》第八条规定,互联网信息服务提供者不得实施的行为有"欺骗、误导或者强迫用户下载、安装、运行、升级、卸载软件"。第九条规定:互联网信息服务终端软件捆绑其他软件的,应当以显著的方式提示用户,由用户主动选择是否安装或者使用,并提供独立的卸载或者关闭方式,不得附加不合理条件。根据以上规定,用户的自由选择权不仅在于选择是否使用,还在于选择是否安装。因此只要存在捆绑安装的情形,其护眼模式是否能关闭,是否默认关闭都已构成对用户权益的侵害。

(3)消费者从猎豹移动官网进入金山毒霸官网的软件下载界面,可见其下载链接下方仅有对全面扫描、蓝芯 IV 引擎、软件净化、Windows10 支持、文档服务的五大功能的介绍,除此之外并无对所谓"护眼功能"的介绍。有关所谓"护眼模式"的介绍仅出现在金山毒霸单独下载网址中下拉的"产品动态"页面,并未尽到足够的提请义务。普通消费者无从得知这一所谓"护眼模式"是在下载金山毒霸软件时会捆绑携带的一款软件,甚至很可能会误以为"产品动态"是猎豹移动公司所新开发的其他产品情况介绍。

从百度百科的介绍中,我们也无法看出金山毒霸是所谓的综合性软件。上诉人称微信也含有大量插件,从而推断出这一做法为行业惯例。但实际上微信的百度百科介绍如实对这一点进行了描述。

（4）"护眼模式"的介绍中并未说明其提供的屏保本身就是广告这一重要产品信息，构成了对消费者的消极隐瞒。

（5）即使如上诉人所说，"护眼模式"仅是一个"功能模块"，那如今软件的更新也证明了"护眼模块"并非用户使用该软件所必须。否则上诉人不会解除护眼大师的捆绑安装。被上诉人认为上诉人的行为相当于认可了之前一审判决的观点，认为自己之前的行为构成了对消费者权益的侵犯，所以才会作出这样的改变。

第三，一审法院认定上诉人赔偿被上诉人500元损失，适用法律正确，程序合法。

上诉人在未明确告知的情况下捆绑安装软件的网络侵权行为恶劣，但是对于一般消费者而言，维权却是一件十分困难的事。被上诉人为了维权，花费了大量人力与物力，这些都是难以计算的。在往返法院的过程中，花费总共可以计量的交通费共174.95元。具体包含如下维权开支：2019年3月8日支出交通费（立案）138.83元，2019年10月17日支出交通费（开庭）21.49元、14.63元，合计174.95元。

本案中，被上诉人在诉讼中的交通费用是维权的必要成本性支出，是维权路上打击不良企业的第一步。鉴于被上诉人维权时间长、过程繁复、地点距离远，且被上诉人对收据等的完整保存，交通费的金额诉请也是符合事实、合乎情理的。因此请求法官支持原告的诉讼请求。

近年来，流氓软件的类似行径屡见不鲜，但是真正为此起诉的消费者少之又少。一方面，消费者处于弱势地位，难以胜诉；另一方面，消费者维权成本很高，需要面临取证难、投诉难、查处难、诉讼难、赔偿难等问题。且实际上的赔偿金额可能与前期维权成本相比相差无几。如果不支持沉没成本的诉讼请求，不利于消费者维护个人利益以及对不良企业的打击。上诉人所安装的软件占用了被上诉人的电脑内存，且带有大量广告。在被上诉人尚不知道捆绑软件的存在的时候,根本无从知晓如何卸载和关闭这些内容,这对被上诉人造成了不小的困扰。这些影响虽难以用金钱量化,却是实实在在存在的。原审法院为了打击侵犯消费者权益的行为,弥补被上诉人的损失,判决上诉人赔偿500元,于法无悖,于情合理。

(六)调解

上海市第一中级人民法院于 2020 年 7 月 3 日立案受理后,组织双方进行了调解,双方当事人于 2020 年 8 月 25 日在调解协议上签字,2020 年 8 月 28 日法院出具了民事调解书。

附:上海市第一中级人民法院民事调解书

民 事 调 解 书

(2020)沪 01 民终 7264 号

上诉人(原审被告):北京猎豹移动科技有限公司(详细信息:略)
委托诉讼代理人:张芙蓉(详细信息:略)

上诉人北京猎豹移动科技有限公司因与被上诉人李明芮网络侵权责任纠纷一案,不服上海市长宁区人民法院(2020)沪 0105 民初 4669 号民事判决,向本院提起上诉。本院于 2020 年 7 月 3 日立案受理后,依法组成合议庭审理了本案。

本案审理过程中,经本院主持调解,双方当事人自愿达成如下协议,请求人民法院确认:

(1)上诉人北京猎豹移动科技有限公司应于 2020 年 9 月 15 日之前向被上诉人李明芮支付人民币 700 元。

(2)一审案件受理费人民币 50 元,减半收取计人民币 25 元;二审案件受理费人民币 50 元,减半收取计人民币 25 元,均由上诉人北京猎豹移动科技有限公司负担。

（3）双方当事人就本案无其他争议。

上述协议,不违反法律规定,本院予以确认。

双方当事人一致确认,本调解书自双方当事人在 2020 年 8 月 25 日的调解协议上签字后,即具有法律效力。

审判长　唐春雷

审判员　何　建

审判员　韩朝炜

二○二○年八月二十八日

法官助理　倪　非

法官助理兼书记员　赵雅丽

◉ 三、参赛感悟 ◉

李明芮：

从发现问题、准备材料、提起上诉,到案件立案、搜集证据、参加庭审以及最终结案,历时近两年时间,其间我们在法院、学校之间两头跑,仅收到法院寄来的 EMS 特快专递就有 8 件。"小城杯"公益之星创意诉讼大赛复赛答辩当天,案件由于还未立案并未入围。尽管无缘比赛,我们却想把这件事做好,结果是令人满意的。因为我们以私益诉讼的方式维护了公众利益。一审判决后,在为二审搜集证据时,我惊喜地发现,金山毒霸捆绑软件的行为消失了,用户在下载安装时可以自主选择是否安装"护眼模式"及"软件管家"。既然对方已经作出改变,我们的目的就达到了，所以就同意以调解的方式来结案。让我更为感动的是，事后"小城杯"公益之星创意诉讼大赛还给我们颁发了公益价值奖，让我终生难忘。

李芊芊：

起诉北京猎豹移动科技有限公司，一开始我们只是觉得金山毒霸捆绑安装软件的行为侵犯了当事人的权益，起诉过程中我们也被质疑参赛项目没有新意，请求权的基础不牢，但我们坚持了下来。胜诉判决是在司法层面确定消费者拥有对安装软件的知情权和选择权，也让我们更有动力去做可能无用但是必需的发声，谨慎谦虚地去靠近"完美的圆"。

刘　俪：

我觉得这个案件的最大价值是促进公众利益不受侵害。平时，我们关注到有很多网络用户受到过恶意软件的侵害，但通过诉讼去维护自己权利的并不多，我还认为诉讼也是在追求一种双赢的结果，它不仅能够保护用户的权益，也为企业的不当行为敲响了一个警钟，让互联网行业更好地发展。

马平川：

这次诉讼给我的最大感触是感受到了平时学习的知识与实务之间存在的差距，当我与同学们一起进行法理分析的时候，我发现能够运用抽象的法条把对方行为的违法性说明白并不是一件容易的事。真真切切地参与到诉讼中，我发现从证据整理到撰写起诉书、从立案到参与开庭，每个环节对专业性的要求都很高。某种意义上说，通过参与这次诉讼，我更加明确了未来努力的方向，并反省自己哪方面能力不够以及如何更好地提升自我。

奚紫菁：

法律不保护躺在权利上睡觉的人。平时，老师给我们讲过许多社会案例，其中不少与我们的日常生活相关。因而，我们在纷繁复杂的社会中需要多观察生活中的细节。尤其作为法律人,我们身上肩负维护公平正义的责任,对于社会生活中出现的侵权行为,我们要敢于发声,哪怕自己的力量很渺小,也要相信努力总会带来些许改变,让社会变得更加温暖和正义。

◉ 四、指导律师点评 ◉

这个案子具有一定的公益性质。我们追求的并不是案子本身的胜与败,即使案子败了,如果公益的目的达到,也是一种胜利。从另外一个角度说,即使案子赢了,但如果问题没有得到解决,侵权方依然我行我素,我们也没有达到目的。我个人觉得这个案子是取得了良好结果的。实际上,我们希望通过个案来推动社会进步,以及对我们的生活产生有益的影响。

——上海朱平律师事务所　朱言超

新东方网络服务合同纠纷案

一、导 读

随着科技的发展和互联网的普及,各行业积极探索互联网时代下的新运营模式,这在带来极大的市场活力、创造力的同时,也滋生了一些新的问题。如"互联网+"销售模式,各网络平台推出充值消费,但以捆绑消费者及占用消费者资金为目的而由此引发的资金链断链、跑路等事件频发,消费者的知情权、公平交易权和求偿权受到侵害。

本案于 2020 年 1 月 13 日向北京互联网法院申请立案,2020 年 1 月 17 日北京互联网法院以需补充材料审核未通过。2020 年 2 月 3 日团队补充材料后再次向北京互联网法院申请立案,2020 年 2 月 18 日北京互联网法院审核仍未通过。2020 年 3 月 31 日团队决定以赵春兰个人名义向北京海淀区人民法院起诉,案件最终双方签订和解协议。

参赛成员

赵春兰:华东政法大学非法学法律硕士。

薛世炜:华东政法大学法律硕士。

祖　迪:华东政法大学法律硕士。

李　烁:华东政法大学法律硕士。

● 二、案情回顾 ●

（一）起因

2016 年 12 月 27 日,赵春兰在淘宝平台新东方在线旗舰店购买价值为 3 360 元的课程"新东方法硕考研网络课程 2018 法律硕士非法学政治英语课件全程资料",该考研课程持续期间为合同订立后至 2018 年 5 月复试调剂阶段,同时还包含免费重读的内容,课程安排包括直播、录播和题库,平台会根据每一阶段的课程邮寄相应的学习资料。2017 年 9 月,赵春兰获知其取得推免资格,并于同年 10 月 1 日接受华东政法大学拟录取通知,由此不再有学习考研课程需要。2019 年 9 月 24 日,赵春兰与新东方交涉商量退课事宜,并于 2019 年 9 月 27 日退课成功,退课金额按照购课时金额扣除账户下使用进度、材料寄送的费用计算,退回至赵春兰新东方在线账户余额中,共计 2 510.19 元,其余额无法提现,事实上也无法转让。经过两年的搁置,赵春兰再次与新东方交涉,商量账户余额提现事宜,新东方以企业内部"学习卡账户余额长期有效,不可提现"的格式条款为由拒绝提现。

在此过程中,赵春兰发现有不少人在微博、贴吧、闲鱼等社交平台或闲置平台上出让新东方学习卡账户余额,但基本都没有转让成功。团队决定通过诉讼维权的方式,给更多的消费者提供可供参考的案例,维护自身的权益。

（二）法理分析

根据《合同法》第三十九条规定:采用格式条款订立合同的,提供格式条款的一方应当遵循公平原则确定当事人之间的权利和义务,并采取合理的方式提请对方注意免除或者限制其责任的条款,按照对方的要求，对该条款予以说明。《消费者权益保护法》第二十六条第一款规定：经营者在经营活动中使用格式条款的，应当以显著方式提请消费者注意商品或者服务的数量和质量、价款或者费用、履行期限和方式、安全注意事项和风险警示、售后服务、民事责任等与消费者有重大利害关系的内容，并按照消费者的要求予以说明。对照新东方的做法：

第一，账户余额不可提现，是新东方预先订立有利于己方的格式条款，消费者是无法修改的，其本身有违《民法》公平、合理、诚信原则，涉嫌"霸王条款"，损害了消费者权利。

第二，对于账户余额不能提现的规定，新东方作为商家负有以合理方式提请注意或以显著方式提请注意的义务。何谓合理方式？根据《合同法》司法解释（二）第六条规定：提供格式条款的一方对格式条款中免除或者限制其责任的内容，在合同订立时采用足以引起对方注意的文字、符号、字体等特别标识，并按照对方的要求对该格式条款予以说明的，人民法院应当认定符合《合同法》第三十九条所称"采取合理的方式"。显然，新东方并没有这样做。

对违反提示义务的后果，《合同法》司法解释（二）第九条规定：提供格式条款的一方当事人违反《合同法》第三十九条第一款关于提示和说明义务的规定，导致对方没有注意免除或者限制其责任的条款，对方当事人申请撤销该格式条款的，人民法院应当支持。即新东方负有以合理（显著）方式提请消费者注意的义务，而当新东方未尽到该义务时，消费者可申请撤销该格式条款。

第三，即使新东方尽到提示义务，格式条款仍因加重消费者责任而变无效。新东方在线余额包括现金账户、学习卡账户、学霸卡账户，而根据新东方对于学习卡账户的描述，学习卡即指通过线下代理商购买或官网促销活动获得的账户余额。实践中，退课的款项也在学习卡账户之列，新东方学习卡账户的余额可以在新东方平台上以市场价格购买课程,即新东方账户的余额在新东方平台上实质上具有1∶1的现金价值。

赵春兰在与新东方客服交涉过程中,新东方客服认可新东方学习卡账户余额具有现金价值,但不认可其具有等额的现金价值。其差额存在的原因在于学习卡余额流通性极差,仅仅在新东方课程上具有与现金等值的购买力,但不能提现的规定导致其无法流通、无法转让,如果没有购买课程的需要即为0购买力。不论消费者以何种方式获得的余额,学习卡用户应享有自主选择进入还是退出的权利,而新东方的规定实质上极大限制了消费者的权利,免除了自己的责任。

根据《合同法》第四十条规定:格式条款具有本法第五十二条和第五十三条规定情形的,或者提供格式条款一方免除其责任、加重对方责任、排除对方主要权利的,该条款无效。

综上,团队认为,应认定新东方"账户余额不可提现"格式条款为无效条款,消费者可主张提现。

通过查阅资料,团队还发现:2019年7月教育部等六部门发布的《关于规范校外线上培训的实施意见》,其中"经营规范"部分明确"严格执行国家关于财务与资产管理的规定,在培训平台的显著位置公示收费项目、标准及退费办法"以及"提供的格式合同(服务协议)应当遵循公平原则确定当事人之间的权利和义务,并切实履行相关提醒和说明义务,不得包含排除或限制消费者权利、减轻或免除经营者责任、加重消费者责任等不公平、不合理的条款"。

(三) 调研

为了解新东方学习卡"账户余额不可提现"这一格式条款对消费者权益的侵害,团队以"新东方余额"为关键词在微博搜索中进行查询,并将网友发布的微博内容进行收集、整理、分析后,得出以下结论。

从数量上看,尽管微博涉及"账户余额不可提现"的内容不多,但还有别的如贴吧、闲鱼等社交平台或闲置交易平台,有部分消费者已经接受了这部分利益受损的事实,受损的消费者数量实际上并不少。从搜集的数据提现的时间跨度看,从 2011 年 8 月 18 日至 2019 年 3 月 5 日,均有用户在微博上发表关于新东方学习卡余额不能提现、转让余额的内容,但基本上这些用户的学习卡余额都未转让成功。由此看来,新东方这一规定由来已久,但这并不意味着其规定的正当性,反而说明利益已经受损的消费者数量大,以及潜在消费者权益受损的可能性更大,而这部分本应该属于消费者所有的现金价值则转化为企业的沉淀资金,这并非良性的可持续发展,是建立在牺牲消费者权益的基础上的。

(四) 起诉、立案

2020 年 1 月 13 日,团队向北京互联网法院申请立案,1 月 17 日北京互联网法院以需补充材料审核未通过,2020 年 2 月 3 日团队补充材料后再次向北京互联网法院申请立案,2020 年 2 月 18 日北京互联网法院审核仍未通过。

针对多次网上立案未通过的情况,团队决定以赵春兰个人名义向北京市海淀区人民法院起诉。

附一:民事起诉状

民 事 起 诉 状

原告:赵春兰(详细信息:略)

被告:北京新东方迅程网络科技股份有限公司(详细信息:略)

案由:教育培训合同纠纷

诉讼请求：

(1) 请求判令被告指定的学习卡余额不能提现条款无效。

(2) 请求判令被告返还原告学习卡全部余额人民币 2 441.19 元。

事实与理由：

2016 年 12 月 27 日,原告赵春兰在被告于淘宝平台的"新东方在线旗舰店"处购买价值为 3 360 元的课程"新东方法硕考研网络课程 2018 法律硕士非法学政治英语课件全程资料",该考研课程持续期间为合同订立后至 2018 年 5 月复试调剂阶段,同时还包含免费重读的内容,课程安排包括直播、录播和题库,平台会根据每一阶段的课程邮寄相应的学习资料。后原告出于本人原因,于 2017 年 9 月 24 日与被告协商解除合同的相关事宜,被告表示不需要课程的话可以退课,并根据课程实际使用情况扣除已履行部分金额,计算合同的剩余价值部分 2 510.19 元,双方经协商后于 2017 年 9 月 27 日退课成功。但被告并未将该笔钱款转至原告银行卡账户或支付宝账户,而是将其转入被告名下"新东方在线"App 的学习卡账户中,该账户余额无法提现,无法转让。

2019 年 9 月,原告再次与被告交涉,商量账户余额提现事宜,但被告以学习卡使用注意事项第 1 条"学习卡余额长期有效,没有使用期限,余额不可提现"的格式条款以及退课时我方同意退款至"新东方在线"账户为由拒绝提现。

根据《合同法》规定,经双方当事人协商一致,可以解除合同,且在合同权利义务终止后,当事人应当遵循诚实信用原则履行义务。在原告与被告达成解除合同的合议之后,被告应当适当履行后合同义务,将款项交付给原告,而不是通过其强势地位以及格式条款来限制原告权利。同时,根据《消费者权益保护法》的相关规定,经营者不得以格式条款作出排除或者限制消费者权利、减轻或免除经营者责任、加重消费者责任等对消费者不公平、不合理的规定,以及利用格式条款并借助技术手段强制交易,经营者做此规定的,其内容无效。被告于"新东方在线"App 中单方面规定了余额不能提现的格式条款,不正当地限制了消费者的权利,加重了消费者的责任,应属无效条款。

此外,《消费者权益保护法》还规定消费者享有自主选择权及公平交易权。被告在同意退课后却将金额限制在不能提现的"新东方在线"App 里,侵犯了原告的上述权利。因此,由于被告在合同解除后未适当履行后合同义务,并以格式条款来限制原告权利,同时经协商后双方无法达成一致,为此原告提出上述诉讼请求,望贵院予以支持,以维护当事人的合法权益。

此致

北京市海淀区人民法院

起诉人:赵春兰(签名)

二〇二〇年三月三十一日

附二:原告证据清单(表 1)

表 1　原告证据清单

证据序号	证 据 名 称	证 据 内 容
1	合同订立时订单快照(退课退款的格式条款)	新东方一方未尽到合同订立时以合理方式提请注意的义务
2	2017 年 9 月 24 日原告与淘宝新东方旗舰店的客服聊天记录	原告与新东方一方商量退课事宜,新东方表示可以退课
3	2019 年 10 月 15 日关于学习卡余额不能提现原告与新东方在线以及淘宝新东方旗舰店客服聊天记录	① 认可学习卡账户余额的现金价值,② 学习卡余额不能提现
4	2019 年 11 月原告与新东方客服的聊天记录	请求提供相关格式条款

证据序号	证 据 名 称	证 据 内 容
5	余额不能提现格式条款	学习卡账户余额相关的格式条款规定
6	新东方客服表明其视频无法保存至本地	新东方课程不同于淘宝教育平台课程
7	淘宝网教育培训行业管理规范	淘宝平台关于淘宝教育平台课程的规定(行业管理规范)
8	新东方淘宝旗舰店企业信息	明确被起诉方主体

2020年4月底,海淀区人民法院正式立案。

(五) 调解

立案后,新东方很快联系上了赵春兰。双方就问题展开讨论,针对团队的起诉,新东方法人代表孙东旭与我们进行调解协商。经过几个来回,最终于2020年4月28日形成如下协议:

鉴于:甲方于2016年12月27日在乙方淘宝平台"新东方在线旗舰店"购买价值为3 360元的课程"新东方法硕考研网络课程2018法律硕士非法学政治英语课件全程资料"。后甲方出于个人原因于2017年9月退课,经甲乙双方协商后乙方同意退款金额为2 510.19元,该退款被退回至且目前仍在甲方名下"新东方在线"App的学习卡账户中,尚无法提现。现甲乙双方就上述退款金额以及学习卡等相关事宜达成一致协议如下:

(1)乙方应于不迟于本协议签署之后的5个工作日内将上述退款金额全部支付于甲方指定的银行账户中。

(2)乙方将对"新东方在线"App内关于"学习卡账户"的余额提现功能进行上线和优化,预计两年内完成。在线上提现功能尚未实现之时,允许学习卡账户余额的线下提现。

（3）双方同意依照和解协议的内容向法院申请依法确认和解协议制作调解书,以调解方式结案。

（4）本协议自双方加盖签字之日起生效。

（5）本协议未尽事宜,经双方协商后,双方可签订书面补充协议,补充协议与本协议具有同等法律效力。

（6）如甲方人员发现任何商业贿赂行为,可向乙方举报。

（7）本协议一式两份,甲乙双方各执一份,具有同等法律效力。

至此,此案达成和解:可以提现!

三、参赛感悟

研究生就读法学专业后,我们才发现原来"网络课程一经售出概不退款""App 账户余额不能提现"很多条款不合理。团队组成后,我们遇到的第一个问题就是"告什么"和"怎么告"。

在指导律师的帮助下,团队将问题聚焦为:App 账户余额不能提现。新东方官方同意退款,但将退款放在机构的"学习卡"中,其只能用于购买其他课程且不能提现。这种限制消费的行为排除了一部分的自主选择权,损害了消费者的合法权益,是不合理的。

于是,从 2019 年 12 月开始,团队就开始走上诉讼之路。找资料、找证据,无论是态度还是行动,我们都是认真的。在搞清楚"告什么""怎么告"问题后,"去哪里告"又成了一个新问题。新东方是一家北京的公司,而我们学校在上海,我们需要来回往返北京,团队感到了压力。幸运的是,互联网带来了巨大的便捷性。北京互联网法院的开通让团队眼前一亮。但我们几次提交材料,互联网法院却告知该事项不属于互联网法院管辖,需交由北京海淀区人民法院审理。

3个月内,团队经历9次立案,先后与6位法官接洽,起诉材料也多次修改,到第9次立案时,通过地方法院终于微信立案成功。立案过程如图1所示。

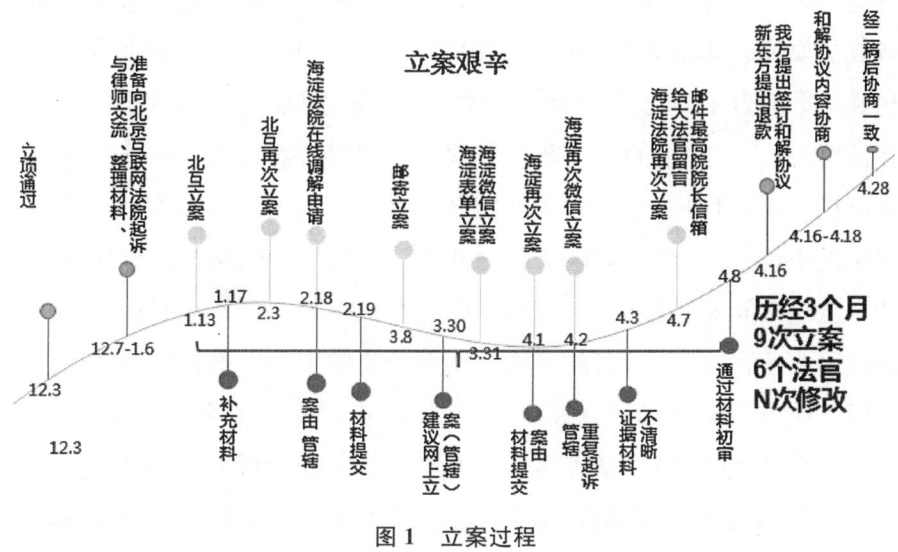

图1 立案过程

案子虽然结案了,但给我们带来的影响是巨大的,学习法律知识与运用法律知识需要我们付出艰辛努力。

——赵春兰、薛世炜、祖 迪、李 烁

四、指导律师点评

团队成员即便有繁重的课业和实习工作,依然积极地通过在线开会、任务分配的方式认真地对待比赛。对于诉讼请求、法律关系、证据整理,只要略加指导,团队成员都会立刻全力以赴。本案的难点有二:第一,"新东方同意退课"是否代表同意解除合同?账户无法提现的格式条款是不是无效条款？第二，案件管辖问题。第一个问题，团队成员经充分讨论后确定了诉讼请求，即要求确认：合同双方已协商一致解除，但仅能退款到学习卡账户的格式条款无效。第二个问题，团队成员有些犯难，因为他（她）们都在上海，如按照一般的原告就被告原则，团队成员要远赴北京立案、开庭，这显然存在较大障碍。于是，团队首先想到向北京互联网法院申请网上立案，但遗憾的是由于互联网法院尚在试行阶段，对案由的划分非常细致，并没有包含网络服务合同下的教育培训合同，因而未予以立案。团队转而向新东方所在地的海淀区人民法院申请立案，但海淀区法院却认为该案属于互联网法院专属管辖，两个法院之间对管辖的定义出现了歧义。团队成员坚持不懈，一次次通过网络留言、电话沟通的方式与两个法院的工作人员进行沟通，先后来回 9 次申请立案，最终海淀区人民法院正式受理了案件。如此一波三折的立案经历，即便是有多年承办案件经历的律师也少遇见，但团队成员不仅不放弃，还在新冠肺炎疫情爆发的背景下，排除一切困难，取得了良好的成果。之后，新东方与团队通过调解的方式结案，团队达到了预期目的。团队还将维权的方式通过新闻报道、网络平台与他人分享，彰显公益诉讼的本质内涵。

——上海诚至信律师事务所　张翕翊

申通地铁"Metro 大都会"App 纠纷案

一、导 读

2018 年,上海交通卡推行微信、支付宝刷码两种移动支付方式,乘客使用这些支付方式可以实现已覆盖公交车换乘优惠,即换乘优惠 1 元钱。但上海地铁官方推出的移动支付方式是"Metro 大都会"App,其不支持微信和支付宝刷码支付。这就使得乘客在乘坐地铁时,只能选择购买公交卡或使用"Metro 大都会"App 的方式,且"Metro 大都会"App 不像公交车一样支持微信和支付宝刷码支付,导致从公交换乘到地铁时,乘客不能享受换乘 1 元钱的优惠福利政策。

这样的规定是否合理? 团队决定为维护众多消费者的利益,将上海公交卡公司、申通地铁公司告上法庭。

2020 年 1 月 17 日,团队向上海铁路运输法院提起诉讼,法院称案件特殊,需要讨论研究。2020 年 3 月 16 日,铁路运输法院告知团队,案件应由被告住所地法院管辖。团队遂于 2020 年 3 月 25 日修改起诉状,于 2020 年 4 月 3 日分别向徐汇区人民法院与长宁区人民法院提起诉讼。徐汇法院于 2020 年 4 月 22 日以合同自治不属于人民法院民事诉讼受案范围,作出不予受理的裁定;长宁法院以标的过小立了诉前调解。对于两个法院的裁定与调解,团队做出上诉与不调解的决定。

2020 年 5 月 26 日,上海市第一中级人民法院作出驳回上诉,维持原裁定的判决。2020 年 6 月 22 日,长宁区人民法院以不属于人民法院民事诉讼受案范围驳回起诉。

参赛成员

何沛沛:华东师范大学法律专业硕士。曾在英国安睿顺德伦国际律师事务所驻上海代表处实习,主要涉及数据合规、对外投资、企业劳雇等相关法律尽职调查、法律检索和法律文书的撰写。

岳　悦:华东师范大学法律专业硕士。曾在国浩律师事务所和大成律师事务所实习,主要涉及境内 IPO、投资并购、常年法律顾问等。

杨姝雯:华东师范大学法律专业硕士。

焦斐然:华东师范大学法律专业硕士。

二、案情回顾

(一)起因

2020 年 1 月 13 日,何沛沛和岳悦一同出行,何沛沛经地铁站工作人员指导下载了"Metro 大都会"App 乘坐地铁,岳悦使用公共交通卡乘坐地铁,两人的乘坐路线均为地铁 9 号线换乘公交 830 路,何沛沛因使用"Metro 大都会"App 无法乘坐公交,故用其他方式支付了公交车的乘车费 2 元;岳悦使用公共交通卡支付公交车的乘车费 1 元(已扣减换乘优惠 1 元)。

2020 年 1 月 15 日,何沛沛与杨姝雯一同出行。何沛沛经公交站工作人员指导开通了上海公共交通乘车码乘坐公交,杨姝雯使用上海公共交通卡乘坐公交。两人均乘坐公交 167 路从丰谷路龙恒路站上车到龙华站下车,公交车的乘车费均为 2 元;后两人又一同换乘地铁 11 号线从龙华站上车到上海游泳馆站下车。何沛沛因使用上海公共交通乘车码无法乘坐地铁,故用其他方式实际支付了地铁的乘车费 3 元;杨姝雯仍旧使用公共交通卡支付地铁的乘车费 2 元(已扣减换乘优惠 1 元)。

对此,何沛沛认为,政府每年有补贴公共交通优惠换乘的支出,依据《上海市公共汽车和电车客运管理条例》第五条等相关规定,公交公司有必要为她提供换乘优惠 1 元的服务。虽然只有微不足道的 1 元,却与每个人息息相关,且换乘优惠是政府推出的政策。

(二)法理分析

换乘优惠是指在一定的时间内,对采用公共交通出行的乘客在一定区域范围内换乘到相同或者不同的公共交通方式时给予一定的价格优惠或免费。从经济学的角度看,换乘优惠政策实则上为通过价格杠杆对乘客、公共交通运营企业和政府的决策行为产生影响,以此提高公共交通服务质量,使交通资源得到合理利用,社会效益达到最大化。换乘优惠政策对城市交通的发展具有重要意义,有利于落实城市"公交优先"发展战略、提高城市公共交通吸引力;有利于解决城市"出行难"和交通拥堵问题,降低出行成本;有利于社会公共资源的共享,避免资金和资源浪费。

上海市的换乘优惠政策实施于 2009 年,实施的交通方式范围为全市所有公共汽(电)车线路、运营的城市轨道交通线路和"P+R"停车场。换乘优惠方式为 IC 卡距上一次刷卡时间间隔在 2 小时以内,实行 1 元/次的票价优惠政策,乘客可多次享受换乘优惠。同时,金山铁路为上海铁路局管辖的支线铁路,亦可采用 IC 卡支付,并可与地面公交换乘享受相应优惠。在"P+R"停车场亦采用优惠政策,吸引乘客在主城区边缘换乘公共交通，以减轻中心城区的交通压力，停车可享受每天、每车次 5～10 元不等的换乘停车优惠。

《上海市公共汽车和电车客运管理条例》规定：市和区人民政府对实行公共交通换乘优惠、对老年人等符合规定条件的乘客实施的乘车免费措施以及在农村等客流稀少地区开辟线路的公共汽车和电车经营者，应当及时给予补贴。

（三）调研

团队偶然发现扣款金额不一致后，为了确认证据的真实性和准确性，团队对此进行了实验，乘坐路线为从华东师范大学闵行校区乘坐江川 3 路（票价 2 元）到东川路地铁站，再由地铁 5 号线乘至莘庄站，乘公交 125 路（票价 2 元）到莘庄龙之梦广场。乘客持公共交通卡的扣款情况为：2 元—2 元—1 元，使用"Metro 大都会"和公共交通卡或者"Metro 大都会"和公共交通二维码（微信或者支付宝小程序），扣款情况为：2 元—3 元—2 元，所以每天通勤上学仅按 2 次计算损失的金额为 4 元。

据上海交通研究院统计，2017 年，上海市公共交通客运量完成 65.6 亿人次，公共交通日均客运量约 1 800 万人次，较上年下降 1.9%，为近五年来首次下降。

除公共汽（电）车客运量持续下降外，出租汽车客运量下降明显。从客运交通结构来看，轨道交通（含磁悬浮）日均客运量 969.2 万乘次，占公共交通客运总量的比重进一步提升，达 53.9%；公共汽（电）车日均客运量 602.9 万人次，分担率继续下降至 33.5%；出租汽车日均客运量 208 万人次，占比 11.6%；轮渡日均客运量 13.6 万人次，占比 0.8%。

"Metro 大都会"App 于 2018 年 1 月 20 日正式上线并实现乘客刷二维码（"Metro 大都会"App 内置的二维码，下同）过闸，并于 2019 年改造了约 8 000 台进出站闸机,支持刷码服务通道覆盖率达 100%,覆盖全部地铁线路,实现了快速过闸、无网也能过闸的乘车体验。"Metro 大都会"年度出行报告显示,App 下载量已破 1 400 万,累计注册总数和实名用户数均超 1 000 万,每日接受用户二维码乘车服务请求超过 100 万次。

据统计,"Metro 大都会"App 下载量 2019 年 5 月就突破 2 000 万,使用人次更是达到了 6 亿次,因提供的服务瑕疵所丧失的换乘优惠数额特别巨大。

交通运输部科学研究院联合高德地图发布的《2017 年中国主要城市公共交通大数据分析报告》显示,全国轨道交通路网密度最高的是上海,公交平均换乘次数和平均步行距离均占全国首位。上海城市规模大,跨区域出行需求高,出行距离长,换乘的潜在需求大。如果已深入人心的"优惠一元钱"的换乘优惠政策得不到落实,不仅会增加民众的经济负担,也会使更多的民众放弃"移动支付"的便捷,转向使用传统的交通卡。

(四) 起诉

团队以何沛沛名义分别向上海市长宁区、徐汇区人民法院提交起诉状。在长宁区法院起诉的对象为上海公交卡公司,在徐汇区人民法院起诉的对象为上海公交卡公司与申通地铁公司(以下仅录递交徐汇区人民法院的起诉状)。

附一:民事起诉状

民 事 起 诉 状

原告: 何沛沛(详细信息:略)

被告: 申通地铁公司集团有限公司(详细信息:略)

第三人: 上海公共交通卡股份有限公司(详细信息:略)

诉讼请求：

（1）请求贵院判令被告向原告返还乘车费 1 元。

（2）本案的诉讼费全部由被告承担。

事实和理由：

2020 年 1 月 13 日，原告与案外人岳悦一同出行。原告经公交站工作人员指导开通了"Metro 大都会"App 乘坐地铁，案外人岳悦使用上海公共交通卡。

原告与案外人均乘坐地铁 9 号线从徐家汇站进站到宜山路站出站，地铁的乘车费均为 3 元，后又一同换乘公交 830 路从宜山站上车到蒲汇塘站下车；原告因使用"Metro 大都会"App 无法乘坐公交，故用其他方式支付了公交车的乘车费 2 元，案外人岳悦仍旧使用公共交通卡实际支付公交车乘车费 1 元（已扣减换乘优惠 1 元）。

相同的时间、相同的车程、相同的交通工具，不同的支付方式（系被告认可的支付方式），原告实际支付乘车费合计为 5 元，案外人实际支付的乘车费合计为 4 元，被告实际多收取了原告乘车费 1 元。

经查，依据《上海市公共汽车和电车客运管理条例》第十五条等相关规定，被告依法应当对原告从地铁换乘公交车的乘车费给予 1 元的优惠，但被告没有给原告该优惠，故应当向原告返还乘车费 1 元。

另，第三方作为公交卡发行者，事实已经实施了关于换乘优惠措施，原告将其列为第三人，系为便于法庭查明本案事实。

综上，现原告为维护合法权益，特向贵院提起诉讼，请法院依法判决。

此致

徐汇区人民法院

具状人：何沛沛

2020 年 3 月 25 日

附二：原告证据清单(表1)

表1　原告证据清单

序号	名　　称	证据来源	证　明　内　容	是否原件
1	"Metro 大都会" App 所有者截图	原告	证明上"Metro 大都会"的所有者系上海申通地铁集团有限公司,其为本案适格的被告	否
2	进出站照片、换乘照片、收费明细	原告	证明原告与案外人同时间、同地点、同距离乘车,原告比案外人多花费1元	否
3	视频	原告	证明原告与案外人相比未享受到1元优惠	否
4	《上海市公共汽车和电车客运管理条例》、上海申通地铁集团有限公司网站换乘优惠1元公示	原告	① 证明被告依法应当给原告换乘的优惠补贴。② 证明被告亦公示其应该给予大众换乘优惠	否

(五) 裁定

1. 徐汇法院裁定

2020 年 4 月 22 日,对于何沛沛的起诉,徐汇区人民法院认为其不属于人民法院受理民事诉讼的范围,做出本院不予受理的民事裁定。

附三：徐汇区人民法院民事裁定书

民 事 裁 定 书

(2020)沪 0104 民初 8979 号

起诉人：何沛沛(详细信息：略)

委托诉讼代理人：(详细信息：略)

被告人：上海公共交通卡股份有限公司(详细信息：略)
委托诉讼代理人：(详细信息：略)

　　2020 年 4 月 14 日,本院收到何沛沛的起诉状。起诉人何沛沛向本院提出诉讼请求：判令上海申通地铁集团有限公司(以下简称申通地铁公司)向起诉人返还乘车费 1 元；本案诉讼费用全部由申通地铁公司承担。事实和理由：(略)。

　　本院经审查认为,当事人依法享有自愿订立合同的权利,合同的内容由当事人约定。起诉人因使用"Metro 大都会"App 无法乘坐公交,要求申通地铁公司对起诉人从地铁换乘公交车的乘车费给予 1 元的优惠,返还乘车费 1 元的请求,不属于人民法院受理民事诉讼的范围。依照《中华人民共和国民事诉讼法》第一百一十九条、第一百二十三条的规定,裁定如下：

　　对何沛沛的起诉,本院不予受理。

　　如不服本裁定,可在裁定书送达之日起 10 日内,向本院递交上诉状,上诉于上海市第一中级人民法院。

审判员　邓　瑛

二〇二〇年四月二十二日
法官助理、书记员　袁　芳

　　2. 长宁法院裁定

　　长宁法院收到起诉状后因标的过小,立了诉前调解,因双方未能达成一致,2020 年 5 月 25 日案件正式立案。2020 年 6 月 22 日,对于何沛沛的起诉,长宁区人民法院认为原告错误认知系对事实认识错误,无进行诉讼的必要性,诉请不属于人民法院民事诉讼受案范围,作出驳回原告起诉的裁定。

附四：长宁区人民法院民事裁定书

民事裁定书(2020)

沪 0105 民初 10115 号

原告：何沛沛(详细信息：略)

委托诉讼代理人：(详细信息：略)

被告：上海公共交通卡股份有限公司(详细信息：略)

委托诉讼代理人：(详细信息：略)

原告何沛沛与被告上海公共交通卡股份有限公司服务合同纠纷一案，本院于 2020 年 5 月 25 日立案后，依法进行审理。

原告何沛沛向本院提出诉讼请求：判令被告向原告返还乘车费 1 元。事实和理由：(略)。

经查，依据《上海市公共汽车和电车客运管理条例》第十五条等相关规定，被告依法应当对原告从公交车换乘地铁的乘车费给予 1 元的优惠，但被告没有给原告该优惠，故应当向原告返还乘车费 1 元。综上，现原告为维护合法权益，特向贵院提起诉讼。

本院经审查认为，诉的利益针对的是具体的诉讼请求是否具有进行诉讼及裁判的必要性和实际上的效果。只有当事人具有诉的利益，才有司法保护的必要性与实效性。本案原告因使用自愿开通的"上海公共交通乘车码"，无法运用上述乘车码乘坐地铁。原告以未能享受到地铁换乘优惠而提起本案诉讼。经审查，原告前述行为系对不同公司运营的不同软件错误认知为能够通用，且原告错误认知为当然享受优惠服务，前述原告错误认知系对事实认识错误，无进行诉讼的必要性，即无诉的利益，故原告的诉请不属于人民法院民事诉讼受案范围。

依照《中华人民共和国民事诉讼法》第一百二十四条、第一百五十四条第一款第三项、第一百六十四条第二款，《最高人民法院关于适用〈中华人民共和国民事诉讼法〉的解释》第二百零八条第三款规定，裁定如下：

驳回原告何沛沛的起诉。

如不服本裁定，可以在裁定书送达之日起十日内，向本院递交上诉状，并按照对方当事人或者代表人的人数提出副本，上诉于上海市第一中级人民法院。

审判员　胡培莉

二〇二〇年六月二十二日
书记员　杨　芳

（六）上诉

2020年4月22日，收到徐汇区人民法院作出的裁定后，团队与指导律师进行研究，决定上诉，上诉至上海市第一中级人民法院。2020年5月26日，上海市第一中级人民法院作出驳回上诉，维持原裁定的判决。

附五：上海市第一中级人民法院民事裁定书

民 事 裁 定 书

（2020）沪01民终5735号

上诉人（一审起诉人）：何沛沛（详细信息：略）

上诉人何沛沛因不服上海市徐汇区人民法院（2020）沪0104民初

8979 号民事裁定,向本院提出上诉。本院依法对本案进行了审理。

何沛沛上诉称,其是在上海申通地铁集团有限公司(以下简称申通地铁公司)工作人员的指导下下载"Metro 大都会"App 乘坐地铁并换乘公交,依据《上海市公共汽车和电车客运管理条例》第十五条等相关规定,申通地铁公司依法应当对何沛沛从地铁换乘公交车给予 1 元的优惠。何沛沛使用申通地铁公司指导的支付方式未能享受到换乘优惠,权益受到损害。本案符合起诉条件,请求撤销原审裁定,责令原审法院依法受理。

2020 年 4 月 14 日,一审法院收到何沛沛的起诉状。何沛沛向一审法院提出诉讼请求:判令申通地铁公司向何沛沛返还乘车费 1 元,本案诉讼费用全部由申通地铁公司承担。

事实和理由:

2020 年 1 月 13 日,何沛沛经地铁站工作人员指导下下载了"Metro 大都会"App 乘坐地铁,何沛沛和岳悦一同出行,岳悦使用公共交通卡,两人均乘坐地铁 9 号线换乘公交 830 路,何沛沛因使用"Metro 大都会"App 无法乘坐公交,故用其他方式支付了公交车的乘车费 2 元;岳悦使用公共交通卡支付公交车的乘车费 1 元(已扣减换乘优惠 1 元)。相同的时间、相同的车程、相同的交通工具,不同的支付方式,申通地铁公司实际多收取何沛沛乘车费 1 元。依据《上海市公共汽车和电车客运管理条例》第十五条等相关规定,申通地铁公司依法应当对何沛沛从地铁换乘公交车的乘车费给予 1 元的优惠。故何沛沛提出如上诉请。

原审法院经审查认为,当事人依法享有自愿订立合同的权利,合同的内容由当事人约定。何沛沛因使用"Metro 大都会"App 无法乘坐公交,要求申通地铁公司对何沛沛从地铁换乘公交车的乘车费给予 1 元的优惠,返还乘车费 1 元的请求,不属于人民法院受理民事诉讼的范围。依照《中华人民共和国民事诉讼法》第一百一十九条、第一百二十三条的规定，裁定如下：对何沛沛的起诉，本院不予受理。

本院认为，何沛沛因使用自愿下载的"Metro 大都会"App 未能享受到公共交通换乘优惠而提起本案诉讼。经审查，何沛沛的诉请，不属于人民法院民事诉讼受案范围，原审法院裁定不予受理，并无不妥。根据《中华人民共和国民事诉讼法》第一百七十条第一款第一项、第一百七十一条规定，裁定如下：

驳回上诉，维持原裁定。

本裁定为终审裁定。

审判员　李　平

二〇二〇年五月二十六日

书记员　朱滨倩

三、参赛感悟

何沛沛：

有幸参加第六届"小城杯"公益之星创意诉讼大赛，对使用"Metro 大都会"App 无法享受换乘补贴一案进行了公益诉讼。诉讼期间，对于选题的切入点我们多次请教老师，并通过团队协调合作收集了诉讼证据，积极与指导律师讨论诉求和诉讼策略。诉讼过程让我体会到所学的知识与实践还有很大的差距，社会公平正义的实现还需要更多的法律人去努力，点滴微光，汇聚星河，终将照亮法治中国前行的路。

岳　悦：

公益诉讼所关注的，往往与我们日常生活遇到的"小问题"相关。

尽管涉诉案件的标的不大,但一旦意识到这是个问题,我们依然有必要较真去做。这次诉讼虽然没有达到预期的结果,但荣幸的是比赛获得了二等奖。感谢比赛组织方对我们关注问题以及解决问题方式的认可,希望"小城杯"公益之星创意诉讼大赛越办越好。

杨姝雯:

当我第一次走出课堂,以原告身份写起诉状、等待立案、申请信息公开时,我对自己法律人的身份有了更深的认同感。作为一名法律人,我们应该关注公益。在法治中国建设的前进路上,我希望自己能够成为一名良好法治环境的守护者。

焦斐然:

通过参加"小城杯"公益之星创意诉讼大赛,特别是亲历诉讼整个过程,让我深刻感悟到法律制度、政策的制度一定要察民情、现民意,只有在立法、司法、执法过程中始终牵挂民之所念、所忧、所盼,才能使得国家治理与时俱进、顺应民心。

四、指导律师点评

"千千万万个 1 元钱队"是这 4 名学生参赛时的队名,团队发现日常出行乘坐地铁换乘公交车中未享受到 1 元换乘优惠而提起诉讼。

4 名学生分别通过使用"上海公共交通乘车码"与"Metro 大都会"App,在同一时间同一地点同样路程同时在上海市内乘坐地铁并换乘公交车,经确认,发现使用上述两种乘车码均未能享受换乘 1 元优惠。团队通过反复对比,在换乘过程中进行拍照取证、查询大量数据、核实上述乘车码所有者情况、翻阅相关的法律法规及上海市政府的规章制度、向上海市交通委申请信息公开,查询 2018 年上海市交通委员会年度部门决算方案,确认政府每年确实有补贴公共交通优惠换乘的支出等。

　　1 元钱很不起眼,生活中我们往往因为涉及金额小而忽略本该享有的权利,通过上述数据可以看出,这不再是 1 元钱,而是千千万万个 1 元钱,关乎每位大众出行。四人通过调查,勇敢地举起法律的武器,庭审调解中,申通地铁工作人员到庭应诉,表示会将相关情况予以反馈。团队的坚持让我们看到本被忽视的权利又被重视,四位学生依法维权的表现为我们树立了榜样。

　　　　　　　　　——上海云廊律师事务所　吴亿能、朱艳格、姚萌萌

抖音"虚拟货币"充值格式条款案

一、导 读

抖音 App 是一款由北京微播视界科技有限公司开发的社交软件（下称"抖音平台"），根据抖音平台发布的《抖音充值协议》（下称《协议》），"抖币"是由抖音平台提供的用于购买平台上的各项产品或服务的虚拟货币，《协议》第一章第一条及第一章第五条分别特别说明"'抖币'不能兑换为人民币""平台不会提供任何退还或逆向兑换服务"，而我们从抖音平台开发的安卓及 ios 两版 App 的充值界面中均可看出，抖音平台仅提供特定充值金额，不允许抖音用户自由选择消费金额，可见抖音用户只能通过"抖币"获取抖音平台提供的相关虚拟产品或服务，而"抖币"可以通过抖音用户在抖音平台上缴纳特定金额单向获取。团队认为，抖音平台的"抖币"本质上属于消费者的预付款，在现有抖音平台不允许自定义充值额度的情况下，应该允许消费者申请将超出消费计划的剩余"抖币"退还，且抖音平台应该建立合理的退出机制，保障消费者在其变更客户服务协议后，自由选择是否退出平台并退还剩余"抖币"，并且抖音平台应当在客户服务协议中加入关于抖音停止运营后对消费者剩余"抖币"的退还条款。

本案于 2020 年 9 月向北京互联网法院申请立案，9 月 27 日进入诉前调解，10 月 21 日互联网法院调解员介入，但因团队与抖音一直没能达成调解协议，案件于 11 月 21 日自动转入审判流程。2020 年 11 月 25 日法院立案，立案后团队继续和抖音法务进行条款内容的沟通，12 月 16 日双方口头达成庭外和解协议。2021 年 1 月 15 日抖音法务通知团队更新后的协议已经上线，团队确认了新的充值协议已按团队的要求删去了相关条款，遂向法院申请撤诉。2021 年 1 月 27 日北京互联网法院作出准许撤回起诉的民事裁定书。

参赛成员

时晶渊：北京师范大学法学院法学本科毕业，瀚德学院葡萄牙语本科生，澳门大学法学院国际商法硕士。

孙小杰：北京师范大学法学院法学本科毕业，澳门大学法学院民法与知识产权法硕士。

李婉莹：北京师范大学法学院法学本科毕业，获国家法律职业资格证书。

二、案情回顾

(一) 起因

2020 年 9 月 12 日，李婉莹在抖音 App 上用支付宝绑定的银行卡充值了 6 元人民币（兑换了 60 个抖币）。9 月 13 日，李婉莹在使用 12 个抖币后要求抖音 App 退还剩余金额，被客服以《充值协议》相关规定为由拒绝退还。

团队经过分析认为，虽然抖音平台将"抖币"定义为虚拟货币，但"抖币"本质上是抖音平台用来表示人民币的一种形式，其表示的人民币是抖音用户为了获取抖音平台相关服务的预付款。抖音平台的充值格式条款侵犯了抖音用户的合法权益。团队通过调研发现,抖音平台还存在专用于主播推广的"DOU＋币"和平台与主播之间结算的"音浪币""抖币"仅用于普通抖音用户的消费行为,并且在抖音平台上除了充值并不存在其他获取"抖币"的方法,每1"抖币"代表的人民币由抖音平台确定,其代表的价值长期稳定(目前"抖币"比人民币的充值金额为10∶1,2019 年 2 月前"抖币"比人民币的充值金额为 7∶1)。调研还发现,已经有多名抖音用户在相关平台上就"抖币"退款事宜进行投诉,且绝大多数用户的退款投诉申请尚在处理中,但根据相关检索结果,并没有消费者就此提起诉讼。基于抖音平台关于"抖币"充值的相关规定为格式条款,一切使用抖音平台相关产品的消费者的合法权益都有被侵害的潜在风险。

(二) 法理分析

虚拟货币依据其性质、用途和获得方式大致可以分为三种。

第一种,有资质的游戏开发商发放的虚拟货币。在 2009 年 6 月 4 日文化部、商务部《关于加强网络游戏虚拟货币管理工作的通知》中有明确规定:网络游戏虚拟货币是指由网络游戏运营企业发行,游戏用户使用法定货币按一定比例直接或间接购买,存在于游戏程序之外,以电磁记录方式存储于游戏企业提供的服务器内,并以特定数字单位表现的一种虚拟兑换工具。网络游戏虚拟货币用于兑换发行企业所提供的指定范围、指定时间内的网络游戏服务,表现为网络游戏的预付充值卡、预付金额或点数等形式,但不包括游戏活动中获得的游戏道具。抖音平台显然并不是相应有资质的游戏平台,但同为虚拟货币,可以参照类比适用其中的一些规定。

第二种,非游戏平台发放的完全依靠充值获得的虚拟货币。抖音平台的"抖币"只能通过人民币充值兑换,即属于这种类型。

第三种,非游戏平台发放的除人民币充值外还有其他方式获取的虚拟货币。如"微信读书"App 可以通过分享给好友领取红包,"快看漫画"App 也可以通过每日签到领取积分兑换相应的 KK 币。

虚拟货币本质上都是开发商发行的用以在虚拟平台中兑换商品和服务的虚拟等价物,第一种虚拟货币有相关规定进行规范,有严格的准入机制,不仅发行方需要具备一定资质并在工商部门备案,明确其发行量、面额等,政府还严令禁止其随意变更虚拟货币面额,同时还禁止同一企业同时从事网络游戏虚拟货币发行服务业务和网络游戏虚拟货币交易服务业务,其目的主要是保障消费者的资金安全、防止发行方以预付资金占用为目的的恶意发行行为、打击利用虚拟货币在网络上进行赌博,在这种规范管制下获得资质的发行方发行的虚拟货币在游戏平台上功能更近似于现实生活中的货币。而第二种和第三种虚拟货币并没有相关的规定给予明确的定义,其功能相比第一种虚拟货币大打折扣,通常只用于用户向平台兑换相关服务或产品,因此消费者通过法定货币购买的部分本质上应该属于一种预付款。

所谓预付款,即买方在交易合同签订后即向卖方支付一定金额的预付款,以提前给付价款的方式提前履行了合同的义务,随后卖方再提供商品或相关服务。本案中,消费者购买"抖币"仅仅是为了在抖音平台上兑换如打赏主播、购买虚拟礼物等服务,"抖币"面值也是由抖音平台确定,并且抖音平台并没有独立地提供交易服务的机构,也没有明确发行量等,显然"抖币"在抖音平台上给消费者提供近似货币的功能,因此"抖币"只是消费者后续购买抖音平台商品和服务的一种虚拟预付凭证。

《消费者权益保护法》第九条、第十条规定消费者享有自由选择、公平交易的权利,第二十六条明确禁止经营者利用格式条款不公平、不合理地排除或限制消费者的权利。

抖音平台的《协议》作为格式合同,不公平、不合理地排除了抖音用户在结束使用抖音相关产品时拿回自己预存于平台上的预付款的权利,因此该格式条款无效。首先,抖音用户获取抖音平台提供的相关产品或服务必须使用"抖币"这一虚拟兑换工具,而抖音平台并不允许抖音用户自由选择充值金额,这在一定程度上已损害了消费者自由选择商品和服务的权利,如果抖音平台禁止消费者将剩余预付款取出,其本质上相当于强制用户交易。其次,考虑到此类网络服务平台常常变更用户服务协议中的条款内容,即使在现实交易中,如果合同的一方变更内容,合同的另一方也有权就此协议与其进行协商,如果协商不成则有权解除合同,而在非游戏网络平台中,软件开发商可以随时根据自身经营状况变更相关协议内容,如果用户不认可新的用户服务协议只能选择停止使用软件,这种情况下消费者只能处于被动接受的不利地位,此外网络平台还有停止经营的风险,如果网络平台由于自身变更协议或停止经营无法继续为用户提供之前的服务,而平台在此种情形下仍不退还消费者预存于平台上的费用,这显然极大地损害了消费者公平交易、自由选择商品或服务的权利。根据《民法总则》第一百零七条:没有合法根据,取得不当利益,造成他人损失的,应当将取得的不当利益返还受损失的人。如果抖音平台在消费者希望解除合同时,拒绝返还其预付款,则涉嫌借此取得不当利益。

(三) 调研

针对"抖币"退还相关问题,团队进行了问卷调查,其中填写的有效问卷为 126 份,统计结果显示:

有 51.59%的人曾使用过抖音 App,大部分用户充值金额不超过

100 元。所有充值的人在结束使用时账户里都有剩余"抖币"。有 37.5％的人会剩余 10～100 个"抖币"。有 75％的人有退"抖币"的意愿,16.67％的人曾就退还"抖币"与客服进行过协商,且协商后抖音平台均未退款。87.5％的人认为抖音平台应该退款,75％的人认为抖音平台不退款损害了其合法权益。有 42.86％的人有维权意愿,没有维权意愿的认为维权浪费时间、金钱等,有 65％的人不确定是否能够维权成功。

(四) 起诉

2020 年 9 月 20 日,团队以李婉莹名义向北京互联网法院提交起诉状。

附一: 民事起诉状

民 事 起 诉 状

原告: 李婉莹(详细信息:略)

被告: 北京微播视界科技有限公司(详细信息:略)

诉讼请求:

(1) 请求确认被告开发的产品抖音 App《充值协议》下列条款无效。第一章服务规则第 1 条:"'抖币'在任何情况下均不能兑换为人民币",第 5 条:"用户充值成功后,本平台的充值服务即已提供完毕,本平台不再提供逆向兑换或转让服务,且无正当理由本平台亦不予提供退还服务"。

(2) 请求判决被告返还原告与其在抖音 App 上剩余的 48 个抖币等值的人民币 4.8 元。

(3) 请求依法判令本案诉讼费用由被告承担。

事实与理由：

2020 年 9 月 12 日，原告在被告开发的抖音 App 上用支付宝绑定的银行卡充值了人民币 6 元（兑换了 60 个抖币）。2020 年 9 月 13 日，原告在使用 12 个抖币后要求抖音 App 退还剩余金额，被客服以《抖音充值协议》相关规定为由拒绝退还。

原告认为，依据《消费者权益保护法》第九条、第十条及第十六条，消费者享有自由和公平交易的权利，享有自主选择权，有权拒绝经营者的强制交易行为，自主选择自己满意的商品或服务，自主决定接受或不接受任何一项服务。经营者向消费者提供商品或者服务，应当恪守社会公德，诚信经营，保障消费者的合法权益；不得设定不公平、不合理的交易条件，不得强制交易。据此，抖音 App 的消费者应当有权自由支配其充值金额用于购买平台上的何种服务、自主决定是否购买平台的虚拟产品或服务，并且有权要求平台返还充值中未实际发生交易的部分，而被告提供的格式条款《抖音充值协议》第一章第一条及第五条侵犯了消费者的上述权利。根据《消费者权益保护法》第二十六条，如果经营者以格式条款的形式作出排除或限制消费者权利等对消费者不公平、不合理的规定，以及利用格式条款强制交易，其内容无效。

综上，原告认为《抖音充值协议》第一章第一条及第五条为无效的格式条款，应当被确认无效，依据相关法律规定，被告应当返还原告尚未消费的充值金额 4.8 元，为维护原告的合法权益，特诉至贵院，望判如所请。

此致

北京互联网法院

起诉人：李婉莹

2020 年 9 月 20 日

附二：原告证据清单(见表 1)

表 1 原告证据清单

编号	证 据 名 称	证 明 作 用
1	《抖音充值协议》	被告与原告之间存在合同关系,其中涉及充值的部分为格式条款
2	原告支付宝手机端交易详情、支付宝 PC 端交易详情、支付宝交易明细、支付宝电子回单、支付宝实名认证、银行卡流水、原告账户钱包余额截图	① 原告于 2020 年 9 月 12 日在被告开发的"抖音"软件上用支付宝充值 6 元。② 截至 2020 年 9 月 14 日原告在"抖音"软件的钱包中还剩余 48 抖币
3	原告反馈及客服回应的截图	原告于 2020 年 9 月 13 日在"抖音"软件和客服反馈,要求退还剩余充值金额,后被拒绝

(五)调解

2020 年 9 月 27 日,案件进入诉前调解,由于团队一直没能与抖音达成调解协议,11 月 21 日案件自动转入审判流程,11 月 25 日法院立案,团队继续和抖音法务进行条款内容的沟通,12 月 16 日,抖音方面最终确认了团队上线的新协议内容,双方口头达成庭外和解协议。2021 年 1 月 15 日抖音法务通知团队更新后的《协议》已经上线,团队确认新的充值《协议》已按团队的要求删去了相关条款,之后团队向法院申请撤诉。2021 年 1 月 27 日北京互联网法院作出准许撤回起诉的民事裁定书,此案到此完结。

附：民事裁定书

民 事 裁 定 书

(2020)京 0491 民初 35687 号

原告：李婉莹(详细信息：略)

被告：北京微播视界科技有限公司（详细信息：略）

委托诉讼代理人：李泽齐（详细信息：略）

原告与被告北京微播视界科技有限公司网络服务合同纠纷一案，本院于 2020 年 11 月 25 日立案。案件审理过程中，原告向本院提出撤诉申请，申请撤回对被告北京微播视界科技有限公司的起诉。

本院认为，原告申请撤回起诉，符合法律规定，应予准许。依照《中华人民共和国民事诉讼法》第一百四十五条第一款规定，裁定如下：

准许撤回起诉。

案件受理费 25 元，由原告负担。

审判员　张连勇

二〇二一年一月二十七日

书记员　王　怡

三、参赛感悟

时晶渊：

2019 年 10 月面对升学的压力，我曾犹豫过是否要报名参赛，但"小城杯"的理念深深吸引了我，并且平时我在使用一些 App 时发现的问题也让我如鲠在喉，当我把想法提出后，另外两个队友与我一拍即合，"京城维权三斗士队"得以诞生。参赛入围以后，作为诉讼"菜鸟"的我们，如无头苍蝇一般，虽然我们在课堂上学习过诉讼流程，但亲自动手去做时，才发现书本和实践的差距。幸好有指导律师的多次点拨，让我们的思维从课本转换到实践中，经过多次讨论，我们逐渐敲定了诉讼预案、起诉思路等，诉讼步入了正轨。这次比赛也让我感到，公益诉讼需要一些较真的人，只有大家运用法律手段积极维权，才能够聚沙成塔、集腋成裘，自己的正当权益才能得到维护。

孙小杰：

这是一次难得的经历，一次让我得到锻炼的经历，令我体会最深的是遇到问题要勤于思考，同时团队的通力合作必不可少。诉讼过程中，我们分工明确，流程清晰，每位成员都是为了最终的胜利而努力。我深深感谢这次比赛给予我锻炼和成长的机会，我会将比赛、诉讼中获得的经验运用到今后的学习和工作中，我深知公益诉讼道阻且长，作为法学生和未来的法律从业者，必须用自身的知识和力量，努力去推动公益事业的发展。

李婉莹：

这次比赛给了我许多良好的体验，第一次站在公益的角度，为广大消费者的利益去提起诉讼，感觉到了自己学习法律的初心，感觉到了那种信念感；这次比赛还给了我许多新鲜的经历，第一次作为原告独立提起诉讼，第一次经历互联网法院程序，真的学到了不少新知识，尤其是法律实务技能，相信对于我以后律师执业、从事法律工作都是有重要帮助的。

四、指导律师点评

诉抖音"虚拟货币"充值格式条款案团队，是一个充满朝气和干劲的队伍，他们的选题从自身的角度出发，又切合时下大众网络社区的热点话题，可以看出他们在选题过程中经过了认真的思考和琢磨。抖音平台日常很活跃，用户数量是非常大的，随着该平台的直播、打赏功能上线,其中蕴含的法律问题也值得研究和深思。在准备比赛的过程中,团队成员认真参与每次研讨会,积极与指导律师沟通想法,研究案件中证据材料的梳理,探讨案件中遇到的法律问题,分析案件的可诉性,他们运用所学知识和方式方法,在实践中不断积累经验。团队最终能取得良好的成绩,离不开他们的认真、踏实和努力。

——上海志致远律师事务所　庄子艺、周　丹、何俊勇

腾讯微信合同效力纠纷案

一、导 读

随着智能移动设备的普及,越来越多的人开始选择使用微信这一即时通信软件来进行学习、办公和日常联络,而朋友圈作为微信的附属服务之一,更是受到了广大用户的青睐。如今,朋友圈已不再是一个简单的社交工具,而是由个人信息与人脉积攒编织而成的个人私密空间,是人际关系的网络化体现。然而,当人们在使用微信朋友圈时,微信运营商会通过电子信息的方式向用户推送商业广告,这些频繁出现的强制性广告,往往伪装成自己好友的朋友圈的样子侵入人们的私密空间,并且《用户隐私指引》中还规定"选择退出后,仍可能受到普遍投放的广告"的条款,这种属于排除或者限制消费者权利、减轻或者免除经营者责任的格式条款,侵犯了用户的权利,故团队主张微信运营商应当撤销该格式条款。

本案于 2020 年 4 月 24 日向深圳南山区人民法院申请立案,5 月7 日法院进行在线调解,团队坚持不调解。8 月 14 日,南山区人民法院给当事各方下达告知合议庭成员组成通知书,并下达"转为普通程序审理"民事裁定书。8 月 24 日在南山区人民法院第二审判庭开庭审理。12 月 1 日,南山区人民法院作出驳回原告全部诉讼请求的判决。

案件虽然最终败诉,但社会影响仍然不小。首先是腾讯公司态度的转变,8月末进行诉讼时,微信用户若需关闭个性化推荐广告,在登入该页面会看到共有四种个性化推荐方式,需要一一关闭,才能彻底关闭个性化推荐广告。9月微信更新后,微信用户若需关闭个性化推荐广告只需点击一项关闭按钮,即可实现全部关闭。此外,12月16日,上海消费者权益保护委员会发布的《App广告消费者权益保护评价报告(2020)》(下称《报告》)显示,在600款App中,有4成App内含广告却没有"关闭键",仅有14.5%的App提供个性化广告关闭入口。此前,如果想关闭个性化展示,绝大多数App需跳转5次以上。

针对《报告》中指出的问题,2020年12月16日微信方面回应称,感谢广大用户对腾讯以及App广告行业提出的问题与建议,微信一直坚守用户的隐私安全,严格遵守法律法规相关规定,重视各方的反馈和意见,不断强化广告审核与巡查,规范广告主行为,提供更优质的产品与服务。同时还表示,用户如有发现平台上有任何涉嫌违规的广告,可在广告外层的"投诉"入口或通过客服邮件(wxad@tencent.com)和微信广告助手公众账号进行投诉,平台会第一时间进行核实与处理。

参赛成员

高　越:上海大学本科毕业。获上海市优秀毕业生、上海大学优秀学生干部等。

孙云森:中南财经政法大学研究生。获上海市优秀毕业生、上海大学优秀学生等。

宋天霖:华东政法大学研究生。

王宇凡:上海大学本科毕业。

郑箫桐:同济大学研究生。

二、案情回顾

（一）起因

宋天霖于 2019 年开始使用微信 App，在使用微信朋友圈功能时，发现朋友圈存在频繁出现广告的情况，并且这些广告往往伪装成好友的朋友圈的样子侵入其私密空间，其想将广告关闭，但无法实现。虽然微信 App《服务协议》承诺提供拒绝接收途径，但实未提供。尤其是《用户隐私指引》中"选择退出后，仍可能收到普遍投放的广告"的条款，宋天霖认为微信关于广告推送的条款存在违法内容。

（二）法理分析

《广告法》第四十三条第二款规定：以电子信息发送广告的，应当向接收者提供拒绝接收的方式。《消费者权益保护法》第九条、第十条、第二十九条第三款规定：消费者享有自主选择商品或者服务的权利，有权拒绝经营者的强制交易行为；消费者明确表示拒绝的，不得向其发送商业性信息。2009 年 7 月 7 日最高人民法院印发的《关于当前形势下审理民商合同纠纷案件若干问题的指导意见》规定：如果合同行为绝对地损害国家利益或者社会公共利益，人民法院应当认定该合同无效。

微信《腾讯隐私政策》协议中"我们的广告客户可以使用腾讯广告平台向您展示广告。您可以选择退出，但请理解，您退出后仍可能接收到普遍投放的广告"。就此，团队认为，腾讯强制投放广告的格式条款违反《广告法》第四十三条第二款，《消费者权益保护法》第二十六条、第二十九条第三款，《合同法》第三十九条、第四十条的规定，存在规定的合同无效的情形，应当被视为无效。

（三）调研

互联网经济的特性让免费成为可能,但免费不是借口,网络用户虽然没有支付货币性的对价,但其付出的注意力和平台企业收获的关注度,在互联网经济下都应属于资产的范畴。强制性网络广告本身具有存在的合理性,但其却因为过度发布而变得不合理。因此,团队就运营商向朋友圈投放的广告对使用者的影响进行了调查,结果如下:

有 95.83％的被调查者反映,朋友圈有频繁出现广告的情况;有 72.02％的被调查者认为,朋友圈属于个人的私人空间,不应受到打扰;有 10.2％的被调查者认为,朋友圈投放广告现象未对其生活造成打扰;有 33.93％的被调查者认为,此现象对其造成严重困扰。此外,虽然腾讯有提供微信朋友圈中针对性广告的取消方法,但知道该如何取消的占 21.43％;有 63.1％的被调查者完全不知道有这项功能;有接近 1/3 的被调查者表示愿意选择只要费用合理,会支付一定的费用获取运营商不再投放广告的服务。

可见,当网络用户是免费享受腾讯所提供的即时通信服务的,花费一定的时间浏览广告和其他推销增值服务的插件和弹窗,是网络用户应当付出的时间成本。但现在也有越来越多的消费者选择付费不受广告的打扰,选择用货币方式消除其因此付出的时间成本。所以,经营者应当给予使用者自由选择是否通过付费的方式来拒绝接收广告的权利。

调查还发现,有 86.89％的使用者在使用软件前不会阅读用户协议,用户对用户协议的接受是被动且没有选择余地的接收。即使对用户协议中的部分条款有异议,用户为了使用软件也只能接受。

（四）起诉

2020 年 4 月 25 日,团队以宋天霖的名义向腾讯计算机系统有限公司所在地深圳市南山区人民法院递交了起诉状和证据材料。

附一：民事起诉状

民 事 起 诉 状

原告：宋天霖(详细信息：略)

被告：深圳市腾讯计算机系统有限公司(详细信息：略)

诉讼请求：

1. 确认"微信 App"的《腾讯隐私政策》协议中"我们的广告客户可以使用腾讯广告平台向您展示广告。您可以选择退出,但请理解,您退出后仍可能接收到普遍投放的广告"之条款为无效条款。

2. 被告腾讯公司停止在朋友圈向原告发送商业广告。

3. 本案诉讼费由被告腾讯公司承担。

事实与理由：

原告系被告开发的微信 App 产品用户,于 2019 年起开始使用微信。原告在使用微信朋友圈功能时,发现朋友圈经常出现强制性广告,原告想要将广告关闭时,却发现微信软件并未提供有效关闭朋友圈广告的设置,且《微信用户协议》关于广告推送的条款存在违法内容。主要体现在：① 被告提供的《腾讯隐私政策》中存在无效条款。② 上述《腾讯隐私政策》条款侵犯了原告的选择权。

综上所述,被告在《腾讯隐私政策》中有关广告推送的条款,违反了《广告法》第四十三条,《合同法》第三十九条、第四十条、第五十二条,《消费者权益保护法》第九条、第二十九条之规定,基于上述事实与理由,原告现通过诉讼的方式明确表明拒绝被告投放广告,请求法院依法查明事实,公正裁判,维护原告的合法权益。

此致

深圳市南山区人民法院

起诉人：宋天霖

2020 年 4 月 25 日

附二：原告证据目录（见表 1）

表 1　原告证据目录

序号	证据种类	证 据 内 容	证 明 对 象
1	电子数据	微信朋友圈中出现的强制性广告	微信朋友圈频繁出现强制性广告
2	电子数据	《腾讯隐私政策》关于广告的条款内容	被告提供的《腾讯隐私政策》中存在禁止性内容
3	电子数据	《腾讯隐私协议》中的广告条款的位置	被告提供的《腾讯隐私政策》属于无效条款
4	电子数据	被告未提供关闭普遍投放广告的渠道	被告侵犯了原告的选择权

（五）庭审

2020 年 8 月 14 日，南山区人民法院下达案件从简易程序转为普通程序的民事裁定。同年 8 月 27 日，案件在南山区人民法院第二审判庭开庭。

庭审中，双方主要围绕以下 3 个焦点争议展开。

焦点之一：腾讯公司是否因提供了免费的实时通信服务而具有向公众强制投放广告的权利？

被告认为：① 微信是免费的，微信有权通过获取利益而为用户提供服务；② 在微信产品中设置广告是腾讯公司的正当权益，属于行业普遍模式，不违反法律。

原告认为：① 产品是否免费不影响消费者自身享有的权利。② 互联网经济的特性让免费成为可能，但免费不是借口，网络用户虽然没有支付货币性的对价，但其付出的注意力和平台企业收获的关注度在互联网经济下都应属于资产的范畴。③ 微信实质上并非一个免费软件，其中存在大量收费服务、第三方合作服务。④ 某一行为普遍存在≠该行为具有合法性、正当性。

焦点之二：有关广告投放的条款内容是否为双方自愿约定的结果？

被告认为：《协议》明确约定有权为三方推广，有加粗提示，双方自愿约定，隐私条款未超过协议约定。

原告认为：① 条款并不能直接解释出用户拒绝接受广告的权利被排除，或用户明示放弃了拒绝权。格式条款应当作有利消费者的解释，用户仍可以行使拒绝权。② 该条款规定用户"可以根据系统设置选择屏蔽、拒绝接收相关推广信息"，然而实际上腾讯并未就普遍投放的推广信息提供彻底拒绝接收的途径。③《协议》中该条款的规定并不与《隐私保护指引》中广告投放格式条款的无效认定相冲突。

焦点之三：微信向用户投放广告的行为，是否侵犯了用户的选择权？

被告认为：① 海量用户通过微信推广可以很方便地接触、获取第三方服务，符合用户习惯，不侵犯用户合法权益。② 原告通过简易操作就可以关闭个性化推送功能。③ 用户可以通过滑动操作或点击关闭，选择不观看广告。

原告认为：① 精准的信息锁定反而正是对消费者知情权与选择权的侵犯。② 关闭个性化推送的广告的途径隐藏在多层超链接之下（共计 9 步骤），且本次操作非永久性关闭（只能关闭 6 个月）。③ 无论是滑动关闭还是点击关闭，均已经是消费者选择权遭受侵害后进行自力救济的方式。

最后,法官补充发问:微信目前提供的关闭广告的方式,是否属于《广告法》第四十三条所要求提供给用户的"拒绝继续接收的方式"?

被告回答:微信提供的关闭广告的方式为:① 后台关闭个性化精准投放广告(6 个月)。② 对普遍投放的广告提供了单次关闭的方式(须经 3 次点击)。

(六)判决

2020 年 12 月 1 日,南山区人民法院作出驳回原告宋天霖全部诉讼请求的判决。

附:民事判决书

民 事 判 决 书

(2020)粤 0305 民初 15321 号

原告:宋天霖(详细信息:略)
被告:深圳市腾讯计算机系统有限公司(详细信息:略)
委托诉讼代理人:张奇、姜哲(详细信息:略)

原告宋天霖与被告深圳市腾讯计算机系统有限公司(以下简称腾讯公司)合同纠纷一案,本院于 2020 年 5 月 26 日立案受理后,依法组成合议庭适用普通程序公开开庭进行了审理。原告宋天霖,被告的委托诉讼代理人张奇到庭参加诉讼。本案现已审理终结。

原告宋天霖向本院提出诉讼请求:(略)

庭审中,原告增加诉讼请求:被告腾讯公司停止利用包含原告位置信息在内的个人信息进行朋友圈定向广告推送,向原告赔礼道歉。

事实和理由：（略）

被告腾讯公司辩称，① 在涉案的微信产品中设置广告是被告的正当权益，符合《腾讯微信软件许可及服务协议约定》（下称《微信服务协议》），并且不违反法律规定；在为用户提供服务的同时从推广第三方服务中获取收益是国内互联网行业普遍的发展模式，具有正当性，应当得到尊重和保护；②《微信服务协议》已经明确约定了被告有权使用微信软件的部分服务为第三方做推广，并且协议中的相关条款也进行了加粗提示，该协议是由双方自愿签订的，不违反法律规定，依法有效，原告所说的隐私政策中关于用户可能收到的普通投放广告的并没有超出《微信服务协议》的约定，同样有效；被告的正当权益受到法律保护，双方应该遵照相关协议执行；③ 原告通过简易的操作就可以选择不观看朋友圈广告或者关闭个性化广告推荐功能。综上，原告诉讼请求没有事实和法律依据，请求法院驳回原告全部诉请。

当事人围绕诉讼请求及本案争议进行了举证、质证，对于双方无争议的证据，本院予以确认；对双方有争议的事实，本院认定如下：

被告腾讯公司于2011年1月发布微信应用程序，原告自述于2019年开始注册并使用微信。原告在注册微信用户时，与被告腾讯公司签订《腾讯微信软件许可及服务协议》，其中7.3.4条载明："你理解并同意，腾讯有权决定将本软件作商业用途，包括但不限于开发、使用本软件的部分服务为第三方作推广等，腾讯承诺在推广过程中严格按照本协议约定保护你的个人信息，同时你亦可以根据系统设置选择屏蔽、拒绝接收相关推广信息"；12.1条载明："你使用本软件即视为你已阅读并同意受本协议的约束。腾讯有权在必要时修改本协议条款。你可以在本软件的最新版本中查阅相关协议条款。本协议条款变更后，如果你继续使用本软件，即视为你已接受修改后的协议。如果你不接受修改后的协议，应当停止使用本软件"。微信程序中的《腾讯隐私保护指引》中

"4. 我们如何使用信息"条款项下"关于广告"记载内容："为了使您看到更具有实用性的广告,我们将根据您使用我们服务的情况,对您可能在我们服务上接收到的部分广告进行个性化定制。我们的广告客户可以使用腾讯广告平台向您展示广告。您可以选择退出,但请理解,您退出后仍可能接收到普通投放的广告。"

2015 年 1 月起,被告开始在微信用户的朋友圈推广广告。原告认为被告《腾讯隐私保护指引》存在无效条款,且被告未经原告允许利用原告个人位置信息向原告朋友圈推送定向广告的行为,侵犯了原告的选择权,故诉至法院。原告提交了微信朋友圈广告截图、《腾讯隐私保护指引》、朋友圈广告与地图截图予以证明其主张。

被告提交了由深圳市先行公证处出具的(2020)深先证字 29103 号和 32120 号《公证书》两份。29103 号《公证书》主要内容为：申请人深圳市腾讯计算机系统有限公司的委托代理人张奇于二〇二〇年七月三十一日来到我处为维护申请人合法权益及防止证据灭失,向我处申请证据保全公证。由张奇操作本处的手机,进行相关手机操作。在保全操作的过程中,申请人的委托代理人张奇将所需的界面进行截屏,并保存在手机中。操作结束后,再由本处公证人员钟泽雄将手机中的截图文件传送到电脑。在前述取证的同时,由本处公证人员钟泽雄用一台我处的录像机对操作过程全程录像,将该视频文件和前述截图文件拷贝至电脑新建的"20200731 微信注册《软件许可及服务协议》"文件夹并刻录成光盘。

32120 号《公证书》主要内容为：申请人深圳市腾讯计算机系统有限公司的委托代理人黄晓霞于二〇二〇年八月十三日来到我处称为维护申请人合法权益及防止证据灭失,向我处申请证据保全公证。由黄晓霞操作本处的手机,进行如下手机操作为：① 黄晓霞操作手机,将手机清除全部内容后手机重启。重启后进入我处 Wifi,进行其他初始化设置,打开"设置",进行相关操作并查看;②返回手机主页面,点开手机自带的浏览器,在页面上方地址栏中"www. baidu. com",进行搜索,随后在搜索栏中输入"北京时间",进行搜索,显示页面;③返回手机主页面,进入"应用商店",下载微信成功安装;打开微信 App 并成功安装;④打开微信 App,点击"登录",黄晓霞登录其所持有的账号;⑤点击"发现",然后点击"朋友圈",再滑动至广告处,下一步滑动至没有广告处,进行浏览;⑥返回广告处,点击"广告",然后点击"我不感兴趣",再点击"与我无关",广告消失,进行浏览。在保全操作的过程中,申请人的委托代理人黄晓霞将所需的界面进行截屏,并保存在手机中。操作结束后,再由本处公证人员钟泽雄将手机中的截图文件传送到电脑。在前述取证的同时,由本处公证人员钟泽雄用一台我处的录像机对操作过程全程录像,将该视频文件和前述截图文件拷贝至电脑新建的"20200813 微信广告"文件夹并刻录成光盘。

以上事实,有微信朋友圈广告截图、《腾讯微信软件许可及服务协议约定》《腾讯隐私保护指引》、朋友圈广告与地图截图、《公证书》等证据及庭审笔录在卷佐证,足以认定。

本院认为,本案系合同纠纷。依法成立的合同受法律保护,对当事人具有法律约束力。当事人行使权利、履行义务应当遵循诚实信用原则。本案的争议焦点为:其一,《腾讯隐私保护指引》协议中涉案条款的内容是否因违反法律强行规定而无效。其二,被告是否有权在原告的微信朋友圈推送广告,被告推送广告的行为是否侵犯原告的选择权。其三,被告推送广告的形式是否属于弹出形式发布广告,是否应确保一键关闭。其四,被告是否利用原告的位置信息向原告的朋友圈定向推送广告。

关于争议焦点一。本案中,关于《腾讯隐私保护指引》协议中"我们的广告客户可以使用腾讯广告平台向您展示广告。您可以选择退出,但请理解,您退出后仍可能接收到普遍投放的广告"的内容,原告认为该内容违反《广告法》第四十三条第二款规定,属于"违反法律、行政法规的强行性规定"的情形,应属无效条款。被告主张《微信服务协议》明确约定、被告有权使用微信软件的部分服务,为第三方作推广、该协议由双方自愿订立,不违反法律规定,依法有效。关于用户可能收到普遍投放广告的内容,并未超出涉案服务协议约定范围,合法有效。本院认为,根据《广告法》第四十三条第二款之规定,"以电子信息方式发送广告的,应当明示发送者的真实身份和联系方式,并向接收者提供拒绝继续接收的方式"。该条款的文义解释为广告发送者必须向接受者明示发送者身份和联系方式,并且要向接收广告的用户提供继续接受或者不继续接受的选择。换句话讲,法律只要求广告发送者向广告接收者提供了继续或者拒绝继续接收的选择即可,并非完全限制广告发送者向用户投放广告的行为。本案中,涉案条款中"您可以选择退出"已明确表述了被告已经向广告接受者提供了拒绝继续接受的选择;"但请理解,您退出后仍可能接收到普遍投放的广告"的内容并没有超出《微信服务协议》的约定。该可能性陈述既涵盖了微信作为广泛使用的手机软件在面对海量用户和广告时,客观上因为互联网和通信技术自身的局限性,可能造成供网络服务的漏洞和不稳定,又包括如果用户在收到普遍性广告时,被告腾讯公司向用户提供相关简易操作即可关闭和退出广告的选择。结合(2020)深先证字 32120 号《公证书》记录的微信朋友圈功能及操作演示截图可知,被告在微信朋友圈推送广告时,已明确向用户说明了发送者的身份,即被告或"赞助商提供的广告信息"和相关联系方式。在微信朋友圈广告推送界面的右上方有"广告"按钮,点击"广告"的下拉菜单为"我不感兴趣""投诉""与我无关""重复收到""内容质量较差"等选项,微信用户可以自主选择相应选项,来决定是否会屏蔽广告或进入广告。选择"不感兴趣"或者"与我无关"选项后,广告内容将消失在微信朋友圈界面中。可见,被告在推送微信朋友圈广告时,已向接收广告的用户提供了多种选择来处理广告。故涉案《腾讯隐私保护指引》的条款内容并未违反广告法的强行性规定,不属于"违反法律、行政法规的强制性规定"的情形,合法有效。对于原告主张涉案条款内容无效的诉求,本院不予支持。

关于争议焦点二。原告在注册微信时与被告腾讯公司签订了《微信服务协议》。如前所述,《微信服务协议》及《腾讯隐私保护指引》的内容未违反法律、行政法规的强制性规定,合法有效。本院认为,首先,《微信服务协议》载明被告腾讯公司有权决定将微信软件作商业用途,包括不限于使用微信软件的部分服务为第三方作推广。原告注册并使用微信软件应视为双方已就上述《微信服务协议》达成合意。被告腾讯公司在原告的朋友圈推送广告系基于原告、被告之间服务协议约定,属于合理的商业行为。其次,被告在《微信服务协议》中采用文字颜色、字体大小、符号及其他明显标识对相关条款作出提示,应视为已履行了合同条款的提示义务。最后,原告在选择网络服务时,有权进行比较、鉴别和挑选,但并不意味着原告可以任意要求网络服务经营者提供或不提供特定的服务。原告在选择使用微信软件并签订《微信服务协议》时,就已经自主选择了被告腾讯公司作为网络服务的经营者,并自愿接受被告所提供的服务。原告并未提交相应的证据证明被告有侵犯了原告选择权的行为,不足以认定原告的选择权受到了被告的侵害。故被告在原告微信朋友圈推送广告的行为并不违反《消费者权益保护法》第九条和第二十九条第三款的规定。

关于争议焦点三。原告认为被告推送微信朋友圈广告形式不具备一键关闭功能,违反《广告法》第四十四条的规定。根据《广告法》第四十四条之规定:"利用互联网从事广告活动,适用本法的各项规定。利用互联网发布、发送广告,不得影响用户正常使用网络。在互联网页面以弹出等形式发布的广告,应当显著标明关闭标志,确保一键关闭。"该法条的立法本意在于净化互联网广告环境,优化互联网广告形式,避免强制弹出广告窗口对用户使用网络造成影响。关于被告腾讯公司在微信朋友圈中推广的广告形式是否属于互联网页面的弹出式广告,业界存在争议。弹出式广告通常是指当用户浏览网页时,网页会自动弹出对话框,该对话框或在屏幕上不断旋转或固定显示在屏幕某一角落。当用户试图关闭时,另一个对话框或网页会马上弹出的广告投放形式。本院认为,根据(2020)深先证字 32120 号《公证书》记载的微信朋友圈功能及操作演示内容,微信朋友圈中的广告推送形式,并不明显符合弹出式广告的特征。具体分析如下:① 微信朋友圈是否属于互联网页面范畴尚不明确。② 微信朋友圈推送的广告界面具有明显关闭标志,可通过点击关闭或滑动屏幕等更加易操作继续浏览内容。③ 微信朋友圈推送广告的行为并未影响用户正常使用网络。故《广告法》第四十四条中的一键关闭功能针对的仅为互联网页面以弹出等形式发布的广告,不宜扩大到其他的广告形式。故原告认为被告推送微信朋友圈广告形式违反《广告法》第四十四条的规定的主张,本院不予采信。

关于争议焦点四。根据原告提交的证据以及被告陈述在微信朋友圈推广广告的技术手段,无法判断被告在推广广告时是否查看和收集了原告的位置等个人信息。根据微信功能和手机操作常识可知,原告通常可以关闭自身手机的定位功能来避免显示和暴露自己的个人位置信息。既然原告选择开启手机定位功能,就应预见到其他用户或手机软件有可能通过定位知晓原告的位置信息。微信朋友圈并不等同于点对点发送接收的电子邮件,被告腾讯公司在原告微信朋友圈推送广告系基于双方之间《软件服务协议》的约定,被告并不具有明显的违约行为。原告未能提供有效证据证明被告在推送广告的过程中查看了原告微信朋友圈信息内容并收集原告的个人位置信息,对于原告主张的相关事实，本院不予采信。故对原告要求被告停止利用原告个人信息进行朋友圈定向广告推送并向原告赔礼道歉的诉求，本院不予支持。

综上所述，依照《中华人民共和国合同法》第六十条第一款，《中华人民共和国民事诉讼法》第六十四条第一款之规定，判决如下：

驳回原告宋天霖的全部诉讼请求。

本案案件受理费100元，由原告宋天霖负担。如不服本判决，可在判决书送达之日起十五日内，向本院递交上诉状，并按对方当事人的人数提出副本，上诉于广东省深圳市中级人民法院。

审判长　　赵振洋

人民陪审员　熊胜虎

人民陪审员　潘　志

二〇二〇年十二月一日

书记员　梁　畅

三、参赛感悟

高　越：

通过参加"小城杯"公益之星创意诉讼大赛，我的实践能力得到了提升，思维能力得到了拓展，也坚定了我未来的职业方向。最令我印象深刻的是，复赛时来到美丽的华东政法大学，聆听上一届"小城杯"公益之星创意诉讼大赛获得第一名奖项团队的队员，就是"华政同学诉上海迪士尼"案的原告王同学与我们分享诉讼的经历，我的内心无比澎湃。其他参赛团队的汇报也让我频频感慨，一方面，赞叹各支队伍选题的深度和对生活细节的捕捉；另一方面，钦佩选手们缜密的逻辑和深厚的法学功底。比赛虽然结束了,但"小城杯"深远的意义仍在影响着千千万万的法律人,比赛必将越办越好!

孙云森:

能够参加"小城杯"公益之星创意诉讼大赛,是我本科学习阶段的一大幸事。这段经历带给我的,不只是一次宝贵的实践体验,更是一堂别开生面的法律情怀课程,这堂课程的教师不是教授学者,而是一个个有温度的法学生。法律程序启动和运行的成本是高昂的,当参赛选手不惜花费巨大代价去启动它,有的仅仅是为了一元钱、一次退费,甚至一次拒绝的权利时,我便清楚,他们要的不只是这些,他们追求的是一种对外的反射,是正向的社会效应。作为参与其中的一员,我感受到了权利的温度,也为自己作为法律共同体的一份子而感到欣喜。

宋天霖:

第一次听闻"小城杯"公益之星创意诉讼大赛,还是从华政学子诉迪士尼的新闻中得知,后来又在一次聊天中和几位法学院的朋友谈及此事,便也顺着话题聊起来有关公益诉讼的一些想法。交谈中,大家一致认为,随着互联网经济的发展,网络服务提供者对于广告投放和个人信息获取与利用的方式,存在着极大的漏洞和隐患,更有甚者,已存在对于个人隐私和个人信息的明显侵犯。在新型社会关系面前,法律不可避免地会带有些许滞后性,当时《个人信息保护法》还没有出台,有关广告投放和个人信息侵权的案例可谓凤毛麟角。在之后的一段时间里,我们又就这一话题进行过几次深入的探讨,最终决定借助"小城杯"公益之星创意诉讼大赛,将自己的一些见解和想法付诸实践,并选定了微信朋友圈广告的个性推送行为提起诉讼。因为疫情的原因,诉讼的过程经历了线上和线下的多次反复,最终的判决也并没有取得一个积极的成果,但对我们来说也算是一次积极的尝试吧。

王宇凡：

为什么选择腾讯公司作为被告？一方面，主要是其产品受众广泛，社会影响较大。作为通信行业的巨头，腾讯旗下"QQ""微信"两大应用的用户规模不断攀升，考虑到产品庞大的用户基数，腾讯对单个用户的侵权行为有转化为大规模侵权的潜在风险；另一方面网络法研究起步晚，用户维权面临困境。"精准推送"的背后是信息处理者凭借结构化的用户信息，利用算法程序进行的杀熟决策。在举证方面，用户个人难以提供充分证据证明腾讯公司在微信朋友圈推送广告时查看了其朋友圈信息，利用 Cookies 痕迹、关键词调用等方法同样可以形成用户画像。在学理方面，隐私与个人信息保护的关系尚未厘清。因此，团队选择从"隐私协议格式条款无效"的路径入手开展维权，其结果虽不如人意，但也达到了初步的目标。

郑箫桐：

虽然该案遗憾败诉，但在从起诉到应诉的过程中，我与小伙伴们在不断地探究与讨论中学到了很多，不仅了解了起诉应诉的流程，也感受到了实务与理论的差距。宝贵的参赛经历让我更坚定了学习法律的决心，也更激励着我在未来尽己所能，为这个社会做些什么。这个世界虽有很多的不完美，但只要我们不断去发现这些不完美，然后找寻办法去解决，世界必将更美好，这或许正是像我们这样的法律人所肩负的历史使命。

四、指导律师点评

微信作为腾讯推出的一款即时通信服务应用程序，已成为人们日常生活交往中必不可少的工具。但很少有人关注到，社交互动的过程也是营销的绝佳时机，很多企业看中了朋友圈的商业价值，频繁向微信用户的朋友圈投放广告，这种普遍存在的情况，影响了微信用户的使用体验，用户无法拒绝接收，该行为违反了《广告法》《消费者权益保护法》的相关规定，且腾讯对于相关格式条款也没有尽到合理的提示说明义务。参赛团队以《腾讯隐私政策》中部分广告条款无效诉诸人民法院，请求法院判令腾讯停止在朋友圈向原告发送商业广告，寻求司法救济。在民事起诉状中，团队成员充分阐述了法理及事实依据，最终成功立案。

随着公众对以互联网技术公司为基础的服务平台的依赖性逐渐增强，无论是广告投放，还是个人信息保护方面，都存在很多共性的侵权问题。虽然该案在比赛期间没有获得最终的裁判文书，但作为仍在学校攻读的团队成员来说，履行社会责任，依靠法律武器使维权更具普惠价值，远比比赛的结果更有收获。可以说，这已经转化为公益诉讼活动的成果。

——上海小城律师事务所　季思闻

"Colourpop 旗舰店"网络购物合同纠纷案

一、导 读

　　如今,发达的电子商务是中国经济发展的一大重要特征。中国电商发展的优势就在于便携的一站集合式电商平台、央行监管下的第三方支付机构和完整多样的物流链。众多海外品牌也因为这样的中国特色而在中国设立办事处或分公司,瞄准中国线上市场,利用中国的便利条件和优惠政策发展跨境电子商务。但是,巨大的利润空间也导致交易链条中产生了大量的代购和假货贩卖商,一些恶意经营者通过制假售假欺骗消费者,使消费者在错误的认知下完成付款交付,造成经济损失。此外,恶意经营者由于在生产原料和生产过程中压缩成本,导致其原料和生产工艺达不到国家要求的安全和卫生标准,有威胁消费者身体健康和生命安全的隐患。

　　打击制假售假和商标抢注是保护消费者权益、尊重知识产权、维护市场秩序的必然要求和重要手段。一方面,制假售假是一个产业链,其原料供应、产品生产、商标制作、贴牌包装、销售和售后全过程可能由一个企业运营,但更普遍的是通过不同企业的合作、交易、互相控股来实现,这个产业链趋于规模化、复杂化,制止制假售假可能将涉及众多企业主体,而其中的权利义务与违法性判断又十分复杂;另一方面,恶意的商标抢注对国际贸易和国际知识产权的保护也十分不利。

2019 年 10 月,有网友在网上反映在淘宝旗舰店"买到的 Colourpop 产品质量不太对",团队由此开展网络比对检索确定问题,2020 年一季度团队与媒体联系获取信息,分别从淘宝、京东、微信小程序购买了 DGAF 单色眼影,2020 年 6 月起采取诉讼、向行政机关举报等方式尝试多元化解决纠纷机制。

(1)诉讼。2020 年 6 月团队向北京互联网法院提起诉讼,分别要求 Colourpop 生产者和经营者退回产品购买价款并支付 500 元惩罚性赔偿。京东一案,2020 年 7 月依照我方诉讼目的达成调解,2020 年 8 月法院出具调解书;淘宝一案,2020 年 10 月 19 日开庭审理,后依我方诉请当庭调解。

(2)举报。2020 年 8 月起,团队先后多次拨打两公司所在地即广东省、东莞市、虎门镇三级工商部门电话和 12315 热线,尝试投诉途径。但由于相关主管部门不明确等多种原因,该途径未能得到积极反馈。

参赛成员

樊羽萌:中国政法大学法学院法学学士、法律(法学)硕士。

张馨心:中国政法大学国际经济法学院硕士。

宋静雯:中国政法大学法学院硕士。

牛　童:中国政法大学法学院硕士。

余　萍:中国政法大学国际经济法学院硕士。

二、案情回顾

(一) 起因

2019 年 10 月,团队在参加"小城杯"比赛选题阶段,注意到有网友在网上反映淘宝旗舰店"买到的 Colourpop 产品质量不太对"。Colourpop 美妆品牌 2014 年成立于美国,随后凭借 yesplease 眼影盘等热门产品快速席卷全球,2019 年 10 月其 Instagram 就收获超过 1 800 万个赞和评论,该数据在美妆排行榜上比第二名高出 40% 以上。由于该美妆品牌与商场入驻的常见的化妆品品牌相比较为年轻,在中国线下可购买渠道不多,因此很多网友选择在快速便捷的互联网终端线上购买。这种见不着面的购物方式虽然看似方便,却给消费者的知情权增加了挑战。

为尝试多元化解决纠纷机制,我们分别从淘宝、京东、微信小程序购买了 DGAF 单色眼影,分别针对这三件商品采取诉讼、向行政机关举报等方式开展尝试。

2019 年 12 月 12 日,樊羽萌在淘宝 App 上经营的"Colourpop 旗舰店"中以 40.5 元人民币的价格购买了色号为"DGAF"的单色眼影,宋静雯在微信小程序上经营的"Colourpop"店铺中以 53 元人民币的价格购买了色号为"DGAF"的单色眼影,牛童在京东 App 上经营的"Colourpop 旗舰店"中以 43 元人民币的价格购买了色号为"DGAF"的单色眼影。

通过对比三家店铺商标、陈列产品、产品颜色、价格、销量和品牌认可度宣传,并出于对淘宝旗舰店等渠道商品是正品的信任,团队认定这些店铺是世界知名彩妆品牌、美国"Colourpop"的官网销售渠道,并因此分别在上述渠道购买了相关产品。商品到达后,团队将商品与美国品牌"Colourpop"的官方网站 https://colourpop.com/购买的同款产品进行比对,却发现这些打着美国同名品牌旗号、销量惊人的产品,从产品质量与包材做工的精致度上均与美国官网产品存在明显区别。产生疑虑后,团队在网络上对该店铺关键词进行搜索,发现美国"Colourpop"的官方微博中声明上述渠道均与其品牌无关,且有众多消费者发声表示其与原告一样受到了这些渠道宣传的误导,上当受骗。

（二）法理分析

《广告法》第二十八条规定,广告以虚假或者引人误解的内容欺骗、误导消费者的,构成虚假广告。广告有下列情形之一的,为虚假广告:(2)商品的性能、功能、产地、用途、质量、规格、成分、价格、生产者、有效期限、销售状况、曾获荣誉等信息,或者服务的内容、提供者、形式、质量、价格、销售状况、曾获荣誉等信息,以及与商品或者服务有关的允诺等信息与实际情况不符,对购买行为有实质性影响的;……(5)以虚假或者引人误解的内容欺骗、误导消费者的其他情形。

《反不正当竞争法》第六条规定,经营者不得实施下列混淆行为,让人误认为是他人商品或者与他人存在特定联系:(1)擅自使用与他人有一定影响的商品名称、包装、装潢等相同或者近似的标识;(2)擅自使用他人有一定影响的企业名称(包括简称、字号等)、社会组织名称(包括简称等)、姓名(包括笔名、译名、译名等);(3)擅自使用他人有一定影响的域名主体部分、网站名称、网页等;(4)其他足以使人误认为是他人商品或者与他人存在特定联系的混淆行为。第八条第一款规定:经营者不得对其商品的性能、功能、质量、销售状况、用户评价、曾获荣誉等作虚假或者引人误解的商业宣传,欺骗、误导消费者。第二十条规定:经营者违反本法规定,给被侵害的经营者造成损害的,应当承担损害赔偿责任,被侵害的经营者的损失难以计算的,赔偿额为侵权人在侵权期间因侵权所获得的利润;并应当承担被侵害的经营者因调查该经营者侵害其合法权益的不正当竞争行为所支付的合理费用。

《商标法》第十三条规定:为相关公众所熟知的商标,持有人认为其权利受到侵害时,可以依照本法规定请求驰名商标保护。就相同或者类似商品申请注册的商标是复制、模仿或者翻译他人未在中国注册的驰名商标,容易导致混淆的,不予注册并禁止使用。就不相同或者不相类似商品申请注册的商标是复制、模仿或者翻译他们已经在中国注册的驰名商标，误导公众，致使该驰名商标注册人的利益可能受到损害的，不予注册并禁止使用。

2019 年 8 月 1 日国务院办公厅发布的《全国深化"放管服"改革优化营商环境电视电话会议重点任务分工方案》中提到"加强社会信用体系建设，大力推进信用监管，推行承诺制，让市场主体和公民讲诚信，对违背承诺、搞虚假承诺甚至坑蒙拐骗的，一经发现要严厉惩罚"，在具体措施中更是明确指出要"推进知识产权领域信用体系建设"。

《消费者权益保护法》第八条规定：消费者享有知悉其购买、使用的商品或者接受的服务的真实情况的权利。消费者有权根据商品或者服务的不同情况，要求经营者提供商品的价格、产地、生产者、用途、性能、规格、等级、主要成分、生产日期、有效期限、检验合格证明、使用方法说明书、售后服务，或者服务的内容、规格、费用等有关情况。第十条规定：消费者享有公平交易的权利。消费者在购买商品或者接受服务时，有权获得质量保障、价格合理、计量正确等公平交易条件，有权拒绝经营者的强制交易行为。第四十条第一款规定：消费者在购买、使用商品时，其合法权益受到损害的，可以向销售者要求赔偿。销售者赔偿后，属于生产者的责任或者属于向销售者提供商品的其他销售者的责任的，销售者有权向生产者或者其他销售者追偿。第五十五条规定：经营者提供商品或者服务有欺诈行为的，应当按照消费者的要求增加赔偿其受到的损失，增加赔偿的金额为消费者购买商品的价款或者接受服务的费用的三倍；增加赔偿的金额不足五百元的为五百元。法律另有规定的，依照其规定。

对照上述法律，团队分析认为：对方的虚假宣传、欺诈行为已损害了消费者的知情权、自由选择权，也令广大消费者对真正的美国品牌"Colourpop"产生错误的差评认知，同时造成了公众对于主流电商平台和平台其他店铺的不信任,从长远角度来看,这甚至会动摇市场正常的竞争秩序,打击市场自主创新能力。

(三)调研

起诉、举报之前,团队分别从淘宝、京东、微信平台对卡拉泡泡产品的评论汇总、反馈以及卡拉泡泡产品宣传进行对比。限于篇幅,以下仅汇总京东店铺"Colourpop 旗舰店"部分评论。

因品牌信赖而被误导的消费者评价,因产品质量问题产生的差评,因产品商标抢注、品牌造假产生的差评(图1)。

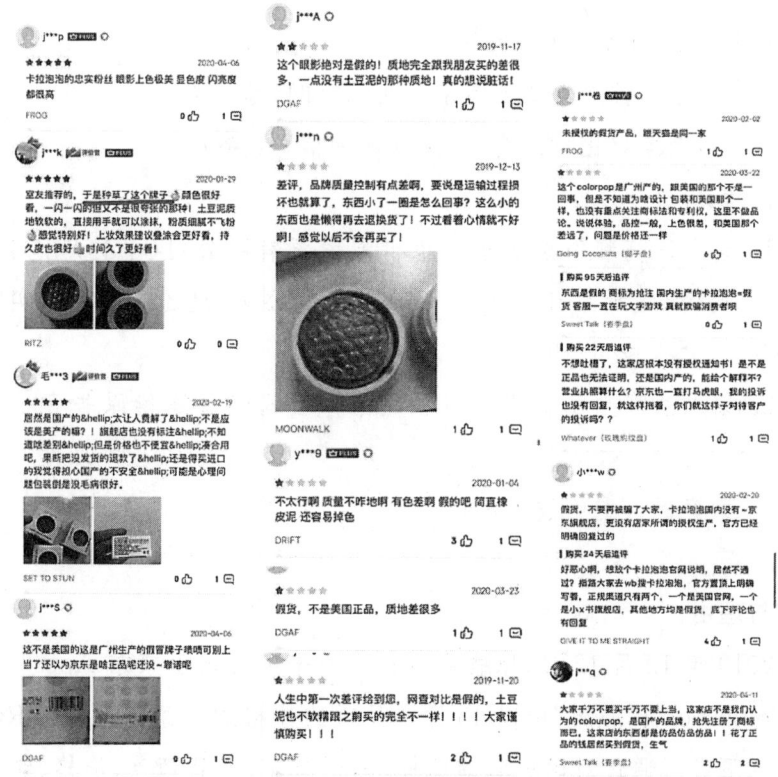

图 1　京东店铺"Colourpop 旗舰店"部分评论

（四）起诉

2020 年 4 月 17 日,樊羽萌、宋静雯、牛童 3 人以集体原告的身份起草了起诉状,后为尝试多元化解决纠纷机制,团队决定采取分诉的方式,5 月 15 日以牛童、樊羽萌个人名义向北京市互联网法院提起诉讼（以下仅录牛童起诉状）。

附一：民事起诉状

起 诉 状

原告： 牛　童（详细信息：略）

被告： 东莞市卡拉泡泡商贸有限公司（详细信息：略）

被告： 广州黛洛妃化妆品有限公司（详细信息：略）

诉讼请求：

1. 请求法院判令被告东莞市卡泡商贸有限公司（下称卡泡公司）和广州黛洛妃化妆品有限公司（下称黛洛妃公司）退还原告牛童实际支付价款 43 元人民币。

2. 请求法院判令卡泡公司和黛洛妃公司增加赔偿原告 500 元人民币。

3. 本案诉讼费由被告承担。

事实与理由：

2019 年 12 月 12 日,原告牛童在广州卡泡公司于京东 App 上经营的"Colourpop 旗舰店"中以 43 元人民币的价格购买了色号为"FROG"的单色眼影。通过对比该店铺商标、陈列产品、产品颜色、价格、销量和品牌认可度宣传,并出于对淘宝旗舰店渠道商品是正品的信任,原告认定这些店铺是世界知名彩妆品牌、美国"Colourpop"的官网销售渠道，并因此在店铺内购买了相关产品。商品到达后，原告将产品与美国品牌"Colourpop"的官方网址 https：//colourpop.com/购买的同款产品进行比对，发现这些与美国品牌同名的产品在从产品质量到包材做工的精致度上均与美国官网产品存在明显区别。产生疑虑后，原告在网络上对该店铺关键词进行搜索，发现美国"Colourpop"在其官网和官方微博账号中声明上述渠道均与其品牌无关，且已有众多消费者发声表示其与原告一样受到了这些渠道中虚假广告和虚假宣传的误导，上当受骗。

原告在淘宝网"Colourpop 旗舰店"的工商资质栏中查询后发现，该店铺的运营公司名为"东莞市卡泡商贸有限公司"，本案中原告购买产品的生产方、Colourpop 商标所有者均为黛洛妃公司。二被告借知名美妆品牌旗号，仿冒包装、名称、品牌标识，伪造产品产地，进行虚假宣传和广告的行为，严重损害了原告的知情权。

根据《消费者权益保护法》第八条、第四十条第一款、第四十五条的规定，消费者在购买产品时合法权益受到损害，或因经营者利用虚假广告或其他虚假宣传方式合法权益受到损害的，可以向经营者和有责任的生产者索赔；根据《消费者权益保护法》第五十五条规定，经营者提供商品或者服务有欺诈行为的，应当按照消费者的要求增加赔偿其受到的损失，增加赔偿的金额为消费者购买商品的价款或者接受服务的费用的三倍；增加赔偿的金额不足五百元的，为五百元。

综上，原告为维护自身权益，依照《中华人民共和国民事诉讼法》第二百八十五条、《最高人民法院关于适用〈中华人民共和国民事诉讼法〉的解释》第二十四条和第二十五条的规定，特向贵院提出诉请。为保障消费者权益，尽可能制止扰乱市场秩序的欺诈和虚假宣传行为，维护交易安全与信赖,谨请贵院依法支持原告的诉讼请求。

此致

北京市互联网法院

原告:牛童

2020 年 5 月 15 日

附二:原告证据清单

1.《各渠道店铺经营者汇总》

2.《淘宝评论汇总》

3.《京东评论汇总》

4.《视频播放平台评论反馈》

5.《微博平台部分文字评论反馈》

6.《卡拉泡泡产品宣传对比》

(五)调解

北京互联网法院受案后,于 2020 年 8 月 11 日立案,组织双方进行诉前调解,后依照团队诉讼目的达成调解。2020 年 8 月 27 日,法院出具民事调解书。

附:北京互联网法院民事调解书

民 事 调 解 书

(2020)京 0491 民初 23685 号

原告:牛童(详细信息:略)

被告:东莞市卡泡贸易有限公司(详细信息:略)

被告:广州黛洛妃化妆品有限公司(详细信息:略)

二被告共同委托诉讼代理人：（详细信息：略）

原告牛童与被告东莞市卡泡贸易有限公司、广州黛洛妃化妆品有限公司网络购物合同纠纷一案,本院于 2020 年 8 月 11 日立案后,依法适用简易程序进行了审理。

原告牛童向本院提出诉讼请求：① 判令二被告退还原告实际支付价款 43 元。② 判令二被告赔偿原告 500 元。

事实与理由：

原告于 2019 年 12 月 12 日在京东 App 上"Colourpop 旗舰店"购买了色号为"FROG"的单色眼影,价格为 43 元。原告收货后发现该眼影与美国品牌同名的产品存在明显区别,且该店铺与美国"Colourpop"无关。被告东莞市卡泡贸易有限公司是"Colourpop 旗舰店"的经营者,被告广州黛洛妃化妆品有限公司为涉案商品的生产方和 Colourpop 商标的所有者。原告认为,两个被告借知名美妆品牌旗号,仿冒包装、名称、品牌标识,伪造产品产地,虚假宣传,损害了原告作为消费者的合法权益。因此,原告诉至法院,请求判如所请。

本案在审理过程中,经本院主持调解,当事人自愿达成如下协议：

第一,被告东莞市卡泡贸易有限公司向原告牛童一次性支付 543 元（已支付）。

第二,案件受理费 25 元由被告东莞市卡泡贸易有限公司负担,由于该笔费用已由原告牛童预交,故由被告东莞市卡泡贸易有限公司向原告牛童支付 25 元。

第三,双方就本案再无其他争议。

上述协议,不违反法律规定,本院予以确认。

本调解书经各方当事人签收后，即具有法律效力。

审判员　李威娜

法官助理　崔晓光

二〇二〇年八月二十七日

书记员　张　勇

而樊羽萌的起诉，北京互联网法院受案后不久，法院给樊羽萌发来以下短信："您好，您参与的'樊羽萌与卡泡商贸有限公司等网络购物合同纠纷一案'，案号为(2020)京 0491 民初 22617 号，我院已决定于 2020 年 10 月 19 日 10：30 进行互联网开庭，已安排送达开庭通知书，请您提前登录互联网法院电子诉讼平台（http：www. bjinternetcourt. gov. cn）。"

在 2020 年 10 月 19 日开庭审理过程中，法院组织双方进行调解，最终根据起诉方诉请，以当庭调解为结果。

虽然以上两案均以调解为结果，但最直观的成果之一是，被告两个公司均迅速在京东、淘宝旗舰店的商品详情页中将其产品与美国品牌做出了区分。

三、参赛感悟

樊羽萌：

比赛选题阶段，就"对这样一个只在美妆圈内流行的品牌较真，意义到底大不大？"的问题，团队其实也曾有过不小的争议。从竞赛角度考虑，我们选题的普适性确实远不及其他队伍，以至于它显得不够"讨喜"。但我们认为，Colourpop 不仅仅是一个美妆品牌，它更是当下无数国内产业的缩影。与那些价格高昂的产品不同，Colourpop 的商品定价较低，相比金钱、时间成本高昂的诉讼途径，投诉途径几乎是普通消费者会采取的唯一维权手段，但通过尝试，我们也发现通过投诉达到维权目的几乎不可能。这也就是虽然两家公司单月销售额超过 500 万元、被侵权消费者数量众多、无数人在平台表达不满，却没一个人站出来动摇该侵权经营模式的原因。

诸如 ManoloBlahnik、3CE、ETUDEHOUSE 以及本案中的 Colourpop 这种抢注境外商标售卖假货的行为，不仅是对国内消费者权益的侵害，更深层次的是对中国品牌自信、中国制造自信潜移默化的侵蚀。非常感谢指导律师张艳玲老师的帮助与付出。这次竞赛经历，让我对自己能为社会做什么、要为社会做什么、敢为社会做什么有了更深刻的认知。决赛后，一位评委说："你们提出的问题涉及消费者权益，社会有关部门确实没有引起足够的重视，但也说明你们的努力是有意义的。"格物致知，于细微处见精神，这大概是公益诉讼竞赛的意义之一吧。

张馨心：

参加本次比赛，感触最深的是全体参赛队伍的选题之新颖、涉及问题之迫切。我们的选题是基于爱好美妆的女孩子们被商家欺骗售假的"切肤之痛"，其他参赛队伍的选题或同样涉及人们日常消费中的陷阱和骗术或涉及日常生活中的数据安全保护缺乏。"小城杯"让我们将许多隐蔽在看似平和的生活轨迹中的不正常、不公平、不合理的问题暴露现世，并采用公益诉讼及类似效力的法律途径来正当地解决问题，这便是我感受到的"小城杯"的作用所在。"小城杯"几乎是一年一度的高校版的法学"3·15"晚会，让身在象牙塔中的法学生们有了一个面向法律实践和社会实践、平衡各方利益群体、加深对所学法律知识理解的重要契机。

宋静雯:

"该怎么去形容你最贴切,拿什么跟你做比较才算特别?"当我在上海写这篇参赛感悟时,内心生出一种人生恰好的感慨,一个在北京念了6 年法大的南京人,因为第六届"小城杯"公益之星创意诉讼大赛和上海结下美丽的缘分,毕业后来到上海工作、生活,感恩"小城杯"这根红线为我点亮了新城市的地图,也为我撰写了新生活的开篇。

"对你的感觉强烈,却又不太了解,只凭直觉。"初了解比赛,是因为曾在微博上看到有关过往比赛案例的热搜讨论,没什么真实诉讼经验的一群初生牛犊就敢报名。比赛过程中我们遇到很多想不到的挑战,没有人告诉我们标准答案是什么。诉讼中的决策可不可以有更好的表达方式,怎样收集到更多关于涉案品牌的真实用户反馈,甚至是汇报的PPT 这一页如何做得更加直观清晰,每个问题的答案都是我们给自己的礼物,感谢连礼物包装盒都要系上丝绒蝴蝶结的各位队友。

"像手腕上散发的香水味,像爱不释手的红色高跟鞋。"我们做到的,只是微微幽幽的千丝万缕;我们期待的,更是点点繁星的光芒闪耀。个案赋公益,"小城"讲大爱。感念比赛的经历,在指导老师及赛事组委的保驾护航下圆满走完这段旅程。

牛 童:

这次诉讼与举报,围绕维护消费者的知情权、自由选择权,阻遏扰乱市场秩序的不正当竞争行为、维护交易安全与商业信赖,通过实践强化"互联网+"思维深入司法领域,在网络消费侵权案件中解决个人消费者限于势单力薄而维权受阻的难题。在具体环节上,首先,我们通过调查取证,证实不特定众多消费者在商品选择上确实被商家的"混淆商标"、不实宣传所误导,即消费者的知情权受到侵害;其次,我们通过调查取证,证实消费者在被诱导的主观混淆下错误进行了消费行为,导致所购买的产品质量与内容和预期明显不符,即消费者的选择权受到侵害;最后,我们通过调查取证,证实有的商家的商业行为(包括商标"抢注"行为、不实广告宣传行为)与消费者权益损害的因果关系。最终,达成被告方根据我方诉请当庭调解,停止侵害行为的目的。

余 萍:

当初,团队的期望值比较高,想在诉讼中对损害赔偿进行尝试探索。其一,关于对消费者权益造成的损害的数额。从本案来看,消费者错误购买的商品和心理预期中的商品在质量、类型、使用体验上的损害是难以正确估算的,因而采用侵权期间违法所得的思路相对较为可行。其二,关于损害赔偿金额的分配。团队曾设想参照损害赔偿金的"提存制度"。此处的"提存制度",是指在确立消费民事公益诉讼损害赔偿制度的条件下,将胜诉判决的损害赔偿金交付提存机关,遭受实际损害的消费者可通过消费凭证和相关证据领取赔偿,剩余部分则纳入消费者公益基金。在消费民事公益诉讼中引入提存制度,可以综合解决消费民事公益诉讼中诸多问题。

四、指导律师点评

在第六届"小城杯"公益之星创意诉讼大赛中,我有幸与来自中国政法大学的学霸们组队,成为他们的指导老师。由于选择的公益诉讼是关于商标抢注侵害消费者权益的案件,我们的队名是"京城打假队"。队员们非常认真,他们查阅了大量的资料,做了充分的准备。作为指导老师,我在诉前、诉中及调解过程中给出了专业方面的指导意见。历时近一年,该案最终以被告同意赔偿、调解结案。"京城打假队"也在大赛中取得了二等奖的好成绩。

通过参加这样的比赛,学生和指导老师都收获颇丰,而这样的公益诉讼给社会带来的正能量更是不可估量的。公益维权路漫漫,希望"小城杯"公益之星创意诉讼大赛能一直举办下去,并且越办越好!

——上海志致远律师事务所　张艳玲

京东健康互联网诊疗案

一、导 读

2018 年以来，国内互联网医疗行业进入快速发展期，已衍生出互联网诊疗、互联网医院、远程医疗、互联网健康咨询、互联网医药及互联网护理等多种业务模式。根据易观分析发布的《2020 年中国互联网医疗年度分析报告》，2019 年中国移动医疗市场规模为 1 336.88 亿元，较2018 年环比增长 35.6%。尤其是新冠肺炎疫情暴发以来，从各大互联网公司及医疗机构自发上线互联网医疗服务，到国家卫健委下发通知明确要求利用好互联网医疗资源，互联网医疗服务的应用快速地走到了大众的视野中。然而，国内互联网医疗蓬勃发展的背后，潜藏着的是诸多挑战和问题，法律法规的不健全、监管的不到位等，让这个与人民群众生命健康利益休戚相关的产业蒙上了一层灰色的阴影。在法治建设如火如荼开展的当下，互联网不是法外之地，网络诊疗自然也不例外。

本案由团队一名成员一次互联网诊疗引起，由于京东健康提供的医生存在资质问题，无法使这名成员获得有效诊疗服务，因此我们有权要求京东健康平台退回 6 元咨询费（后平台退回 6 元咨询费）。而医生的行为构成侵权，由于我们对医生的具体信息毫不了解（医院也不提供），难以通过提起侵权之诉的方式要求其承担相应的赔偿责任。鉴于此，团队放弃通过民事诉讼的途径维护权利，采取联系消协、卫健委的方式推进问题解决。首先，团队在国家信访局"手机信访"客户端上进行举报，推动相关部门对京东的行政处罚，并对该名医生执行拘留。其次，团队打电话向银川市卫健委反映，银川市卫健委承诺，称后续会对所有互联网医生进行严格审查。此外，团队还通过抖音、公众号、微博等网络平台对该事件进行曝光，均得到了市民的广泛关注。

参赛成员

周寅子：复旦大学法学硕士，刑法学方向。

张雨欣：华东政法大学非法本法律硕士。

陈　圆：复旦大学法律硕士，卫生法学方向。

常金凤：复旦大学非法本法律硕士，卫生法学方向。

王军华：复旦大学法学院学生。

二、案情回顾

（一）起因

2020 年 10 月 17 日，陈圆因眼睛发痒在京东 App 上点击"京东健康"进入互联网医院进行线上问诊，京东健康系统分配眼底科钱兵医生进行就诊，从 10:43 与医生联系沟通到 10:52 医生开具处方，就诊仅用时 10 分钟，其间医生并未实际查看陈圆的眼睛状况（也没要求陈圆拍摄眼睛发痒时的照片），医生如此草率就开具处方的行为令陈圆有所顾虑。

钱医生诊疗后，京东系统会给患者"咨询总结"，而患者通过点击医生发出的"用药建议"即可购买药品,本次诊疗共开具两种药物:盐酸奥洛他定滴眼液和氯雷他定片,患者通过京东药店即可购买此两种药物,药物通过邮寄的方式寄送到指定地址。

出于陈圆对 10 分钟快速互联网诊疗的不信任,团队首先查询了"京东健康"中钱兵医生的个人资料,发现其头像是明星,并非本人照片,随后产生怀疑,团队查询了中华人民共和国国家卫生委员会官网"医生执业注册信息查询",发现并不存在该名执业医生。钱兵作为一名眼底科"主治医师"却不是执业医师,让团队十分惊讶。本着严谨的态度和出于对"医生执业注册信息查询"网站信息滞后的考量,团队登录了钱兵医生所在的"兵器工业五二一医院"(位于陕西省,下称五二一医院)网站,经过该医院官网对钱兵医生进行查询,仍一无所获,遂产生该医生并无执业资格、存在非法行医可能性的质疑。陈圆于 2020 年 10 月 26 日拨打五二一医院官网联系电话,询问该医院是否有这名钱兵医生,医院明确回复不存在钱兵这个人。钱兵"医生"究竟是何人? 其究竟是如何通过京东平台的医生资质审核的?

在京东的介绍中钱兵医生为眼底科的主治医师,团队却无法在网络上检索到钱兵医生的执业注册信息,带着对钱兵医生资质的怀疑,陈圆向京东第一次申请了退款,被京东客服(官方)告知"有的医院只展示部分医生,不是全部医生"。

陈圆差点被客服说服,团队决定致电五二一医院再次查证钱兵。

陈圆通过五二一医院官网找到官方电话,向工作人员表明来电原因,请工作人员帮忙查找医院是否有一名叫钱兵的医生,半小时后工作人员回电,称全院并无一名医生叫钱兵,陈圆再次向医院确定眼底科是否有一名主治医师叫钱兵,院方再次给出否定答复。至此,陈圆确认京东上钱兵医生的履历是假的,并再一次与京东官方客服交涉要求退款。

在第二次交涉中,京东客服没有就医生身份与资历问题进行辩解,只是反复申明,京东互联网医院的诊疗费无法退款。

(二) 法理分析

团队就陈圆 6 元诊疗费无法从京东平台追回,其中涉及的民事法律关系主要有:

第一,陈圆与平台构成合同关系。患者在京东健康 App 上可以搜到服务协议,即在使用京东健康互联网诊疗前,京东健康 App 会自动弹出格式条款,患者签署后方可进行咨询活动。根据协议内容,患者委托京东健康这一平台寻找有资质的医生进行线上诊疗,双方达成合意,构成合同关系。

第二,京东健康须承担违约责任。京东健康为患者提供的医生存在资质问题,且违反互联网诊疗不可首诊的规定,无法使陈圆获得有效诊疗服务,因此京东健康提供的互联网诊疗中介服务无法实现合同目的,属根本违约,患者有权要求京东健康平台退回 6 元咨询费。且该"医生"在这一合同关系中处于第三人地位,基于合同相对性原则,平台须承担违约责任。

《药品管理法》规定,第三方平台提供者应当向所在地省级药品监督部门备案。第三方平台提供者应当依法对申请进入平台经营的药品上市许可持有人、药品经营企业的资质等进行审核,保证其符合法定要求,并对发生在平台的药品经营行为进行管理。第三方平台提供者发现进入平台经营的药品上市许可持有人、药品经营企业有违反本法规定行为的,应当及时制止并立即报告所在地县级人民政府药品监督管理部门;发现严重违法行为的,应当立即停止提供网络交易平台服务。

而本次诊疗服务中,没有开具处方药资格的钱"医生"为陈圆开了处方药,属于违法行为,但京东健康没有停止网络交易,已属行为违法,据此平台必须承担违约责任。

从患者与医生的民事法律关系看：

第一，诊疗违背医学伦理。钱兵为陈圆配置了盐酸奥洛他定滴眼液和氯雷他定片，其中盐酸奥洛他定滴眼液属于处方药（Rx），氯雷他定片是非处方药（OTC），而处方药是必须凭执业医师或执业助理医师处方才可调配、购买和使用的药品，是指有处方权的医生所开具出来的处方，并由此从医院药房购买的药物。这种药通常都具有一定的毒性及其他潜在的影响，用药方法和时间都有特殊要求，必须在医生指导下使用。钱医生身份存疑，仅凭10分钟诊断即开具有潜在毒性影响的处方药是否合理有待商榷，该医生（哪怕其具有处方权和执业资格）违背医学伦理中的"有利原则"。

第二，诊疗过程不合法规。依照《互联网诊疗管理办法（试行）》第十六条规定：医疗机构在线开展部分常见病、慢性病复诊时，医师应当掌握患者病历资料，确定患者在实体医疗机构明确诊断为某种或某几种常见病、慢性病后，可以针对相同诊断进行复诊。当患者出现病情变化需要医务人员亲自诊查时，医疗机构及其医务人员应当立即终止互联网诊疗活动，引导患者到实体医疗机构就诊。不得对首诊患者开展互联网诊疗活动。京东互联网医院无权给首诊患者开展诊疗活动（换言之，互联网医院医生无权初诊）。第十八条规定：医疗机构开展互联网诊疗活动应当严格遵守《处方管理办法》等处方管理规定。医师掌握患者病历资料后，可以为部分常见病、慢性病患者在线开具处方。在线开具的处方必须有医师电子签名，经药师审核后，医疗机构、药品经营企业可委托符合条件的第三方机构配送。陈圆购药过程并未有医师电子签名，诊疗过程违法违规。

根据《银川互联网医院管理办法（试行）》第九条之规定：互联网医院应当确保在本机构注册的卫生技术人员资质正式、合法、有效，保存在册卫生技术人员的《医师资格证书》《医师执业证书》《职称证书》、身份证扫描件备查，并承担相应行为的法律责任。第十条规定：互联网医院的电子章应当向有关行政部门备案。在互联网医疗机构注册的执业医师、药师应经电子认证并取得的电子签名、签章，并在互联网医院进行备案管理。第十一条规定：互联网医院应接受银川市卫生计生委等部门的日常监督和管理，对注册的医师、药师执业信息和收费标准进行网上公示，电子处方、门诊病历、门诊日志应按相关规定进行管理，及时将相关信息向智慧银川大数据中心进行数据传输和备份。

综上，团队认为：第一，京东健康平台至少有一部分医生的资质无法保障（或许申请成为京东医生时有执业资格但在实际诊疗中因违规被吊销资格），甚至存在非法行医的可能（此时平台甚至是帮凶）；第二，互联网医生诊疗行为不规范，没有电子签名，诊疗行为过于草率，违反医疗服务合同；第三，互联网医生展开首诊和开具处方药的行为违反法律相关规定，银川京东互联网医院未能履行职责，构成根本违约。

（三）调研

针对京东健康平台线上诊疗服务，团队进行了一次问卷调查，共发放问卷 258 份，回收有效问卷 221 份。经过统计分析，团队发现在京东健康平台上医师的违规诊疗行为并不是个例，且平台方面也没有搭建好有效的维权渠道。

（1）互联网医师在首诊时即开具处方的比例较高。统计显示，互联网医师在首诊时即开具处方的比例达 50.89％，这也就意味着有一半患者可能接受了违规诊疗行为。

（2）医师诊断过程不严谨。购买过京东健康平台上互联网诊疗服务的患者表示，医师在下诊断结论之前询问了 3 个以内问题的比例为 19％，询问了 3～5 个问题的比例为 34.84％，超过一半的医师在询问 5 个问题以内即下达结论。

（3）网上药店存在违规出售处方药现象。19.91％的被调查者表示，他们曾经没有凭借医师开具的处方即成功地在京东健康平台的网络药店中购买到处方药。可见京东健康对于网络药店违规出售处方药的行为也缺乏有效监管，存在较大的安全隐患。

（4）患者（消费者）维权意识薄弱。在发现医师可能存在违规行为时，只有 20.81％的患者（消费者）向客服或有关部门举报或投诉过。此外，当患者（消费者）对于诊疗行为不满意时，只有 21.72％的人申请过退款。在 48 名申请了退款的人中，只有两名患者（消费者）退款成功。可见，在互联网医疗中，患者（消费者）的维权意识比较薄弱，且维权成功率比较低。

（四）诉讼准备

团队分析得出，由于陈圆没有购买医生开具药物，并未造成身体实际损害，平台对医生的行为并无共同故意，所以不构成共同侵权，不承担连带责任。因平台的行为尚不构成侵权，无法以侵权之诉起诉。医生在京东健康医疗服务合同关系中处于第三人地位，基于合同相对性原则，团队无法通过违约之诉起诉医生。团队欲提起京东健康违约之诉，主要理由有以下几点：

（1）京东健康与陈圆构成中介关系（居间关系），京东健康未履行居间人（中介人）义务。《合同法》第四百二十四条规定：居间合同是居间人向委托人报告订立合同的机会或者提供订立合同的媒介服务，委托人支付报酬的合同。（对应《民法典》第九百六十一条：中介合同是中介人向委托人报告订立合同的机会或者提供订立合同的媒介服务，委托人支付报酬的合同）。京东健康平台和陈圆构成中介（居间）关系，京东健康为陈圆提供线上诊疗医生问诊服务。《合同法》第四百二十五条规定：居间人应当就有关订立合同的事项向委托人如实报告。居间人故意隐瞒与订立合同有关的重要事实或者提供虚假情况，损害委托人利益的，不得要求支付报酬并应当承担损害赔偿责任。（对应《民法典》第九百六十二条：中介人应当就有关订立合同的事项向委托人如实报告。中介人故意隐瞒与订立合同有关的重要事实或者提供虚假情况，损害委托人利益的，不得请求支付报酬并应当承担赔偿责任）。居间人（中介人）京东健康负有报告义务，而京东健康或有可能隐瞒了医生的真实资质情况，损害陈圆利益，应当退还 6 元咨询费并承担赔偿责任。

若无法证明京东健康出于故意隐瞒，换言之，若是第三人钱兵通过欺诈的方式获取互联网医生多点执业资格的，则可通过以下途径进行诉讼。

（2）第三人违约之诉。《合同法》第六十五条规定：当事人约定由第三人向债权人履行债务的，第三人不履行债务或者履行债务不符合约定，债务人应当向债权人承担违约责任。（对应《民法典》第五百二十三条：当事人约定由第三人向债权人履行债务，第三人不履行债务或者履行债务不符合约定的，债务人应当向债权人承担违约责任）。陈圆和京东健康构成中介合同关系，京东健康约定由银川京东互联网医院聘任的钱兵"医生"作为第三人向债权人陈圆履行债务（即提供医疗问诊服务），而这一债务履行以钱兵"医生"持有医生执业资格证为前提，显然第三人钱兵"医生"不具备此资质，即履行债务不符合约定，构成违约，违约责任由债务人京东健康承担。

（3）京东健康根本违约，陈圆享有法定解除权。《合同法》第九十四条规定了法定解除权，其第四项规定：当事人一方迟延履行债务或者有其他违约行为致使不能实现合同目的，当事人可以解除合同。陈圆与京东健康合意构成合同，陈圆的合同目的是"通过京东健康平台进行线上问诊接受有效治疗"，而京东健康提供的"医生"不具备医生资质，那么诊疗结果不可信，陈圆并未实现合同目的，且不可能实现合同目的,京东健康构成根本违约,因此陈圆享有法定解除权,可以解除合同,要求京东健康平台返还不当得利的咨询费 6 元。

由此,团队感到,京东健康作为国内数一数二的大型互联网医院平台,与陈圆有类似遭遇的患者不在少数,故试提起如下诉求:

(1)解除和京东健康的服务合同,退还咨询费 6 元。

(2)要求京东健康平台在其诊疗界面提供相关医生的执业资格证书和多点执业证明。

(3)定期审查医生执业资格情况及其处方权并在平台公布。

(4)设置举报平台,在医生违规初诊并开具处方药时平台和患者都有举报的权利。

(5)定期公示与京东健康解除互联网医生关系的医生名单及其所属医院。

(五) 结果

由于医生在京东健康医疗服务合同关系中处于第三人地位,基于合同相对性原则,团队无法通过违约之诉起诉医生。医生的行为构成侵权,但由于团队对医生的具体信息毫不了解,难以通过提起侵权之诉的方式要求其承担相应的赔偿责任。鉴于此,团队决定放弃通过民事诉讼的途径维护权利,采取联系消费者协会、卫健委的方式推进问题解决。

在向消费者协会投诉后,消费者协会建议向当地卫健委举报。随后,团队向银川市地卫健委举报,很快卫健委回复:经查证该医生所持为假证,卫健委负责人已约谈京东健康负责人,并会进行相应行政处罚。陕西省雁塔区公安局已对该医生进行立案,这名假冒的钱姓医生已经被拘留。卫健委还称,后续将对所有互联网医院进行严格审查。

三、参赛感悟

陈　圆：

在"小城杯"公益之星创意诉讼大赛过程中，我们获得了将课本知识与实际问题相联系的实践机会，与志同道合的朋友一起维护社会公共利益，以自己微薄的力量推动互联网医疗合法合规的发展。虽然我们的参赛项目没有进入诉讼程序，但能够不断推进问题的解决，离不开国家信访局、银川市卫健委、陕西省某公安局的大力支持，是党领导下的各个国家机关共同努力的结果。比赛虽然结束，但公益事业永远在路上，我们将继续研究互联网医疗领域的法律问题，关注公益诉讼的发展，希望未来能为我国互联网医疗事业作出自己的贡献。

张雨欣：

在比赛过程中，我深刻体会到：将理论知识与具体的案件相结合并没有想象中那么简单，对于法条的理解并不仅仅在于对它能够熟练地表述，更重要的是如何将其运用到具体的案例中。整个比赛赛程漫长，在不断的交流、讨论中，我巩固了所学知识，也真正体悟到了法律的公平、公正、权威等精神内涵，为形成自我法律意识和法治信仰奠定了坚实的基础。

王军华：

法律的生命在于实践。通过参加"小城杯"公益之星创意诉讼大赛，我不仅加深了对于公益的认知与理解，而且发现法律问题、解决法律问题的能力得到了锻炼。非常感谢队友们的相互合作，我们一起面对问题，尝试了多种解决路径，为了共同的目标而努力；也非常感谢帮助我们的老师、律师们，从你们身上我学到了很多，遇到问题你们总能提出好的解决办法，总让人感到眼前一亮。法律之路漫漫，吾将奋力前行。

周寅子：

与我本硕学习期间所参与的其他比赛相比，参加"小城杯"公益之星创意诉讼大赛更有现实意义，真正让我参与了整个公益诉讼流程，从发现问题到分析问题，从向相关部门咨询问题到最后解决问题，这些环节环环相扣。取得的胜利并非一蹴而就，其间经历了不少困难，好在有指导老师的辛勤指导，有团队其他成员的不断鼓励，是团队的力量让我们克服各种挑战，顺利将比赛进行到底。

常金凤：

经过这次"小城杯"公益之星创意诉讼大赛，我感受到了公益诉讼的力量。首先，感谢主办方给了我们参赛的机会，因为这是我们自学习法律以来，第一次真真切切将理论应用于实践，正因为是第一次，当我们有疑惑时，指导律师都会及时耐心地给予解答和支持，让我们的比赛得以顺利的开展。其次，感谢我的队友，你们乐观的心态，遇到困难不轻言放弃的态度，以及在赛程中法律思想的碰撞都让我受益匪浅，我需要向你们学习。最后，公益诉讼对法治社会的建设和发展意义重大，是维护公众权益的重要途径，公益诉讼之路必将越来越宽广。

四、指导律师点评

参与此案的是五名勇敢的女孩子，她们与互联网巨头"抗争"，此案是追寻互联网新兴事物法律边界的一次有益尝试。

本案中，同学们先完成了对涉案事实的固定，通过京东健康平台的网上问诊服务，得到系统分配医生予以问诊开药，仅数分钟，即获得了处方单并购买处方药的资格。事后，同学们发现系统分配的医生在中华人民共和国国家卫生委员会官网"医生执业注册信息查询"一栏中查无此人,联系了系统公示的执业医院,医院也否认了有该名医生。之后,同学们分析了在民事上、刑事上向平台及医生追究责任的可能性,排除了多种方案,最终选择更具有实际操作价值并能够达到目的地向消费者协会举报、卫健委投诉的解决方式。

经查证,涉事医生所持的证件为假证,银川市卫健委负责人约谈京东健康负责人,并进行了相应的行政处罚;陕西省某公安局已对假医生进行立案调查;作为平台方的京东健康也以诈骗罪报案,要求严惩该名假冒医生。最为重要的一点,银川市卫健委称后续将对所有互联网医院进行严格审查。

同学们通过无数次的讨论、研判,也经历了数次归零重来的过程,其间也因为案件走向了刑事方向而有过犹豫和害怕。但最终,她们还是在规范互联网诊疗这一方向上做出了自己的努力。虽然从诊疗费上讲,不过是区区的 6 元钱,但作为一种通过互联网发展起来的新兴事物,其所触及的行业应当是严格监管、严肃监测的。同学们通过自己的行动,揭示了目前互联网诊疗服务存在的漏洞和风险,为所有人今后更便捷、更规范、更安全地使用该服务作出了努力,同时也践行了公益的目的,为公众树立了榜样。

——上海小城律师事务所　毛　莹

北京京都(上海)律师事务所　吴健慧

苹果公司 iPhone12 不配充电器案

在 2020 年 10 月 14 日苹果新品发布会上，苹果公司宣布，iPhone12 系列 4 款新手机均不随机赠送耳机和充电器。此举引发苹果用户的强烈吐槽。我们查询 Apple 产品某旗舰店也可发现 iPhone12 的销售页面购买须知中有一条关于包装的提醒，iPhone 不再随附电源配适器和 EarPods，包装盒内随附一根 USB‑C 转闪电连接线。当有人以消费者的身份咨询该店客服，得到的答复是"iPhone12 发布会后，全部的新包装 iPhone 都没有充电头和耳机"。当被问及为何做出这样的处理，客服表示，目前苹果官网已经发出声明，为实现环保和低碳目标，iPhone 手机将不再随附电源配适器和 EarPods 有线耳机。请使用现有的 Apple 电源配适器和耳机，或单独购买这些配件。根据客服提醒，有人在苹果官网找到"Apple Legal"（苹果法务）版块，并提交反馈意见，表达了从 iPhone12 系列开始不再配备电源适配器所引发的法律困惑，随即获得回复："我们无法亲自回复您，但请注意您的信息已收到，iPhone 团队将对您的信息进行审核。如果我们需要跟进您关于改进 iPhone 的想法，我们将直接与您联系。"显然，这是一种设定好的自动回复，提问者不可能收到苹果公司的来电或来函。

这种从物随主物转移而不转移的做法,引起了京沪两地大学生的"不满",他们认为,充电器和耳机作为手机产品的从物,生产者有义务在出售时配备充电器产品。苹果公司的历代手机产品都包含充电器和耳机,而其推出的新一代产品却不配备充电器和耳机,这种行为不符合社会正常交易习惯,侵犯了广大消费者的权利,徒增了消费者的负担。因而决定将销售 iPhone12 的苹果电子产品商贸(北京)有限公司告上法庭。

本案于 2021 年 5 月 14 日向苹果电子产品商贸(北京)有限公司所在地北京市东城区人民法院申请立案,2021 年 9 月 23 日,案件在北京互联网法院电子诉讼平台在线庭审,现场使用普通程序审理,庭审时间持续了 2 小时。大学生与被告律师隔着网线展开了激烈的交锋。2022 年 1 月 13 日,东城区人民法院作出驳回诉讼请求的判决。

伴随着诉讼的展开,"京沪两地法学生起诉苹果不送充电器"事件登上热搜,获得关注,近 5 万人在投票中表达了自己的观点。央广新闻、《解放日报》《上海法治报》等媒体对此作了报道。

参赛成员

方亦行:北京化工大学文法学院硕士。

肖滢滢:北京化工大学文法学院硕士。

唐　盈:北京化工大学文法学院硕士。

余思敏:北京化工大学文法学院硕士。

林嘉悦:东华大学人文学院硕士。

二、案情回顾

（一）起因

2020 年 11 月 13 日，方亦行购买了苹果公司生产的 iPhone12 手机，收到手机后，却发现该手机仅提供一条数据线，未配充电器和耳机。而手机充电器与手机在用途上紧密联系，必须结合使用才能发挥其效益。

团队了解到，自苹果公司停止配送充电器之后，争议不绝于耳。2021 年 1 月，就有来自西安市的消费者杨先生将苹果公司直接告上法庭，并提出 3 个诉讼请求：依法判令被告将 USB‐C 转闪电连接线无偿更换为 USB‐A 转闪电连接线，依法判令被告向原告提供与 USB‐A 转闪电连接线相配套的充电适配器，本案的诉讼费用由被告承担。案件在当时曾引发轰动，但苹果公司［苹果电子产品商贸（北京）有限公司］并未及时到庭，也无任何回应。

为达到诉讼目的，团队设置了 3 个诉讼路径：一是证明手机厂商提供充电器和耳机为行业惯例，所有手机厂商都提供充电器和耳机；二是证明手机与充电器、耳机是单一产品，手机与充电器、耳机之间具有紧密联系，在功能属性上不可分割，从消费者需求上来说也不可分割；三是厂商提供充电器为售卖手机的附随义务。

（二）法理分析

国家对于电池及充电器的安全技术规格有明确的强制性标准，如果消费者使用不符合安全技术规范的充电设备会对电池造成伤害，甚至会对消费者的人身及财产造成伤害。对于新用户来说，苹果公司不提供充电器且在 iPhone12 Pro 的销售界面未明确说明该手机应当配备何种类型的充电器,违反了《国家安全标准》中的经营者的安全保障义务。

《消费者权益保护法》第七条第二款规定:消费者有权要求经营者提供的商品和服务,符合保障人身、财产安全的要求;第九条规定:消费者享有自主选择商品或者服务的权利;第十五条规定:消费者因购买、使用商品或者接受服务受到人身、财产损害的,享有依法获得赔偿的权利;第四十八条规定:经营者对消费者未尽到安全保障义务,造成消费者损害的,应当承担侵权责任。

根据《侵害消费者权益行为处罚办法》第五条第(1)项规定:经营者提供商品或者服务不得有下列行为:(1)销售的商品或者提供的服务不符合保障人身、财产安全要求……,可以认定该商品存在不符合保障人身财产安全要求,按照《消费者权益保护法》第五十六条的规定,应当责令改正并对已购买的消费者进行补偿。

此外,苹果公司的产品保修规定明确:"我们的保修不对意外或者擅自改装造成的损坏提供保障",若消费者选择了其他途径购买充电器,一旦出现事故苹果公司并不担责。因此可以认为,苹果公司不提供充电器这一行为是在增加盈利的同时变相逃避责任。

手机厂商应当给手机提供符合质量安全的充电设备,这是约定俗成的消费习惯和自然而然的必然选择。法律总是有滞后性,之前没有规定手机必须配充电器是因为从来没出过这种事,因为没有哪家无良商家会做出这种行为,但苹果公司的行为已经不单单是一种商业行为,而是侵犯了消费者的合法权利。

(三)调研

起诉前,团队以问卷形式收集广大消费者对于苹果公司不配备充电器行为的意见并进行分析。

1. 问卷受众

（1）之前购买过苹果手机的消费者。

（2）之前未购买过苹果手机的消费者。

（3）新购买 iPhone12 手机的消费者。

2. 问卷问题

（1）您之前是否购买过苹果手机？

（2）若您知晓 iPhone12 不配备充电器，这是否会影响您购买本产品？

（3）若您购买 iPhone12，您是否会购买苹果新推出的 MagSafe 充电器，或苹果原装充电器？或自行购买其他品牌充电器？

（4）您认为苹果公司是否有免费配备充电器给消费者的义务？

（5）您认为苹果公司不配备充电器的行为是否损害了您的利益？

通过调研发现，大多数消费者对苹果公司不提供从物的销售手段感到不解与愤懑，但并没有及时采取行动维护自身合法权益，也有不少买家漠然待之。

通过分析得出，苹果公司存在违约行为，不仅怠于履行交付从物的附随义务，并难以保障消费者在使用产品过程中的人身安全。团队也意识到，对于侵害消费者公共利益的行为，消费者维护自身权益面临不少阻碍：一是由于诉讼双方经济地位悬殊，维权往往以失败告终；二是即使最后得到赔偿，消费者也可能会付出极大的诉讼代价。

3. 国外法例

iPhone12 法国版标配是配有有线耳机的，这是受限于法国的现行法律的规定。法国在 2010 年规定：为了用户的健康，凡是在法国出售的手机都必须配备耳机。因为法国人认为，用户在使用耳机时无须将手机贴近耳朵，以避免接触到电磁波辐射。尽管这个说法并不科学，却让 iPhone12 法国版标配有线耳机。

(四) 起诉

2020 年 5 月 14 日,团队以方亦行名义向北京市东城区人民法院递交了民事起诉状。

附:民事起诉状

民 事 起 诉 状

原告: 方亦行(详细信息:略)

被告: 苹果电子产品商贸(北京)有限公司(详细信息:略)

案由: 买卖合同纠纷

诉讼请求:

(1) 被告交付手机电源适配器。

(2) 被告支付违约金 100 元。

(3) 被告承担本案诉讼费用。

事实和理由:

2020 年 11 月 19 日,原告通过被告官网购买 iPhone12 Pro Max 手机一部,支付价款 9 299 元。原告于 2020 年 12 月 11 日收到手机后,发现被告仅提供手机设备与一条 USB-C 连接线,而未提供电源适配器,导致原告还需要另行购买电源适配器。原告认为电源适配器属于手机的从物,依据《民法典》第三百二十条之规定,被告未交付电源适配器的行为属于怠于履行交付从物的义务,构成违约;原告登录被告官网,其购买页面显示不随手机配备电源适配器,属于格式条款,应属无效;在该页面被告建议使用原有的 USB-A 电源适配器,但该电源适配器无法与 USB-C 连接线兼容,原告虽然可以使用其原有的 USE-A 电源适配器及 USB－A 连接线为手机充电,但无法实现快充功能,故前述条款有误导消费者之嫌。

鉴于被告的上述行为严重损害了原告的合法权益,根据《中华人民共和国民法典》和《中华人民共和国消费者权益保护法》的相关法律规定,特此提起诉讼,恳请法院判允原告前列诉讼请求。

此致

北京市东城区人民法院

具状人:方亦行

2021 年 5 月 14 日

(五) 庭审

2021 年 6 月 16 日,东城区人民法院给方亦行下达受理案件通知书。2021 年 8 月 6 日,东城区人民法院下达案件由简易程序转普通程序审理裁定书。

2021 年 9 月 23 日,案件在北京互联网法院电子诉讼平台在线庭审,现场使用普通程序审理,在两个多小时的庭审中:

被告代理人认为,在 iPhone12 Pro Max 的包装盒上,被告明确了 iPhone12 Pro Max 的完整包装内容,即不包含充电器,装有 USB－C 转闪电连接线。因此,双方的买卖合同并不包含电源适配器。

"苹果对电源设计的提示缺乏显著性。"原告对比了苹果手机包装盒上针对电源设计的说明和产品广告,文字样式大小对比十分明显。

随后,被告代理人拿出一份工信部关于引导消费者、销售企业、生产企业观念改变,促使手机与电源适配器分离销售的提案。这似乎能证明分离销售是被国家相关部门认可并推动的。

原告指出:这一提案本身是"关于统一手机与充电器之间连接插头与端口的提案"。在手机与充电器之间连接插头与端口未能实现广泛统一的前提下，难以实现手机和充电器分离销售。值得注意的是，苹果公司与大多数手机厂商不同，其手机侧充电接口从未使用过 Micro USB 接口，一直是独树一帜的 light-ning 接口（闪电接口）；其手机产品连接电源适配器一侧，始终是 USB‐A 接口，自 iPhone12 系列以来变为 USB‐C 接口，与市面上其他充电产品完全不同，无法实现不同型号手机和充电器之间的互换使用。

被告代理人指出：在产品的"电源和电池"说明中，苹果公司明确消费者可用 USB 连接至电脑或电源适配器充电。

"从该网页中无法得知需要连接何种电脑或何种电源适配器方可充电，也无法得知通过 USB 连接至电脑能否实现快充功能。此外，消费者无法根据苹果公司所宣传的那样，用 USB‐C 转闪电连接线连接至原有的 Apple 电源适配器进行充电。"原告驳斥了这一说法。

被告代理人认为：分离销售在手机销售中是常见情形。

原告认为：事实上，在 iPhone12 系列上市之前，市面上的主流手机厂商均配备充电器。不仅如此，小米、魅族等在销售其手机产品时提供了 3 种套餐供消费者选择，套餐一仅含手机，套餐二含手机和充电器，套餐三含手机、充电器和耳机，三款套餐价格相同。这和苹果公司的分离销售有着明显的差别。

"环保"同样是被告代理人反复提及的名词。但不配备充电器究竟是出于环保的考量，还是为了扩大利润空间？

苹果公司在 iPhone12 的销售界面下方宣传 MagSafe 无线充电器。这在原告看来，是苹果公司"双面人"的铁证。"苹果公司仅是借着环保噱头来销售其新产品 MagSafe"。无线充电是转换效率最低的充电方式。苹果公司大力宣传无线充电，是把无线充电的实用性价值摆在环保价值之前；而不再附随电源适配器，却是把充电器的实用价值摆在环保价值之后。因此，原告认为，苹果的行为只是假借环保之名，通过减少消费者的必要使用配件来增加企业利润。

"根据《民法典》相关条款,苹果官网的图文信息是格式条款,被告不能以此为由去拒绝交付电源适配器,苹果公司在销售手机的过程中存在欺诈的行为,我们若无法如同苹果官网中所说的那样,用现有电源适配器进行充电,既无法匹配,也无法正常使用快充功能。"在庭审的最后,原告陈述道。

(六) 判决

2022 年 1 月 13 日,东城区人民法院作出驳回原告方亦行诉讼请求的判决。

附:东城区人民法院民事判决书

民 事 判 决 书

(2021)京 0101 民初 13695 号

原告: 方亦行(详细信息:略)

被告: 苹果电子产品商贸(北京)有限公司(详细信息:略)

委托诉讼代理人: 刘润泽、李苗洁(详细信息:略)

原告方亦行与被告苹果电子产品商贸(北京)有限公司买卖合同纠纷一案,本院立案受理后,根据《全国人民代表大会常务委员会关于授权最高人民法院在部分地区开展民事诉讼程序繁简分流改革试点工作的决定》,依法适用普通程序,由审判员独任审判,公开开庭进行了审理。原告方亦行与被告的委托诉讼代理人刘润洋律师、李苗洁律师到庭参加诉讼。本案现已审理终结。

原告向本院提出诉讼请求,请求判令:(略)。事实和理由:(略)。

综上,原告诉至法院。

被告辩称,不同意原告的诉讼请求,理由如下:第一,案涉手机及电源适配器属于两个独立的物品,并非主物及从物的关系,即便手机与电源适配器构成主从物关系,原告、被告已明确约定合同标的物不包括电源适配器,构成"主物转让的,从物随主物转让"的例外情形;第二,被告在其官网多处均已清晰、明确告知消费者其购买的 iPhone12 Pro Max 手机不附带电源适配器,属于对标的物的描述,原告通过下单购买的方式对此进行了确认,该等描述并非格式条款或无效条款,且原告享有自手机交付之日起 14 个自然日内退货的权利,原告未选择退货,进一步说明其对标的物的认可;第三,案涉产品包装盒中不包括电源适配器未违反法律规定,且被告对选择电源适配器的方式进行了准确告知,不存在误导消费者的情形;第四,中华人民共和国工业和信息化部(下称工信部)于 2016 年 1 月 15 日发布的《关于政协第十二届全国委员会第三次会议第 3955 号提案答复》(下称《答复》)明确"继续鼓励新送检手机不附送电源适配器,同时会同有关部门研究制定相关标准,加强宣传,进一步引导消费者、销售企业、制造企业观念改变,促使手机和充电器分离销售",被告销售手机不随附电源适配器与答复所倡导理念契合,有利于环保。

当事人围绕诉讼请求依法提交了证据,本院组织当事人进行了证据交换和质证。本院经审理认定事实如下:

2020 年 11 月 19 日,原告以 9 299 元的价格通过被告官网 www. apple. com. cn 购买案涉 iPhone12 Pro Max 手机一部。

该网站 iPhone12 Pro Max 介绍页面显示:从包装盒的内部为地球减负,减少碳的排放相当于让 45 万辆汽车停驶一年,现有的电源适配器、带有闪电接头的 EarPods,以及 USB-A 转闪电连接线均适用于 iPhone12 Pro。由于这些配件在全球的拥有量已达数十亿,随附的新配件往往被闲置,因此 iPhone 产品系列将不再随附这些配件,这将会减少碳排放,以及对稀有原材料的开采和使用。产品的包装也会因此变小,每次可运送的产品数量则相应增多,这样整体的运货次数就会减少。同时,我们还推动制造商合作伙伴转向使用可再生能源,所有这些举措,每年可减少 200 多万吨的碳排放,你可以继续使用手里的 USB-A 转闪电连接线为新 iPhone 充电,也可用现在包装盒中随附的 USB-C 转闪电连接线来快速充电,而且,随附的连接线可搭配你的 USB-C 电源适配器或电脑接口使用。

技术规格页面关于"电源和电池"显示:内置锂离子充电电池,通过 USB 连接至电脑或电源适配器充电;可快速充电:30 分钟最多可充至 50% 电量,需使用 20 瓦或更大功率的电源适配器(需单独购买)。关于"包装内容"显示:装有 iosl4 的 iPhone、USB-C 转闪电连接线、资料。

购买页面关于"包装内容"显示:iPhone 手机图片、USB-C 转闪电连接线图片,且均在图片下方进行了文字标注。在图片下方写明:为了实现我们的环保目标,iPhone12 Pro 与 iPhon12 Pro Max 不再随附电源适配器和 EarPods,包装盒内随附一根 USB-C 转闪电连接线,可支持快速充电,并兼容 USB-C 电源适配器和电脑端口。我们建议你重复使用现有的 USB-A 转闪电连接线、电源适配器和耳机,它们均兼容这些 iPhone 机型,但如果你需要任何新的 Apple 电源适配器或耳机,也可随时购买。其中"我们的环保目标"使用蓝色字体标示。购买页面系原告购买手机时必定会浏览到的页面,否则无法完成购买。

案涉型号手机包装盒显示:包括 iPhone12 Pro 以及 USB-C 转闪电连接线,电源适配器和耳机单独销售。

庭审过程中,原告确认其在购买涉案手机时知晓不随附电源适配器,其已另行购买电源适配器用于手机充电。

上述事实有发票、苹果官网介绍网页、技术规格网页及购买网页截图、手机包装盒照片以及当事人陈述在案佐证。

本院认为，原告通过被告官网购买案涉手机一部，双方构成买卖合同关系，本案法律事实发生于《中华人民共和国民法典》施行前，依据《最高人民法院关于适用〈中华人民共和国民法典〉时间效力的若干规定》第一条第二款之规定："民法典施行前的法律事实引起的民事纠纷案件，适用当时的法律、司法解释的规定，但是法律、司法解释另有规定的除外"，故本案应当适用当时施行的法律、司法解释的规定。

结合原告、被告双方的诉辩意见及本院裁定的证据与事实，双方的争议焦点为被告未交付电源适配器的行为是否构成违约，对此，本院从以下方面进行分析：

第一，关于被告购买页面标注不随手机配备电源适配器，是否属于格式条款，以及该条款效力问题。

《中华人民共和国合同法》第三十九条规定："采用格式条款订立合同的，提供格式条款的一方应当遵循公平原则确定当事人之间的权利和义务，并采取合理的方式提请对方注意免除或者限制其责任的条款，按照对方的要求、对该条款予以说明。格式条款是当事人为了重复使用而预先拟定，并在订立合同时未与对方协商的条款"。第四十条规定："格式条款具有本法第五十二条和第五十三条规定情形的或者提供格式条款一方免除其责任、加重对方责任、排除对方主要权利的，该条款无效"。本案中，被告在其官网销售案涉手机时明确标注不再随附电源适配器，系对标的物的约定，属于"为了重复使用而预先拟定"，且本案系线上交易，亦符合"在订立合同时未与对方协商"的特征，故该条款属于格式条款。

被告在其官网的购买页面关于"包装内容"中，在手机及 USB－C 连接线图片的下方，使用蓝色字体标示"我们的环保目标"以提醒消费者注意,并在其后写明案涉手机"不再随附电源适配器"。对此本院认为,被告作为格式条款的制定方,尽到了采取合理方式提请合同相对方注意的义务,原告确认在购买手机时知晓不随附电源适配器,亦能与此印证。综合该条款全部内容,对于不再随附电源适配器后如何对手机进行充电,被告提供了相应的方案,包括使用包装盒内随附的 USB-C 连接线及与其兼容的 USB-C 电源适配器和电脑端口进行充电,重复使用现有的 USB-A 转闪电连接线,电源适配器进行充电,或者在需要新的 Apple 电源适配器时随时购买,该格式条款不存在合同法第五十二条、第五十三条所规定的无效情形,亦不存在免除己方责任、加重对方责任、排除对方主方权利的情形,故本院认定该格式条款有效。

对于原告提出该条款让其误以为可以使用随附的 USB-C 连接线配备原告已有的 USB-A 电源适配器进行充电,及使用原有的 USB-A 电源适配器及 USB-A 连接线无法实现快充功能的意见。本院认为根据条款表述,能否实现快充功能,与消费者选择使用不同型号连接线及电源适配器有关,而非被告的合同义务,故对原告的该项意见,本院不予采纳。

第二,关于电源适配器是否属于案涉手机从物问题。

主物指从物所辅助之物,从物指非主物的组成部分,但常助主物发挥经济效用,须有一定程度的场所结合关系,且与主物归一人所有的物。法律上,区分主物与从物的意义在于法律没有相应规定或者当事人没有相反约定时,主物所有人处分主物时,效力从于主物,如转移主物所有权,则从物所有权亦随之转移。本案中,案涉电源适配器可以与手机分离,并非手机的组成部分,但确系为了发挥手机的作用而存在,在充电这一过程中二者具有主从物联系,且均属于被告,故本院认为二者具有主从物关系。

《中华人民共和国物权法》第一百一十五条规定:"主物转让的,从物随主物转让,但当事人另有约定的除外"。本案中,电源适配器虽属于案涉手机的从物,但在认定前述有关销售手机不再随附电源适配器之格式条款有效的前提下,原告进行购买,可以认定双方对于买卖合同标的物不包含电源适配器达成了合意,构成前述法律规定的除外情形,即被告不具有交付电源适配器的义务,其销售手机不随附电源适配器的行为不违反法律规定,亦不构成违约。

此外,需要进一步指出的是,长期以来,销售手机随附电源适配器似乎已成为一种惯例,原告作为消费者对此提出异议,是消费观念及消费习惯使然。伴随着经济社会的发展,手机的普及率及更新率均已显著提高,手机用户持有多个电源适配器的现象十分普遍,且电源适配器具有一定的通用性,因此一般情况下,销售手机不再随附电源适配器不会影响大多数消费者正常使用手机。《中华人民共和国民法典》第九条规定:"民事主体从事民事活动,应当有利于节约资源,保护生态环境。"本案虽发生在《民法典》施行前,但其确立的绿色原则所包含节约资源、保护环境的要求并非始于该法的实施,而是我们一直所提倡的。减少电源适配器的生产和销售,既能减少对原材料及能源的消耗,亦能减少电子垃圾的产生,达到节约资源、减少污染、保护生态环境的效果。工信部在有关提案的《答复》中明确:"引导消费者、销售企业、制造企业观念改变,促使手机和充电器分离销售",亦表明手机和充电器分离销售是国家主管部门认可并倡导的环保做法。将保护环境、节约资源的环保理念贯穿于整个民事活动中,需要全社会的积极践行和努力。原告作为消费者,消费观念及消费习惯需做出及时更新,被告作为知名企业,当新的销售模式对部分消费者造成不便或消费者存有疑虑时,亦应积极采取丰富而有效的措施对消费者多加解释、消除误解,这是企业应承担的社会责任。只有消费者和企业相向而行,共同努力,才能共同建设好资源节约、绿色环保、和谐有序的消费环境。

综上,本院对于原告主张被告交付电源适配器、支付违约金的诉请不予支持。根据《中华人民共和国物权法》第一百一十五条、《中华人民共和国合同法》第三十九条、第四十条;《中华人民共和国民事诉讼法》第六十七条第一款、《最高人民法院关于适用〈中华人民共和国民法典〉时间效力的若干规定》第一条第二款之规定,判决如下:

驳回原告方亦行的诉讼请求。

案件受理费 50 元,由原告方亦行负担(已缴纳)。

如不服本判决,可在判决书送达之日起十五日内,向本院递交上诉状,并按对方当事人的人数提出副本,按照不服一审判决部分的上诉请求数额交纳上诉案件受理费,上诉于北京市第二中级人民法院。

审判员　王海超

法官助理　张　文

二〇二二年一月十三日

书记员　宋海萌

⚬ 三、参赛感悟 ⚬

方亦行:

如果说我们心中的信念是星星之火,那么"小城杯"大赛更像是助燃剂,为我们勇敢发声提供了强大的支持。进行诉讼以来,我们一直都认为诉讼的结果并不是最重要的,真正重要的是:作为消费者,我们不是只能服从大公司制定的"消费规制",而是要向他们说出自己的不满。我们希望能够通过诉讼引起社会对超级资本主义的警惕,为不平等的消费关系发声。

参加比赛的时间正好是我和我的队友们从大四步入研究生一年级的阶段。通过四年的法律学习，我们掌握了基本的法律知识。而这次诉讼，是次我们把平时模拟法庭中的训练、法律文书写作课上之所学和大学四年学习的知识运用到实践中去的体验，我觉得非常有意义。

林嘉悦：

就我个人而言，参加"小城杯"公益之星创意诉讼大赛是我求学之路上的又一个台阶，因为这是一场真正的诉讼。我与同学们拧成一股绳，从搜证、立案开始，再到协力模拟庭辩，以至直面高水平的被告律师和法庭，我们扎实走好每一步，应对每一个挑战，并在实践中深化了对《民法典》和消费者权益的认识。我们也曾被推上舆论的风口浪尖，说我们是"在浪费司法资源"，可比赛后我们才懂得，司法资源不用才是真正的浪费。虽然比赛我们没能夺冠，但依然收获了胜过任何奖项的果实，那就是我们的心中确立了公益的理念！

肖滢滢：

在"诉苹果"这条路上，面对强劲的"对手"和复杂的舆论环境，我与同学一起坚持、互相激励，将最初看到苹果以"环保"为理由不配充电器时的不解和购买手机后旧充电器无法使用需另行购买带来的不便，转化为用法律武器维护自己权益的动力。感谢指导律师——董佳丽为我们的诉讼提供专业的帮助和支持。虽然比赛已经结束，但维护权益仍在路上，希望每个消费者应享受的权益都能得到重视，每份权益维护的热情都能得到保护！

唐　盈：

回想起这段难忘的参赛经历，从初赛材料准备到决赛汇报，从艰难立案到顺利开庭，从本科生转变为研究生，"小城杯"见证了我们一年以来的成长，我们同样在比赛中收获了很多。定期的开会、一次又一次的头脑风暴、不断修改的文书、跨时区的讨论、远程见证决赛的汇报、面对新闻报道的压力……我们始终秉持对公益诉讼的理念坚持到了最后。但比赛的结束不是终点，结果也不是唯一，重要的是，我们运用所学的知识去进行法律实践，尝试拿起法律武器维护自己的合法权益。感谢团队成员的共同努力，由衷地希望广大法学生可以积极参与到公益诉讼中来。

余思敏：

作为苹果手机消费者中的一员，我们很容易发现苹果手机不适配充电头这一条款的不合理性。但如果将这样的请求放到法庭上辩论，则需要更为精致的诉讼策略来帮助实现自己的需求。

回忆我们 5 人最初组队时的情景，不禁要发出无限感慨。从最初的法律分析到诉讼策略调整，从收集各类证据到准备起诉文件，历尽艰辛我们终于在东城区人民法院成功立案。立案后，根据被告的答辩书我们又进行开庭相关的文书准备，询问庭审经验丰富的董佳丽律师相关的诉讼问题，紧张地期待队友在法庭上的精彩表现。一路走来，非常感谢这段时间与我们一同前行的每个人！

四、指导律师点评

这注定是一场实力悬殊的诉讼。一方是跨国企业高薪聘请的职业律师，一方是尚未从业的法学生。当小方和同学们在线上诉讼平台与苹果公司诉讼代理人进行长达 2 小时的庭审对垒时，我从她们身上看到了勇毅。庭审过程中，苹果公司诉讼代理人先后提出分离销售在手机销售中是常见场景、不配充电器是出于环保考量等多个观点，小方和同学们对苹果代理人观点进行了逐一反驳。

事后，小方和同学们向我承认，庭审过程中遭遇对方律师就她们尚未准备充分的问题突然发问时，她们的内心有点慌。不过，她们最终坚持了下来。她们将鼓舞她们的力量称之为"星星之火可以燎原"的勇气和"知其不可为而为之"的魄力。

这几乎是参加"小城杯"公益之星创意诉讼大赛学生们的共同特点：他们敢想敢做，面对复杂曲折的诉讼过程，表现出惊人的恒心和韧劲，以及超出职业律师预期的专业精神。这股天不怕地不怕的闯劲，从同学们提交的参赛项目就可见一斑：交通运输、电商购物、骚扰短信、虚拟财产侵权、大数据杀熟……市面上常见的消费侵权行为几乎均被同学们"盯"上，他们所立的项目均进入了实际解决环节，而诉讼对象都是"庞然大物"，但同学们都能坦然面对。

——上海磊天律师事务所　董佳丽

"淘票票"拒退改签案

一、导　读

如今,票务平台已经成为电影票的主流销售渠道,覆盖了全国电影市场,拥有超过七成的市场占有率,大多数消费者已经习惯通过网络购票,但在人们的观影活动中,常常会面对这样一种困境:消费者提前在淘票上购好了票,却在电影开场前因为各种原因不得不改变计划,但票不能退。有的即使可以退,也有许多附加条件,如"淘票票"规定。每名用户每月只能拥有 1 次退改签机会,但会员用户可以根据不同的会员等级增加退改签次数。团队认为,"淘票票"平台的这种规定不具备法律效力,且侵犯了消费者的合法权益。

本案于 2021 年 4 月 6 日以周沫宇的名义通过上海移动微法院向普陀区人民法院申请立案,4 月 7 日微法院通知立诉前调解案,5 月 11 日周沫宇收到普陀区人民法院传票,7 月 1 日开庭。庭审中,法院组织初步调解,被告同意由原告提出建议,2021 年 7 月 15 日原告将建议书交给被告,8 月 31 日被告根据原告建议,废除原退改签规则,完全采纳了原告建议的内容,制定了新会员规则。虽其新会员规则仍有不足,但基本达到原告诉讼的初步目的。案件最终以调解结案,被告当庭履行原告诉讼请求,全额退款。

参赛成员

胡欣然：西安交通大学在读本科生。

周沫宇：西北政法大学在读本科生。

二、案情回顾

(一) 起因

2021 年 2 月 22 日，周沫宇在"淘票票"App 上购买了 2 月 24 日 13:25~15:33 在淮安好莱坞电影城放映的电影《你好,李焕英》电影票 1 张,支付人民币 33 元。后因家中有事,周沫宇无法按电影的放映时间前往观影,便按照"淘票票"页面提示的要求申请改签,但页面提示其当月改签次数已用完,无法改签。周沫宇无奈只能申请退票,退票时,页面提示其当月无退票次数,无法退票。

团队认为,"淘票票"设定的规则违背中立原则,既侵害了消费者的合法权益,又对消费者与商家之间的自由交易构成了影响。作为在业内具有风向标式参考和指向作用的"淘票票",其规则对整个电影行业风气的引导的重要性不容忽视。因而,团队决定通过诉讼,解决消费者维权难、退票难的问题。

(二) 法理分析

《电子商务法》第三十五条规定：电子商务平台经营者不得利用服务协议、交易规则以及技术等手段,对平台内经营者在平台内的交易、交易价格以及与其他经营者的交易等进行不合理限制或者附加不合理条件,或者向平台内经营者收取不合理费用。

《民法典》第四百九十七条规定,有下列情形之一的,该格式条款无效：① 具有本法第一编第六章第三节和本法第五百零六条规定的无效情形；② 提供格式条款一方不合理地免除或者减轻其责任、加重对方责任、限制对方主要权利；③ 提供格式条款一方排除对方主要权利。

《消费者权益保护法》第二十六条规定：经营者不得以格式合同、通知、声明、店堂告示等方式作出对消费者不公平、不合理的规定，或者减轻、免除其损害消费者合法权益应当承担的民事责任。格式合同、通知、声明、店堂告示等含有前款所列内容的，其内容无效。第五十三条规定：经营者以预收款方式提供商品或者服务的，应当按照约定提供。未按照约定提供的，应当按照消费者的要求履行约定或者退回预付款；并应当承担预付款的利息、消费者必须支付的合理费用。

团队分析了主张权利，诉求平台对其不当规定作出改正、赔礼道歉并赔偿损失必须具备以下条件：

（1）消费者与平台、平台与影院之间存在双方服务协议，团队系以协议纠纷为案由提起诉讼。此条件已满足。

（2）平台的规定有不当之处，作为第三方平台无权对买卖双方的合法交易行为作出过界约束，存在过错。此条件已满足。

（3）消费者因平台规定不得退票，正当权利受到了侵犯，遭受了损失，且该损失已发生。此条件已满足。

同时，团队分析了消费者欲主张权利，必须解决的几个问题：

（1）提供平台拒绝介入调停消费者与影院间退票纠纷的证据。

（2）提供"淘票票"平台在影院与消费者已协商同意退票后仍故意迟延履行的证据。如与平台客服的通话、短信、聊天记录等。

在此期间，团队还认真分析了诉讼路径，觉得有两条路径。因为《民法典》第一百八十六条规定：因当事人一方的违约行为，损害对方人身权益、财产权益的,受损害方有权选择请求其承担违约责任或者侵权责任。该条确认了责任竞合制度,充分尊重了当事人的处分权,并在绝大多数情况下,因受害人会选择对其最为有利的方式提起诉讼,从而能够使损失得到充分的补救。

(1)侵权之诉。"淘票票"平台人为设置交易门槛,非法干涉影院与消费者之间签订的双方服务合同,侵犯了消费者的自主权和财产权。

(2)违约之诉。线上购票允许退改签,但与"淘票票"平台协商无果,仍拒绝退改签,违背了购票服务合同。

分析这两种路径,各有利弊。

侵权之诉:请求确认退改签条款无效。利在于:① 关注点聚焦于条款对广义消费者权利的侵害而非个案本身。② 合同具有相对性,规避了服务合同双方并非平台与消费者,而是影院与消费者的问题。弊在于:退改签条款属于"淘票票"平台内部规定,存在是否属于干涉企业内部章程的疑问。

违约之诉:请求返还购票款33元人民币。利在于:① 更加符合违约之诉的要求,即以实际损失为赔偿计算;② 如果平台违约责任成立,则退改签条款当然无效;③ 可以附带提起侵权之诉。弊在于:标的额过小,不易引起重视,公益诉讼的推广示范目的难以达到。

(三)调研、证据收集

团队通过网上搜索的方法,了解"淘票票"平台退票规定对消费者的影响及消费者态度,同时采取截图、电话录音的方法固定证据。通过调研与证据收集,可得出以下结论:

第一,退票规定有广泛的社会影响。我们从新浪旗下黑猫投诉平台可以看到,自2019年至今,针对"淘票票"平台的投诉共2 154件,其中绝大多数投诉内容是"淘票票"平台退票规则不当,造成消费者损失。2 154件投诉中,仅1 407件已经得到了处理,许多投诉因难以联系"淘票票"客服而无法继续进行,而即使是已经处理的投诉,许多处理仍具有不合理、不合法地利用平台对于消费者的优势地位压迫消费者的特征。2019年年末,由于新冠肺炎疫情暴发,全国各大影院对预售的影票都进行了统一退票处理,而部分在"淘票票"平台购票的消费者却因为各种原因被搪塞、延迟甚至拒绝退款,在后续客服跟进过程中,平台对这些消费者问题的处理显得滞后、消极,不合理的退票规定对消费者的正当权利造成了极大侵犯,具备广泛的社会影响。

第二,退票规定具备"特权"。从图1可以看出,"淘票票"在"服务内容"下设置了"退票特权"。

3. 服务内容

3.1 同一用户每自然月可享受1次退票服务及1次改签服务。淘票票会员可基于不同的会员等级享受退票及改签特权(您可通过"淘票票客户端"7.2及以上版本查看您的会员等级),具体如下:

(1)退票特权

普通用户每自然月可享受1次退票服务;

青铜会员、白银会员每自然月可享受2次退票服务;

图1 "淘票票"服务内容

第三,退票规定各有各的说法。图2和图3证明的是当事人周沫宇与影院、淘票客服的一次联系退票过程。

影院同意退票，淘票票客服却说与影院联系后不能退票

匿名 发布于 2021年05月04日 17:57

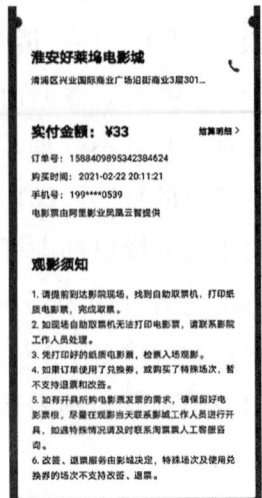

投诉编号： 17353137844

投诉对象： 淘票票

投诉问题： 不予退款

投诉要求： 退款,道歉,作出处罚,改善服务

涉诉金额： 46元

投诉进度： 处理中

👍 0   💬 1   ↗ 0

图2　投诉处理　　　　　　　　　图3　票根

当事人因事导致时间来不及,无法去影院观影,于是在16:10联系淘票票退票,淘票票客服说他们要联系影院进行协商处理。当事人挂断电话后等了10多分钟,还是没有回信,怕客服联系不及时,于是赶紧跟影院联系(时间16:24),影院值班经理冯经理同意退票,但他们没有权限操作退款,让联系淘票票(通话有录音,时间在16:27)。于是当事人马上再次联系淘票票,淘票票客服说会找客服加急处理。20多分钟后,淘票票发来了短信(时间16:51),说联系影院协商无法支持退票,让当事人联系影院改签(时间16:52)。当事人马上再次致电淘票票客服,表示之前联系影院说可以退票,还有录音为证,为什么淘票票就是不能退款?淘票票客服说再次去沟通。17:16淘票票发来了短信,一样的结果:无法支持退票,让当事人联系影院改签。当事人再次(时间17:16)致电淘票票客服,沟通无果,他们说没办法接收通话录音。

（四）起诉

2021年4月6日团队以周沫宇的名义向上海移动微法院提起诉讼，4月7日上海移动微法院通知周沫宇立诉前调解案。

附一：民事起诉状

<h1 style="text-align:center">民 事 起 诉 状</h1>

原告：周沫宇（详细信息：略）

被告：上海淘票票影视文化有限公司（详细信息：略）

诉讼请求：

（1）请求判令被告赔偿原告因无法退票造成的票款损失人民币33元。

（2）请求被告承担本案的诉讼费用。

事实和理由：

2021年2月22日，原告在被告经营的"淘票票"App上购买了2021年2月24日13:25～15:33在淮安好莱坞电影城放映的电影《你好，李焕英》的电影票1张，支付票款人民币33元。

后因家中有事，原告无法按电影的放映时间前往观影，原告便按照"淘票票"页面提示的要求申请改签，但页面提示原告当月改签次数已用完，无法改签。原告无奈只能申请退票，退票时，页面提示原告在当月无退票次数，无法退票。

原告认为，原告购买电影票成功后，订单页面的观影须知第6条已明确告知："改签、退票服务由影城决定。"在原告购买的电影票所放映的电影院支持退票、改签服务的情形下，被告拒绝原告的改签、退票已侵犯了原告的合法权益。

为维护原告的合法权益,特将本案诉至贵院,望判如所请。

此致

上海市普陀区人民法院

起诉人:周沫宇

2021 年 4 月 6 日

附二:原告证据清单(表 1)

表 1　原告证据清单

序号	名　称	复印件/原件	证明主要事实	证据来源
1	淘票票用户协议及退改签规范	复印件	淘票票退改签相关格式条款限制消费者权利,减免自身义务	淘票票公开资料
2	购票及退票流程截图	原件	影院同意退票,淘票票平台以会员等级和次数限制为由,拒绝退票	手机截图

(五) 建议

2021 年 5 月 11 日周沫宇收到普陀区人民法院传票,2021 年 7 月 1 日开庭。庭审中,经法官初步调解后,被告同意由原告提出建议,2021 年 7 月 15 日原告将建议书交给被告。

建　议　书

我方希望被告可以修改相关条款,关于用户协议中 VIP 制度限制消费者购票后退改签次数的规定,希望该条款废除或修改。另提出以下建议,希望对方可以采纳:

（1）放开最高额退改签次数限制，或者尽量增加退改签次数上限。

（2）强化用户购票前提示，用户下单之后通过页面显著提示弹窗或者其他方式提示用户影片信息，降低误购率。

（3）推出影院、影片、场次等信息，二次确认，减少误操作可能。

（4）取消会员和非会员退票次数差异，或者整体提高非会员可退票次数。

（5）通过大数据方式，加强对黄牛与正常消费者之间的辨别区分能力，使消费者正常退改签超过次数后，可通过其他正当途径完成退改签需求。

（六）调解

2021 年 8 月 31 日，被告根据原告建议，废除原退改签规则，完全采纳了原告建议的内容，制定了新的会员规则。虽其新会员规则仍有不足，但基本达到原告诉讼的初步目的。案件最终以调解结案，被告当庭履行原告诉讼请求，全额退款。

三、参赛感悟

胡欣然：

当下，中国观众线上购票的观影习惯已经初步养成，购票行为基本从线下转移到线上。市场经济条件中，消费者的需求就是市场。从服务角度来说，无论是电商还是影院，都应该根据观众的需求改善服务，以优质服务赢得观众的青睐。电影市场需要电影票退改签，互联网电商就应积极完善退改签相关协议和措施。

电影是一种文化产品，观影是一种文化享受，电影院不能仅从市场的角度追求利益，还应意识到背后存在的文化意义和社会价值，打破长期以来存在的电影票一经售出概不改签的规定，同时畅通维权通道，降低维权成本，构建灵活的文化消费环境，这不仅是道义，更是责任。

周沫宇：

近一年时间的准备，从定题、立案、诉前调解到理论分析，再到最后开庭，我与小组成员付出了很多，但也学到了很多。这是一个慢慢打磨和融会贯通的过程，也是一个难得的将所学用于实践的过程。

我们通过反复研究诉讼材料，找到了本案的诉讼可行性依据，我们不厌其烦地与对方联系协商，用了一个月的时间，固定了相关证据。在案件进入实体阶段，我们积极参与诉前调解，并在这个过程中不断汲取经验，调整诉讼策略。

在理论分析时，我从请求权基础到合同成立，从复赛时懵懵懂懂分析案件适格主体以及诉请类型到决赛时对整个案件可能涉及的民法问题盘根究底地进行探索，我终于可以自信地站在聚光灯下说，我摸清了本案。

博观而约取，厚积而薄发。为让案件的方方面面都不再有疑惑，我对案件每个事实对应的法律知识以及相关的法律问题都进行了深入的研究。比赛时，我可以迅速流畅地讲述每个点，源于每个点的背后都是我们无数发散点的最终汇聚。

决赛前一晚，我们近乎通宵练习，当比赛结果决出的时候，我的情绪与其说是惊喜，不如说是如释重负。虽然没有夺冠，但二等奖仍然是对我们这一年时间的努力和奋斗的最大回报。

四、指导律师点评

诉淘票票平台不合理限制用户退改签规则一案，从前期的诉讼课题可行性论证、相关法律关系的梳理、诉讼请求的确定、起诉状的起草以及证据的收集和整理，到向有管辖权的法院提交立案材料、法院受理、顺利开庭，再到在法庭的主持下与对方达成调解协议，到最后促成淘票票平台退改签规则有利于用户的改进，整个过程充满思辨，是同学们把课本所学付诸司法实践的一次完整体验，也是向不合理规则发起挑战的一次小小胜利。

实际上，生活中利用不合理格式条款限制用户权利的现象很普遍。但作为普通用户，大多没有意识到自己的权利被侵犯，即便有些人意识到了，大多时候也是选择了沉默、容忍和退让，为了这种"小问题"选择投入与回报不成比例的时间和精力去维权，似乎显得小题大做与不值得。这种时候，就需要有法律人坚定地站出来，对存在于我们身边的这些不合理大声说"不"。

——上海丰兆律师事务所　龙　艳、唐康平

教育部考试中心服务合同纠纷案

一、导 读

　　据教育部的统计,1978年至2019年底,我国各类出国留学人员逐年上升,累计达656.0万人。其中,2019年度我国出国留学人员总数为70.35万人,较上一年度增加4.14万人,增长6.25%。大量留学人员准备申请手续材料时,都需要托福英语合格成绩。托福考试在我国出国类的英语水平考试中有很高的知名度,占据相当大的市场份额。TOEFL(Test of English as a Foreign Language)由美国教育测验服务社ETS(Educational Testing Service)在全世界举办,是一种针对母语非英语的人进行的英语水平的考试。托福考试自创建50多年来,已成为海外各大院校、组织和机构衡量考生英语能力的权威标准。

　　目前,全球130多个国家和地区逾10 000所院校、组织和机构认可托福成绩,涵盖了国际所有顶级名校;另外,移民部门会参考申请者的托福成绩签发居住和工作签证;医疗及认证机构会根据从业者的托福成绩颁发职业资格证书。如今,与许多考试都采取网上报名的形式一样,托福考试亦采取在网上报名,签订服务合同,而考生在网上报名时签订的合同为格式合同。因性质的特殊性,格式合同对考生权利的保护较弱,一旦出现侵权行为,救济困难。

由于留学申请时间具有不确定性,加之部分地区考位紧张,不少同学会有退考需求,而高昂的退考费用无疑增加了考生负担。这种负担表现为考生提出退考,只能获得相当于考试费 50% 的退款,换言之,还有 50% 的报名费将不予退回。

这不予退回的 50% 报名费是否合理? 考生与考试中心托福网考报名网订立的格式条款合同是否有效? 通过分析研究,团队认为,此格式条款属于加重对方责任、排除对方主要权利的条款,应认定该条款无效,考生考试报名费也应全额退还。故我们找到有类似经历的田丰实同学为当事人,核实案情细节,收集证据、撰写起诉状、提起诉讼等。

本案于 2021 年 5 月 12 日向北京市海淀区人民法院递交诉状,目前案件仍在审理中。

参赛成员

张 雯:复旦大学法学院法律硕士,现在上海某科技有限公司工作。

西艾力·热合曼:复旦大学法学院法律硕士,现为某律师事务所律师。

关惠文:复旦大学法学院法律硕士。

李 婷:复旦大学法学院法律硕士。

田丰实:复旦大学微电子学院微电子本科,现就读香港科技大学微电子博士。

二、案情回顾

(一) 起因

田丰实通过教育部考试中心托福网考考试报名网站(下称报名网

站)报名并预约了 2020 年 11 月 22 日的托福考试考位,通过报名网站支付了 1 985 元全额报名费。后因个人原因无法按时参加 2020 年 11 月 22 日的托福考试,于 2020 年 11 月 2 日向报名网站申请了退考退费(报名网站注明退考截止日期为 2020 年 11 月 18 日),却被告知仅支持退费 992.5 元,剩余报名费将不予退回。

田丰实认为在整个报名过程中,报名网站未对考生因个人退考将被扣费作说明,反而在报名前的“考生须知”中对“免费重考”进行了加粗标黑(内容为对于由于异常情况发生的免费重考,考生可在考前 4 天申请取消重考退还本场次考试费或一次免费转考),具有误导性。对于退考扣除费用的相关内容仅能在官网的报名流程当中找到相关依据,并没有对扣费 50% 做出特殊提示标记(整个报名过程都有录屏为证)。因此,团队认为田丰实与托福考试中心订立的考试服务合同中:一是双方未对因考生个人原因取消考试后的退费进行约定,报名流程不属于合同内容,考试并没有确认对于该部分规定知悉并同意;二是即便认为报名流程中的内容属于考试服务合同的一部分,该条款系限制格式条款,属于加重对方责任、排除对方主要权利的约定,因没有合理履行提示说明、义务,主张该条款不属于合同内容;三是该退费条款规定即便考生提前 4 天退考仍然需要收取 50% 的费用,没有遵循公平原则确定当事人之间的权利和义务。故团队决定以当事人田丰实的名义进行起诉。

(二) 法理分析

《民法典》第四百九十六条规定:格式条款是当事人为了重复使用而预先拟定,并在订立合同时未与对方协商的条款。依照该规定,本案服务合同为采用格式条款订立的合同。

首先,原告与被告订立的合同属于采用格式条款订立的合同。

本案中,原告与被告订立服务合同,由被告为原告提供托福考试服务,该服务合同由被告为重复使用而预先拟定,并未经双方协商。

其次,该合同属于限制格式条款提供方责任、加重对方责任、排除对方主要权利的条款。在本案的服务合同中,原告在距考试日4天前申请取消考试仅能获得相当于考试费 50% 的退款,这一条款可以理解为原告在无法获得考试服务的情况下,被告仍然占有原告高达 50% 的考试费,这无疑是强制原告消费,并且含有"一旦原告交付价款,即使被告未付出服务给付仍有权获取该价款"的意思,属于限制格式条款提供方责任、加重对方责任、排除对方主要权利的约定。

最后,格式条款提供方未尽提示说明义务,可以主张该条款不成为合同的内容。《民法典》第四百九十六条条第二款规定:采用格式条款订立合同的,提供格式条款的一方应当遵循公平原则确定当事人之间的权利和义务,并采取合理的方式提示对方注意免除或者减轻其责任等与对方有重大利害关系的条款,按照对方的要求,对该条款予以说明。提供格式条款的一方未履行提示或者说明义务,致使对方没有注意或者理解与其有重大利害关系的条款的,对方可以主张该条款不成为合同的内容。

本案中,被告作为提供考试服务合同格式条款的一方,应当遵循公平原则确定与考生之间的权利义务内容,并采取合理的方式提请考生注意免除或限制其责任的条款,并向其释明。对于什么样的提醒注意的方式才算合理,《最高人民法院关于适用〈中华人民共和国合同法〉若干问题的解释(二)》第六条规定:提供格式条款的一方对格式条款中免除或者限制其责任的内容,在合同订立时采用足以引起对方注意的文字、符号、字体等特别标识,并按照对方的要求对该格式条款予以说明的，人民法院应当认定符合《合同法》第三十九条所称"采取合理的方式"。通识认为，应当从文件外形、提醒方法、清晰明白程度、一般人注意标准等认定。就本案而言，对该条款如果要达到提醒注意的程度，在文字上应当采取与其他条款醒目区别的形式，使人能够很快从网站文件中发现，一目了然。

但是，从原告报名全过程录屏可见，在整个过程中，被告并未对退考需扣费 50％这一限制其责任、加重考生责任、排除考生主要权利的条款尽到提示说明义务。一方面，在报名过程中的报名协议及考生须知中，被告并未对取消考试及退费事项进行规定，且还在考生须知中强调了免费重考的规定，对合同对方产生误导；另一方面，关于退费的条款规定在报名流程中，显然不符合一般人对于服务合同协议退款条款约定的位置，且没有采用加粗、加重等方式进行强调，说明被告没有尽到提示说明义务，应当认定该格式条款无效。

综上，本案中的服务合同是采用格式条款订立的合同，被告方作为格式条款提供方，并未采取合理的方式提请对方注意限制其责任的条款，且该合同中关于退费的约定属于加重对方责任、排除对方主要权利的格式条款，故应当认定该条款无效，原告请求全额退还考试报名费用。

（三）调研

按照我国消费者与经营者之间商品服务合同所遵循的普遍惯例，除特殊商品和服务外，经营者均应当承担包换、包退等责任。原告、被告之间约定的服务，不属于特殊商品和服务，虽然合同中未予明示，但也应遵循这一规则。因此，原告在未获得服务之前有权要求退还支付的价款。就此，团队检索了相关案例，形成如下检索报告，如图 1 所示。

案例 1	案件名称	案　号	裁判日期
	刘超捷诉中国移动通信集团江苏有限公司徐州分公司电信服务合同纠纷案①	（2011）泉商初字第 240 号	2011.06.16
裁判要旨	经营者在格式合同中未明确规定对某项商品或服务的限制条件，且未能证明在订立合同时已将该限制条件明确告知消费者并获得消费者同意的，该限制条件对消费者不产生效力 电信服务企业在订立合同时未向消费者告知某项服务设定了有效期限限制，在合同履行中又以该项服务超过有效期限为由限制或停止对消费者服务的，构成违约，应当承担违约责任		

案例 2	案件名称	案　号	裁判日期
	张某诉某某健身俱乐部（沈阳）管理有限公司服务合同纠纷案—健身服务合同中的合同解释规则②	（2013）沈河民三初字第 747 号	／
裁判要旨	按照我国消费者与经营者之间商品服务合同所遵循的普遍惯例，除特殊商品和服务外，经营者均应当承担包换、包退等责任。原、被告之间约定的服务，不属于特殊商品和服务，虽然合同中未予明示，但也应遵循这一规则。因此，原告在未获得服务之前有权要求退还支付的价款。合同中入会费和会员使用费均不可退还条款会导致作为消费者的原告在无法获得服务的情况下也需支付价款的不公平结果，无疑属于免除了被告的主要义务。由于该合同条款是被告方制作的格式条款，被告也未对上述条款用足以引起原告注意的方式进行注明，被告也未提供证据证明其就该条款向原告作出了明确解释，故该条款无效		

案例 3	案件名称	案　号	裁判日期
	洪利·拔都诉中国联合网络通信有限公司乌鲁木齐市分公司网络服务合同案	（2011）乌中民二终字第 502 号	2011.11.24
裁判要旨	网络服务合同是一种典型的电子合同，同时也是格式合同。《合同法》第三十九条规定，采用格式条款订立合同的，提供格式条款的一方应当遵循公平原则确定当事人之间的权利和义务，并采取合理的方式提请对方注意免除或者限制其责任的条款，按照对方的要求，对该条款予以说明。网络服务合同中，提供格式合同的一方未举证证明其已采取了合理方式提请另一方注意限制其责任的条款，并就该条款向另一方当事人进行说明，即未履行相应的告知义务，则另一方当事人并不知道其自身责任加重、自身权利受到排除。此种情况下，该格式条款对另一方当事人不具有约束力，该条款无效		

图 1　检索报告

---

① 该案例为最高人民法院发布的指导案例 64 号：刘超捷诉中国移动通信集团江苏有限公司徐州分公司电信服务合同纠纷案。

② 该案例选自《人民司法·案例》2013 年第 24 期。

同时,与其他全国性考试进行对比。比较而言,我国的大学英语四六级考试、法律职业资格考试、注册会计师考试报名后都不予退费,但因为这些考试举办频率较高,考试时间较为固定,考位较为充裕,报名费用低廉(其中,报名费用最高的为法律职业资格考试 260 元),考生不太倾向于退考,放弃这些考试导致的经济损失远远小于本案,故不在对比之列。与托福高度类似的雅思考试,报名费为 2 190 元,考生退考仅需支付 420 元,剩余费全部退还。而托福考试对考生距考试日之前申请取消考试,退考需扣费 50%,这无疑是强制考生消费的行为,其采用格式条款订立的合同,应认定该条款无效。

(四) 起诉

2021 年 5 月 12 日,团队以田丰实的名义向北京市海淀区人民法院提交诉状,并提供了证据。

附一:民事起诉状

民 事 起 诉 状

原告:田丰实(详细信息:略)

被告:教育部考试中心(详细信息:略)

案由:考试服务合同纠纷

诉讼请求:

(1) 请求确认"距考试日 4 天前(不含考试日和申请日),您均可申请取消考试。成功申请取消考试,您将获得相当于考试费 50% 的退款,其余 50% 被保留的费用将用于支付您的报名工作和预留考场座位的费用,而不退还给您"条款不属于原告、被告间成立的《考试服务合同》的内容。

(2) 请求判令被告返还未退考试费人民币 992.5 元。

(3) 请求判令本案诉讼费用由被告承担。

事实与理由：

原告田丰实于被告运营的教育部考试中心托福网考考试报名网站，网址：https：toefl. neea. cn(下称报名网站)报名并预约了 2020 年 11 月 22 日的托福考试考位，通过报名网站账户余额支付了全额报名费用人民币 1 985 元。

原告因个人原因将无法按时参加 2020 年 11 月 22 日的托福考试。为避免造成被告考位浪费，于 2020 年 11 月 2 日(被告网站上注明的退考截止日期为 2020 年 11 月 18 日)向报名网站申请了退考退费，却被告知被告仅支持退费 992.5 元，剩余报名费将不予退回。

被告不予退回剩余报名费所得依据系"距考试日 4 天前(不含考试日和申请日)，您均可申请取消考试。成功申请取消考试，您将获得相当于考试费 50%的退款，其余 50%被保留的费用将用于支付您的报名工作和预留考场座位的费用，而不退还给您"之条款(下称退费条款)，退费条款仅出现在托福考试报名网站的"报名流程"中的其他服务项下，且不在原告正常的注册、付费、预约考试的整个流程过程必经的页面出现。

原告认为：

第一，上述涉及退费条款所在的"报名流程"页面属于网站的其他内容，不属于考试服务合同内容，被告不予退还 50%的考试费用没有合同或者协议根据。考生从注册、登录、账户充值到预定考场全过程不能知悉退费条款，登录托福考试报名网站后考生可直接点击立即报名，未要求或提示考生必须浏览"报名流程"，没有获取考生已知悉相关条款的同意。

第二，即便假设考试服务合同包含"报名流程"页面的内容，那么该退费条款系被告为重复使用而预先拟定，在订立合同时未与相对方协商，应属格式条款。

　　被告在设定此格式条款时未履行提示或者说明义务，致使原告没有注意或者理解与其有重大利害关系的条款，因此即便被告主张"报名流程"页面的退款条款属于合同内容，原告仍然主张该条款因属于格式条款且被告未履行提示或者说明义务而主张该条款不成为合同的内容。

　　第三，即便假设考试服务合同包含"报名流程"页面的内容，原告仍主张该退费条款因不合理地免除或者减轻其责任、加重对方责任、限制对方主要权利而无效。退费条款规定对方在被告要求的截止日期前退考，在无法获得考试服务的情况下，仍然收取对方高达 50% 的费用，不合理地加重对方责任、限制对方主要权利。

　　50% 的退考费用不符合公平原则，理由如下：① 托福考试的考费相较于同类别的其他英语等级考试更为高昂。② 托福考试考点、考位较多，考试需求也很多，原告提前 20 日退考，已给被告预留了一定的合理期限，足以使被告再将该考位重新开放给其余考生报名选位，未必实际造成该考位的浪费，不足以给被告造成相当于考试费 50% 的损失。③ 考生留学计划具有不确定性，部分地区考位紧张，因此大量考生需要提前较长周期预定考位，退考有大量需求，而高昂的退考费用过多增加了考生负担。

　　综上，原告认为被告应当向原告退还扣除的考试费用 992.5 元，考试服务合同中并未约定退考后 50% 考试费不予退还。该退费条款所在的"报名流程"页面属于网站的其他内容，对双方不具有约束力。即便假设考试服务合同包含"报名流程"，原告主张退费条款不成为合同的内容且退费条款无效。

　　现为维护原告的合法权益，特向贵院提起诉讼，请求贵院依法判决。

　　此致

北京市海淀区人民法院

具状人：田丰实

2021 年 5 月 12 日

附二：证据清单(见表1)

表1　证据清单

序号	证 据 名 称	证 明 内 容
1	托福考试报名网站托福考试报名截图、付款凭证	原被告之间存在真实的考试服务合同关系。原告于2019年11月28日向被告运营的托福考试报名网站充值1365元,连同其在托福考试报名网站账户部分余额共计1985元的报名费用向被告报名并预约了考试时间为2020年11月22日,考场为西交利物浦大学的托福(TOEFLiBT)考试考位
2	托福考试报名网站托福考试退费截图、退款凭证	2020年11月2日,原告向被告运营的托福考试报名网站申请退考退费,被告仅向退费992.5元,即报名费用的50%,剩余报名费将不予退回
3	托福报名过程演示录屏、知乎网站中关于托福报名流程的指导	考生报名全过程不能知晓退考退费规则,该条款不属于合同内容,没有提示考生阅读该部分内容,没有取得考生已经知悉条款的同意,被告未履行提示或者说明义务
4	被告扣除原告50%报名费的条款所在网页截图	

目前,案件仍在审理中。

三、参赛感悟

张　雯：

　　"小城杯"公益之星创意诉讼大赛如同一堂关于法学生解放想象力的实践课,许多生活中曾经一闪而过的关于正义与公平的叩问,在"小城杯"公益之星创意诉讼大赛中都已成为司法实践中的一次次尝试与探索,其激发的是法学生们投身公益的热情与执着,让孕育更美好社会的种子更加深入地埋藏在青春的土壤中。非常荣幸能参与到"小城杯"

公益之星创意诉讼大赛中来，也希望越来越多的力量能够投身到公益诉讼中。

西艾力·热合曼

"小城杯"公益之星创意诉讼大赛是法学生参赛的重要赛事之一，从赛事通知的发布到最后决赛的落幕，赛事主办方和承办方均付出了许多努力，保障了参赛选手良好的参赛体验，我们团队非常荣幸能够参加决赛并获得二等奖，感谢主办方和承办方给予我们表现自我、表达对法治热爱和追求的平台和机会，再次感谢"小城杯"！

李　婷：

积极参加大赛，享受比赛过程，并在与大家讨论、合作中提升案例实际操作的技能，这一经历对我个人今后的发展必将大有裨益，希望大家积极踊跃参赛，坚持到底。

四、指导律师点评

很荣幸能作为本案的指导律师和队员们并肩作战，为公益事业贡献绵薄之力。在此通过简单的回溯，我从指导律师的角度总结与点评队员们的出色表现。

首先，队员们选题眼光独到、勇气可嘉。此案背后的公益价值颇高，非常具有探究意义。越来越多的学生选择出国留学，大量学生须通过托福考试以满足其申请留学所需的必备条件，托福考费在经过多次调整后已涨至现在的 2 100 元，原本该笔考费对于学生群体而言就是一笔巨额开支。然而，在备考过程中，不乏部分考生因各种原因选择退考，但托福考试中心对此竟要收取 1 050 元的退考费用，这笔"巨款"的收取，无疑让本不富裕的学生更是雪上加霜。我相信，每年都会有许多学生对此提出异议,但又有几个学生能像本队队员们一样站出来,用自己所学的法律知识付诸实践,拿起法律的武器为中国的广大学子打抱不平,捍卫大家的正当权益? 队员们热心公益、以法维权的精神值得我们所有人学习。

其次,队员们法学素养较高,不容小觑。从我接收指导时,队员们早已将前期调研、可诉性分析、证据梳理、诉请选择、法律依据及法律分析、案例检索等工作准备就绪,且几乎能与执业律师水平相当。可见,队员们在日常的学习过程中,对法律知识的掌握较为透彻,具有优秀的法律意识及用法能力;在后期的立案、庭前准备等各个诉讼环节,队员们也能够运用寒暑假在律所、法院实习的经验提升诉讼效率,减少案件等待时间。尤其是队员们还是在研究生毕业论文准备期间,利用闲暇时间进行参赛的,今后队员们如能成为执业律师,相信他们定是强而有力的竞争对手。

最后,再次感谢"小城杯"公益之星创意诉讼大赛。大赛的持续开展,不仅为高校学生提供了法治实践的平台,而且也使广大群众更加关注公益维权,对于引导上海乃至全国社会整体法治建设及诚信的提高具有不可磨灭的作用。

——上海赢火虫律师事务所 王鼎盛

拼多多助力活动"违规吞刀"案

一、导　读

"天天领现金"系拼多多举办的助力返现任务活动,活动模式是用户在认可平台的助力规则下,邀请其他新老用户为其"砍一刀"以积累现金积分。当积攒现金积分至一定门槛时,用户可要求拼多多为其提供的推广服务支付相应报酬。此活动是拼多多面向所有用户的公开活动,也是拼多多首创的"砍价拉新"式活动之一。

"砍价拉新"本质系平台与用户签订的一个网络推广服务合同,属于"悬赏广告式"附条件要约。平台作为要约方,接收助力返现任务的用户应认定为承诺方。依照法律规定,除特殊情况外承诺生效时合同成立,因此当用户点开相应程序的"红包"界面时应认定为承诺生效,网络推广服务合同自此成立。

"砍价拉新"使平台通过设立程序和数据来赚取利益,活动的规则亦由平台制定,用户作为承诺方已经完全符合合同约定的完成义务,合同之推广目的已然实现。但纵观本案,"异常操作"四字,含糊不清,却关系到用户方的主要权利,不能成为合同内容,更不得成为平台方肆意免责、模棱两可的任意依据。

本案于2021年4月8日向上海市长宁区人民法院提起诉讼,7月

6 日因案情复杂转入普通程序,8 月 19 日进行第一次证据交换,10 月 21 日进行第二次证据交换。2022 年 2 月 12 日收到一审判决书,法院驳回原告诉讼请求。现已提起上诉,目前案件正在二审中。

参赛成员

黄邦楷:上海政法学院国际法学院本科大二学生。上海市检察院及多家律所完成实习鉴定,2019 级校年度"社会实践之星"。

二、案情回顾

(一) 起因

黄邦楷于 2020 年 10 月 27 日正常登录拼多多并点进"天天领现金"的模块开启一次助力返现任务。平台显示初始金额约为 99.47 元(提现金额门槛为 100 元),按照活动助力规则,用户需复制链接或者是将二维码发送给有效账户,让其进行帮忙助力的活动。黄邦楷通过复制平台提供的链接邀请符合要求的人员(包括亲属、好友、同学等)进行"砍一刀"。前期所有的助力行为均被记录,新老用户助力金额不均(有效情况下每次助力金额至少为 0.01 元),黄邦楷对此逐一记录,将全部有效"砍刀"过程以截图的方式保留。当助力金额积累至 99.98 元时,拼多多出现"吞刀"现象。黄邦楷邀请了 6 名与此前相同标准的人员参与助力,仅助力积累 0.01 元。按照最低标准计算,拼多多后台"吞刀"行为出现 5 次。黄邦楷对该 6 人的助力过程进行记录,将时间、个人信息、具体助力过程通过录屏的形式保存。

初步推断,在本次助力返现任务中,拼多多确实存在"吞刀"行为。

当日 19:10,黄邦楷将该现象反映至拼多多"天天领现金"的客服,请求平台予以回复相关问题。客服依据格式条款进行解释,认为出现"吞刀"现象的原因是助力人员自身账户问题。黄邦楷出具其中被"吞刀"之一的人员账户信息录屏以证明并无自身原因,客服方仅不停地在强调黄邦楷违反了相应的条款和规则,但具体违反了哪一项规则,拼多多方并没有给出合理清晰的答复,对于详细指出的请求避而不论。谈及其他用户存在同样的情况时,拼多多客服表示对此问题已知晓,但提到是否会采取相应整改措施时,仍以保守回避的态度进行回应,虽表歉意但对此问题的解决措施依然持消极态度。

黄邦楷在经过分析后,确定以下两个疑点:

(1)为何在拼多多"天天领现金"的助力活动中前面的大部分助力(接近45次)皆为有效助力,而后面仅剩0.02元的时候却大规模地出现了无效助力的情况,拼多多方是否存在有意阻碍现金领取活动的正常进行的后台行为?

(2)为何拼多多客服只是反复强调相应的条款,却不予以正面的答复,也未具体地指明导致无效助力产生的原因,客服消极回避的态度同样让黄邦楷产生进一步怀疑。

基于上诉取证及其疑点,为进一步收集资料,黄邦楷在互联网平台上寻找遇到同样问题的人,发现在知乎、百度贴吧、微博和微信公众号等大流量平台,存在大量关于消费者认为拼多多存在"吞刀",甚至协商无果导致不能提现的言论。其中关注点、疑点集中相符(在最后几次助力时,突然出现了大规模"吞刀"现象;或者在联系客服的过程中,客服始终持回避态度)。

综合以上调查与分析,黄邦楷得出以下推论:如果这种"吞刀"现象仅仅只是一组特例,那么还能用系统误差进行解释。但基数庞大的消费群体同时反映相关问题,应认定拼多多方存在"吞刀"行为确实。若拼多多方不履行返现义务,是基于对无效助力规则中"核实是由于您邀请的好友账户异常导致"的无限解释,无疑是对"一切解释权归本活动发起人所有"等无效格式条款的变相滥用。而若是拼多多后台运算失误,在已知该问题情况下拼多多应当及时整改道歉并赔偿,此时采取回避式、不作为的态度,同样严重损害消费者权益。

因此,黄邦楷决定就拼多多"吞刀"情况展开公益诉讼,请求拼多多方给予合理解释或补偿以安抚消费者。

(二)收集证据

通过收集,形成以下证据见表1。

表1　证据收集

序号	证据名称	证据种类	是否原件	证 明 方 向	备　注
1	原告第一位好友"助力"过程录屏	电子数据	是	原告第一位好友的"助力"行为确实,且操作无异常	
2	原告第二位好友"助力"过程录屏	电子数据	是	原告第二位好友的"助力"行为确实,且操作无异常	
3	原告第三位好友"助力"过程录屏	电子数据	是	原告第三位好友的"助力"行为确实,且操作无异常	
4	原告第一位好友的信息资料录屏	电子数据	是	原告第一位好友的"拼多多"账号已关联微信。微信已绑定银行卡并实名认证	用户部分银行卡、余额等隐私在庭审阶段公开
5	原告第二位好友的信息资料录屏	电子数据	是	原告第二位好友的"拼多多"账号已关联微信。微信已绑定银行卡并实名认证	用户部分银行卡、余额等隐私在庭审阶段公开

序号	证据名称	证据种类	是否原件	证　明　方　向	备　注
6	原告第三位好友的信息资料录屏	电子数据	是	原告第二位好友的"拼多多"账号已关联微信。微信已绑定银行卡并实名认证	用户部银行卡、余额等隐私在庭审阶段公开
7	活动规则截图	电子数据	是	原告三位好友"助力"行为符合活动"天天领现金"助力规则	
8	"有效助力"名单	电子数据	是	原告三位好友的"有效助力"行为未被记录	附件含最后两次有效助力证明截图
9	其他消费者聊天记录截图	电子数据	是	该消费者权益受侵犯现象时有存在	
10	客服聊天记录截图	电子数据	是	被告对此现象明确知晓，但未切实解决侵权问题	

（三）调研

对于拼多多"吞刀"行为，黄邦楷展开了新闻检索、其他平台辅证的前期调研。

1. 新闻检索

通过检索，黄邦楷发现 2020 年 9 月 16 日，网经社发布的《2020 年（上）全国电商投诉排行数据榜》（依据投诉量排行），榜单依据国内电商专业消费调解平台"电诉宝"2020 年上半年受理的全国海量用户消费纠纷案例大数据生成。榜单统计了 2020 年上半年零售（包含跨境、二手、社交、品牌电商领域）、生活服务（包含在线旅游、在线教育、在线餐饮领域）、金融科技、电商物流四大领域电商投诉排行。2020 年上半年零售电商投诉榜排名前 20 的依次为：淘宝、拼多多、京东、天猫、绿森商城、洋码头、有赞、小红书、闲鱼、苏宁易购、当当、微拍堂、转转、唯品会、交易猫、寺库、红布林、考拉海购、i百联、微店。拼多多权益纠纷众多,在电商领域影响广泛。

2. 问卷调查

在发现上述现象可能是普遍存在的问题后,黄邦楷在网络社交平台上发布了有关拼多多"违规吞刀"的问卷调查,调查结果如下:

本次问卷收集共117份,其中有效问卷数为117份,有效率100%。本次问卷调查共有8题,问题涵盖对于拼多多的使用情况和侵权维权现状等。

第一题:请问您的手机中是否有下载拼多多App?

从数据看,人们使用拼多多的概率非常高,达90%,这说明拼多多的受众面广、渗透率高、消费者基数庞大。基于如此庞大的消费市场,拼多多所涉嫌造成的侵害消费者权益的行为是具有社会危害性的,从社会意义和可行性角度上来分析,理应采取必要手段进行维权。

第二题:如果有拼多多App,请问你的使用频率如何?

从数据看,有78.63%的人对于拼多多的使用主要是随机、必要时使用,这也符合人们日常消费习惯,若是没有消费品购买的需求,则会较少地登录购物平台进行浏览使用。

第三题:请问您对拼多多"帮砍助力"的活动持有什么看法?

有58.12%的调查对象对拼多多的"帮砍助力"活动持有半信半疑的态度,而认为拼多多"帮砍助力"活动虚假的有23.93%,真实的占17.95%。这也契合于人们对于拼多多的了解,自从拼多多负面舆论(如虚假产品、违规吞刀、不符合要求发放现金券福利等)失信行为不断产生,进而越来越多的人质疑拼多多的品牌信用。

第四题:请问您是否有向亲朋好友发起过拼多多"帮砍助力"活动?

有 58.97％的调查对象曾发起过"帮砍助力"活动,这可以间接说明存在相当一部分群体是实践过拼多多"帮砍助力"活动的。

第五题:您是否有曾帮亲朋好友进行过拼多多的"帮砍助力"活动?

有 85.47％的调查对象皆有过为他人"帮砍助力"的经历,从中可以看出拼多多福利活动的参与度高、涉及面广,已然成为一种平台现象。

第六题:请问您若参加了拼多多的"帮砍助力"活动,最后是否真正拿到了平台的相应优惠(如领取 100 元现金,砍价免费拿商品等)?

有 46.15％的调查对象没有完整地发起助力活动或者并未助力活动,也有部分群体完成了完整的助力活动,但在完成"帮砍助力"活动的调查对象中,只有 20.51％的人有从平台拿到相应优惠,而大部分没有拿到相应福利。这说明拼多多"帮砍助力"的优惠达成率并不高,除了用户自身存在一部分的违规现象,还有部分原因应该归结到平台自身,总体来说用户通过"帮砍助力"活动能够实现平台优惠的实际上并不多。

第七题:假设有这么一个情况,如果您参与了拼多多"天天领现金"的活动,并且发起助力邀请许多亲朋好友帮砍,但在最后阶段平台客服突然告知出现异常,导致您无法领取福利。这时您会怎么办?

有 70.09％的用户在遭到拼多多侵权行为的时候会采取生气且不信任的态度却没有做出任何维权措施,44.4％的消费者会采取举报热线或是走司法程序的路线进行维权。

第八题:如果您的维权并没有得到有效的反馈,您是否希望有人向拼多多提起诉讼帮助消费者合理维权?

有 73.5％的用户认为在遭受到侵权行为失效的时候,需要公益诉讼代表帮助进行合理维权;认为没必要、无所谓的分别占 7.69％、18.8％。

综上,从拼多多使用率、"帮砍助力"活动参与率和诉讼需求性等进行综合考量,得出目前拼多多消费群体大,市场渗透率广,存在相当一部分隐藏受害群体;同时,"帮砍助力"活动的普及率大、优惠真实率不足,也间接说明存在众多的遭受拼多多侵权行为的用户;最后,针对维权措施和诉讼需求进行考量,认定本次诉讼具有必要性、社会性和当即性,容易获得有关司法部门和公众舆论的支持。

(四)法理分析

《民法典》第四百七十一条规定:当事人订立合同,可以采取要约、承诺方式或者其他方式。第四百七十四条规定:要约生效的时间适用本法第一百三十七条的规定。第一百三十七条规定:以对话方式作出的意思表示,相对人知道其内容时生效。以非对话方式作出的意思表示,到达相对人时生效。以非对话方式作出的采用数据电文形式的意思表示,相对人指定特定系统接收数据电文的,该数据电文进入该特定系统时生效;未指定特定系统的,相对人知道或者应当知道该数据电文进入其系统时生效。当事人对采用数据电文形式的意思表示的生效时间另有约定的,按照其约定。第四百八十三条规定:承诺生效时合同成立,但是法律另有规定或者当事人另有约定的除外。第九百一十九条规定:委托合同是委托人和受托人约定,由受托人处理委托人事务的合同。第九百二十八条规定:受托人完成委托事务的,委托人应当按照约定向其支付报酬。因不可归责于受托人的事由,委托合同解除或者委托事务不能完成的,委托人应当向受托人支付相应的报酬。当事人另有约定的,按照其约定。

《消费者权益保护法》第四条规定:经营者与消费者进行交易,应当遵循自愿、平等、公平、诚实信用的原则。第六条规定:保护消费者的合法权益是全社会的共同责任。国家鼓励、支持一切组织和个人对损害消费者合法权益的行为进行社会监督。大众传播媒介应当做好维护消费者合法权益的宣传，对损害消费者合法权益的行为进行舆论监督。第二十六条规定：经营者在经营活动中使用格式条款的，应当以显著方式提请消费者注意商品或者服务的数量和质量、价款或者费用、履行期限和方式、安全注意事项和风险警示、售后服务、民事责任等与消费者有重大利害关系的内容，并按照消费者的要求予以说明。经营者不得以格式条款、通知、声明、店堂告示等方式，作出排除或者限制消费者权利、减轻或者免除经营者责任、加重消费者责任等对消费者不公平、不合理的规定，不得利用格式条款并借助技术手段强制交易。格式条款、通知、声明、店堂告示等含有前款所列内容的，其内容无效。

《最高人民法院〈关于审理消费民事公益诉讼案件适用法律若干问题〉的解释》第十七条规定：原告为停止侵害、排除妨碍、消除危险采取合理预防、处置措施而发生的费用，请求被告承担的，人民法院可予以支持。

《〈消费者权益保护法〉司法解释》第十七条规定：经营者应当听取消费者对其提供的商品或者服务的意见，接受消费者的监督。

《电子商务法》第三十条规定：电子商务平台经营者应当采取技术措施和其他必要措施保证其网络安全、稳定运行，防范网络违法犯罪活动，有效应对网络安全事件，保障电子商务交易安全。

《侵害消费者权益行为处罚办法》第八条规定：经营者提供商品或者服务，应当依照法律规定或者当事人约定承担修理、重作、更换、退货、补足商品数量、退还货款和服务费用或者赔偿损失等民事责任，不得故意拖延或者无理拒绝消费者的合法要求。

《上海市消费者权益保护条例》第三条规定：经营者与消费者进行交易，应当遵循自愿、平等、公平、诚实信用的原则。消费者合法权益的保护应当实行国家保护、经营者自律和社会监督相结合的原则。对消费者合法权益的保护应当方便消费者行使权利，并与社会经济发展的水平相适应。第五十八条规定：消费者在购买、使用商品时，其合法权益受到损害的，可以向销售者要求赔偿。

（五）起诉

2021年3月9日，黄邦楷向上海市长宁区人民法院提交民事起诉状。

附：民事起诉状

民 事 起 诉 状

原告： 黄邦楷（详细信息：略）

被告： 上海寻梦信息技术有限公司（详细信息：略）

诉讼请求：

请求法院依法判令被告支付酬金100元。

事实与理由：

2021年2月17日，原告在参与拼多多平台活动"天天领现金"时发现存在"吞刀"情况（即用户邀请好友进行了助力且在该好友界面已经显示"助力成功"的画面，而用户的积累现金积分既不增加，在系统提供该用户的开始助力记录上也无变动）。事实简述如下：

"天天领现金"系拼多多举办的助力返现任务活动，活动模式为：用户在认可平台的助力规则下，邀请其他新老用户为其"砍一刀"以积累现金积分。当积攒现金积分至一定门槛时，用户可要求拼多多为其提供的推广服务支付相应报酬。该活动属于面向所有拼多多用户的邀约式悬赏广告。

平台显示初始金额约为99.80元（提现金额门槛为100元），按照活动助力规则,用户需通过微信复制链接或者是将二维码发送给微信好友,让其扫码以完成助力。原告通过复制平台提供的链接邀请符合要求的人员(包括亲属、好友、同学等)进行"砍一刀"。前期所有的助力行为均被记录,新老用户助力金额均为 0.01 元,原告对此逐一记录,将全部有效"砍刀"过程以截图的方式保留。当助力金额积累至 99.99 元时,拼多多出现"吞刀"现象,导致最后 0.01 元助力金额不累加,进而使原告不能提现酬金。原告对此次助力全过程录屏记录。

现有证据显示被告旗下拼多多后台系统具有故障或瑕疵,导致"吞刀"现象发生,使原告无法正常提现酬金。该情况损害了原告合法权益,故提起民事诉讼。

拼多多本次活动通过设立程序和数据来赚取利益,悬赏广告的内容由平台制定,原告作为悬赏广告的承诺方已经符合规定地完成合同义务,被告应当履行合同约定支付被告 100 元酬金。据此,故诉至贵院,望判如所请!

此致

上海市长宁区人民法院

具状人:黄邦楷

2021 年 3 月 9 日

当日,长宁区人民法院便立诉前调解案,案号为(2021)沪 0105 民诉前调 2809 号,并通知了黄邦楷:

现收到你起诉上海寻梦信息技术有限公司网络服务合同纠纷一案的起诉材料,本院将根据我国《民事诉讼法》的规定对诉状材料进行审查。

2021 年 4 月 8 日,长宁区人民法院通知黄邦楷,决定立案审理,案号为(2021)沪 0105 民初 7704 号。2021 年 4 月 12 日,长宁区法院给黄邦楷下达举证通知,黄邦楷及时准备了两份证据。

(六) 判决

2022 年 2 月 12 日黄邦楷收到一审判决书,法院驳回其诉讼请求。黄邦楷现已提起上诉,目前案件正在二审中。

三、参赛感悟

黄邦楷:

十分荣幸能参加 2021 年度的第七届"小城杯"公益之星创意诉讼大赛,对我来说,这毋庸置疑是自己法律路途上的一次难得的实务之旅。

感谢相关司法行政部门、指导律师对我的指导与帮助。从证据材料的固定,到诉讼文书的准备,再到调审辩述的参与,都让我感悟到所学专业在理论与实践相结合、相差异、相辅承的真意,自己也以更崭新的视角体会到对于法律与公平正义的独到理解。

每每人生跨过挑战,终会迎来全新的起伏,似夜夜江潮退去浦岸,又将涨回随日的浪花。恰如届届"小城杯"之终点,亦是起点。公益之路道长且坚,得以各方支持难能可贵,我辈定将保持初心,笃定维权。

四、指导律师点评

因为新冠肺炎疫情的影响,我与队员的沟通均是通过网络和电话,但这样的形式并没有改变参赛队员对于比赛的认真和热情。队员将诉讼的重点对准了当下热门的拼多多"砍刀"活动。在法律关系梳理阶段,队员认识到所谓的"砍刀"活动,其实是拼多多方与参与活动者建立的一项服务合同关系,这种服务合同关系的提供服务者是用户而非平台,平台给予的"砍刀"的报酬实际上是基于用户提供的推广服务。那么,在用户分享后,"砍刀"的结果至少有 0.01 元,但是平台"吞刀"的行为,显然是违反了服务合同的约定。因此,在商讨之后,队员决定诉请要求拼多多修复程序漏洞并赔偿损失。在立案阶段,队员仍然遭遇了阻碍,管辖法院的立案法官认为,本案的诉请特殊并且难度大,未予以现场立案。队员转而使用网上立案方式,坚持自己的诉讼主张,最终成功立案。案件受理后,队员积极应对庭审,面对拼多多一方的专业法务也毫不逊色,完善诉讼策略、应对变化。虽然到决赛时,队员尚未取得判决结果,但这一针对广大用户参与的大型活动的公益诉讼,很快引起社会的关注,拼多多作为平台方应当将活动规则完善、程序设置合理的呼声也为大家所认识,再次显现了公益诉讼大赛的重要意义。

——上海诚至信律师事务所　张翕翊

美宝莲侵权责任纠纷案

○ 一、导　读 ○

口红作为现代女性几乎人手必备的美容化妆品，不仅可以起到增加面部美感、修正嘴唇轮廓和衬托的作用，也是提升气质、增强自信的利器。不过，大多数女性对口红的关注点，更多的是哪一种口红的色号适合自己，很少去关注口红的保质期、开封后的安全使用期等。对于日常化妆的女性，一支口红 6 个月内就可用完，但对于偶尔化妆或同时用好几只口红的女性，两三年前的口红或许都没用完。她们也许并不打算用完一支口红，但也会在许久未使用后，再一时兴起地涂抹，而忽视期限的问题。

团队走访调查发现，绝大多数口红柜台的柜姐并不会对口红的使用期限和如何保管存放口红作指导和提醒，只是单纯推荐色号。而作为口红生产商，对其产品的外包装以及瓶身标注口红开封后的安全使用期，理应承担相应的法定义务，以防出现口红已经过了开封后的安全使用期而消费者仍在使用的情况，否则将对消费者的唇部肌肤的健康造成潜在的威胁。

团队走访调查还发现，诸如 KIKO、伊丽莎白雅顿、阿玛尼、植村秀、杨树林等口红，都会在口红的外包装及瓶身标注开封后的安全使用期,从而尽到了提醒消费者于开封后规定时间内使用口红的义务。而团队成员贾一鸣在购买美宝莲口红时,却并未得到任何有关口红开封后的安全使用期的提醒。由此,团队决定将美宝莲口红规避自身法定义务,侵犯了消费者的合法权益作为本案的主要诉因,希望通过诉讼,能对整个化妆品行业相关的规范义务完善起到一定的推动作用,同时利用本案的社会影响力提醒广大消费者注意目前化妆品行业存在的这一类问题,以保障自身的消费者权利。

本案于 2020 年 9 月 7 日向苏州工业园区人民法院提起侵权诉讼,法院于 2020 年 11 月 10 日开庭审理。庭审法官在知悉案件事实后,对于案件的公益价值做出肯定,并希望原告与被告尽可能通过调解的方式解决。最终,案件调解结案。

参赛成员

吴明韬:苏州大学王健法学院学生。

贾一鸣:苏州大学王健法学院学生。

王晶妍:苏州大学王健法学院学生。

孔德钧:苏州大学王健法学院学生。

鲍筱栩:苏州大学王健法学院学生。

二、案情回顾

(一) 起因

2020 年 9 月 1 日,贾一鸣在欧莱雅苏州分公司经营的美宝莲旗舰店(天猫网店)购买了由天美化妆品公司生产的色号为 SOR70 的美宝莲纵情耀唇膏一件。贾一鸣发现,该商品在外包装和瓶底仅标注限期使用日期,未标注启封后的使用期限,其无法了解该商品的安全使用期,难以正确使用。并认为,自己作为消费者,有权知晓所购商品的安全使用期。生产厂家与销售者未将商品的安全使用期标注于显著位置、销售者也未告知的行为,侵害了自己的知情权。为维护自身合法权益,团队决定以贲一鸣的名义将生产厂家与销售者诉至法院。

(二) 法理分析

1. 可诉性

(1) 信息不明确、不全面,侵犯了消费者的知情权。《消费者权益保护法》第八条规定:消费者享有知悉其购买、使用的商品或者接受的服务的真实情况的权利。第二十条规定:经营者向消费者提供有关商品或者服务的质量、性能、用途、有效期限等信息,应当真实、全面,不得作虚假或者引人误解的宣传。《中华人民共和国产品质量法》(下称《产品质量法》)第二十七条规定:限期使用的产品,应当在显著位置清晰地标明生产日期和安全使用期或者失效日期。

经营者虽在限期使用的口红外壳上标注限用合格日期,但未说明该日期的确切含义,对消费者有误导作用。事实上,该日期是未开封的保存期限,而非开封后的安全使用期。消费者不是专业人员,在无特殊说明的情况下,极易将"限用合格日期"理解为其所真正关心的开瓶保质期。同时,经营者只按照国家相关标准标注了"限用合格日期",并没有按照《产品质量法》的规定将产品的安全使用期标注在显著位置,侵犯了消费者依法享有的知情权。

(2) 信息不规范,缺少必要说明,侵犯了消费者的健康权。《消费者权益保护法》第十八条规定:经营者应当保证其提供的商品或者服务符合保障人身、财产安全的要求。对可能危及人身、财产安全的商品和服务,应当向消费者做出真实的说明和明确的警示,并说明和标明正确使用商品或者接受服务的方法以及防止危害发生的方法。

消费者购买口红,其目的不是为了长期收藏,而是要用它来美容。口红的主要成分是羊毛脂、蜡质和色素,而羊毛脂具有较强的吸附性,能将空气中的尘埃、细菌、病毒等有害物质的微小颗粒吸附在口唇黏膜上,当人在喝水、进食时,易将口红及上面附着物带进口中并形成堆积,造成潜在性危害。口红开封后一旦过了安全使用期,极易变质甚至产生有毒物质,如果使用者长期涂抹,很容易引起嘴唇过敏反应。轻度会导致嘴唇干燥发痒,重度则会导致嘴唇溃疡。而这些物质通过肌肤的吸收、渗透,必将对消费者的身体产生一定程度的损害。

2. 可裁判性

《消费者权益保护法》第八条规定:消费者有权根据商品或者服务的不同情况,要求经营者提供商品的价格、产地、生产者、用途、性能、规格、等级、主要成分、生产日期、有效期限、检验合格证明、使用方法说明书、售后服务或者服务的内容、规格、费用等有关情况。第十六条规定:经营者向消费者提供商品或者服务,应当依照本法和其他有关法律、法规的规定履行义务。第二十条规定:经营者对消费者就其提供的商品或者服务的质量和使用方法等问题提出的询问,应当做出真实、明确的答复。据此,消费者有权请求经营者如实告知并明确标注口红开封后的安全使用期。

《消费者权益保护法》第十一条规定:消费者因购买、使用商品或者接受服务受到人身、财产损害的,享有依法获得赔偿的权利。第四十条规定:消费者在购买、使用商品时,其合法权益受到损害的,可以向销售者要求赔偿。消费者或者其他受害人因商品缺陷造成人身、财产损害的,可以向销售者要求赔偿,也可以向生产者要求赔偿。消费者在接受服务时,其合法权益受到损害的,可以向服务者要求赔偿。据此,消费者有权请求经营者对其遭受的人身损害进行赔偿。

3. 典型代表性

美宝莲作为国内知名品牌,拥有广阔的消费市场,并占有极大的市场份额。在"2019MAT8 淘宝/天猫彩妆销售额 TOP15"排行榜中,美宝莲位居第五,销售额高达 10.92 亿元。根据中国化妆品行业协会的数据统计,在"2016—2018 年中国唇部彩妆 TOP10 品牌"排行榜中,美宝莲高居榜首,占比分别为 22.4%、16.9%、13.6%,远超其他同类口红品牌。可见,美宝莲在中国市场的受众非常广泛。但也正因为如此,美宝莲在口红外壳未明确标注安全使用期的行为,使无数潜在消费者的知情权和健康权受到威胁甚至侵犯。据此,美宝莲作为彩妆行业极具影响力的大品牌,具有典型代表性,如果美宝莲可以自觉标注安全使用期,那么将带动同行业的其他品牌自觉规范生产经营行为,这对于提升全行业经营水平和责任意识具有推动作用。

(三)调研

在初步确定诉讼具备法律可行性后,团队成员深入化妆品市场,通过咨询不同化妆品柜台服务人员,以了解口红开瓶保质期信息在线下销售模式下的告知情况,并对不同品牌的口红保质期标注情况展开全面调研。以下是团队成员根据与化妆品柜台服务人员的谈话整理出来的核心文本。

美宝莲:

Q:如果消费者开封后暂不使用,口红能保持多久的使用期限?

A:一直可以用下去,口红直接用完不要紧,像这支可以用到 2022 年 9 月 10 号。开封了一直使用是不要紧的。

Q:口红不是一般有类似 12 个月的开封使用期吗?

A:没有这回事,很多口红已经开封到期了我依旧在用,没关系的,一般口红用 5 年都不会有影响。

Q：要求打开一支正品口红看一下原装标注。

A：(多次重复)没有开封后使用期这一说法，开封后就看你自己如何使用。(拿出一支正品口红后说明)没有标注开封后的安全使用期只有批号和到期日。

伊丽莎白雅顿：

Q：一般你们品牌的口红保质期有多长？

A：3 年。

Q：开封后的安全使用期呢？

A：开封后一般能使用 2 年。

Q：保质期与开封后的限定使用日期有区别吗？很多人说无所谓。

A：彩妆一般是没有区别的，只是为了防止一些可能会氧化的情况。其实是很有所谓的，说没有区别的销售商都是骗人的。假设如果你经常性打开口红，遇到空气氧化怎么可能会没有影响，但是彩妆一般来说影响会小一点。

Q：因为有一些同学买了口红，口红明明还没到保质期限，但是显然已经发生变质。

A：是经常会发生这种状况，有很多使用者的使用习惯也不好，使用完口红后不会立刻盖好。

欧莱雅：

Q：保质期怎么看？

A：(出示正品外包装)看上面的日期数字。

Q：是否存在开封后的安全使用期？

A：开封后一般是 1 年，化妆品一般都是这样的。

Q：开封后的安全使用期像保质期一样在包装上有标注吗？

A：没有呀，我们只有保质期，所有化妆品都是这样的。

Q：开封后一般是 1 年，我 1 年半后是否依然可以使用？

A：肯定过期了，就像擦脸的护肤品一样有的安全使用期也只有两三个月。

Q：口红有没有固液体的时间区别？

A：一样的，每天涂来涂去肯定会有影响。

从与上述三家不同口红品牌的销售人员对话中可以看出，针对保质期与限定使用日期的区分问题，三家店铺的销售人员存在着巨大的认知差异：

（1）美宝莲的销售人员对于口红的限定使用日期很不重视，甚至对于保质期也不看重，认为口红这类化妆品是无所谓日期限定的，只要买了就可以一直使用下去。

（2）伊丽莎白雅顿的销售人员在该方面的认知最全面，虽然是在消费者的主动咨询下才进行了科普，但有清晰告知消费者化妆品保质期与限定使用日期的区分问题，并且着重提出开盖后的化妆品会发生氧化现象，限定使用日期的存在是很有必要的。

（3）欧莱雅的销售人员对于保质期与限定使用日期的区分是有认知的，知道产品开盖后的各种外在因素会使产品质量发生改变，但存在一定的认识盲区，认为所有化妆品（包括口红）都不会标注限定使用日期，只有保质期并且一般都为 1 年时间，这显然与客观实际不符。

通过广泛的市场调研，团队较为全面地了解了诸如 KIKO、伊丽莎白雅顿、阿玛尼、美宝莲等众多一线大牌口红对于开封保质期的标注情况，收集到了不少一手信息，作为诉讼的相关证据材料。

（四）诉前准备

（1）取证。主要收集三组证据材料：标的物美宝莲 SOR70 纵情耀唇膏及外包装照片，淘宝 App 订单详情页截图及发货清单，同行业规范市场调研。

（2）立案。2020 年 9 月 7 日，贲一鸣带着起诉状和初步证据材料到工业园区人民法院，由于事先已提前进行了网上立案登记预约，只等候了十几分钟便进行立案登记。

登记过程中，因先前对照、参考过一般的民事诉讼起诉状和证据材料，所以起诉材料相对齐全。只在当场补充了两被告的营业执照信息，以表明其商主体真实合法地存在。在起诉材料中，还附加了最高人民法院发布的公报案例作为类案判决——刘雪娟诉乐金公司、苏宁中心消费者权益纠纷案，供法院参考。

在立案案由上，工作人员询问是否按照合同类案件进行登记，虽然团队确与销售者欧莱雅苏州分公司之间存在商品买卖合同关系，但团队认为请求权基础是知情权受到侵害，要求被告进行告知，因而坚定按照侵权类案件进行登记。

工作人员告知，是否立案成功会过几日通过短信的形式进行通知。没料到，第二天就收到立案成功的通知，并通知 2020 年 11 月 8 日开庭。

立案成功后，团队的工作重心转移到如何应对被告的答辩上。因该案件法院定为适用简易程序，按照民诉法，被告方的举证期限不能超过 15 日。但在这 15 日内，被告一直没有动静，在与法院确认后，被告知被告收到传票后并未送来答辩材料，这无疑增加了我队开庭时的应对难度。

附：民事起诉状

民 事 起 诉 状

原告：贲一鸣（详细信息：略）

被告：宜昌天美国际化妆品有限公司（下称天美化妆品公司）（详细信

息：略）

被告： 欧莱雅（中国）有限公司苏州分公司（下称欧莱雅苏州分公司）（详
　　　细信息：略）

诉讼请求：

1. 判令两被告以书面形式向原告告知所购美宝莲纵情耀唇膏的
开瓶使用期限，并在该商品显著位置标注安全使用期。

2. 判令两被告向原告公开赔礼道歉。

3. 判令被告欧莱雅苏州分公司向原告赔偿损失1元。

4. 诉讼费用由两被告承担。

事实与理由：

原告于2020年9月1日在被告欧莱雅苏州分公司经营的美宝莲
旗舰店（天猫网店）购买了由被告天美化妆品公司生产的色号为SOR70
的美宝莲纵情耀唇膏一件。该商品在外包装和瓶底仅标注限期使用日
期，未标注启封后的使用期限，致使原告无法了解该商品的安全使用
期，无法正确使用。原告认为，原告作为消费者，依法有权知晓所购商
品的安全使用期。两被告未将上述商品的安全使用期标注于显著位置
的行为，严重侵害了原告的知情权。因此，原告为维护自身合法权益，
诉至贵院，望判如所请。

此致
苏州市工业园区法院

具状人：贾一鸣

2020年9月3日

（五）庭前准备

开庭前的两个月时间里，团队成员每周见面讨论，为庭审做充足的

准备。针对庭前调解、被告代理人的答辩、庭审中的辩论,做出合理预测并模拟演练。由于被告并未提供答辩状,团队只能就其可能的答辩内容进行预测并给出应对方案。

首先,团队预测被告可能会针对侵犯消费者知情权的诉讼请求作出以下答辩:美宝莲公司已经在外包装上标注口红保质期三年,已经尽到告知义务。

对此,我们讨论后认为,口红对于消费者的主要用途就是使用,而且是安全地使用。许多消费者并不会一直使用一支口红直到用尽,很多口红往往被闲置,但不排除哪一天再次使用其中一支。对于只标有限期使用日期的口红,不知情的消费者(包括以前不懂限期使用日期和安全使用期区别的原告)就会认为只要在限期使用日期内,就可以继续使用,殊不知很可能过了时效较短的安全使用期。而遗憾的是,美宝莲唇膏在瓶身和外包装上都没有标注这一重要信息。如果消费者继续使用超过安全使用期却在限期使用日期内的口红,将对人体造成潜在的危害。

其次,团队预测被告可能会辩:即使其他品牌进行标注,也不能证明是行业惯例,因此没有必须标注的义务。

对此,我们讨论后,试图补充论证标注安全使用期限是口红和行业惯例的论点,因为在口红瓶底或包装上注明开瓶后使用期限这个要求,是符合行业惯例的要件的。

行业惯例是指在一定范围内或一定行业中,众多经营者倡导并且长期遵循的行为规则,在证据中原告已列明具有代表性的众多口红制造商,无论品牌大小,皆提醒消费者注意开瓶后的使用期限,并明显将其区别于未开封的保存期限。故我们认为,它是行业惯例,并且符合法律,因此应当遵守。

另外,我们也无意与对方争论关于行业惯例的定义,这只会陷入概念的窠臼,各自提出有利于自己的定义,而对实际的问题解决无益。我们已经举出了包括现场所带来的诸如杨树林、香奈儿、露华浓等无论是高奢还是平价的品牌,这些与美宝莲一样在彩妆市场具有影响力的品牌,都明确标注了安全使用期限。

退一步讲,即使不是行业惯例,对方"未标注安全使用期限"的行为也不符合法律规范。《产品质量法》在第二十七条第一款第(四)项规定:限期使用的产品,应当在显著位置清晰地标注生产日期和安全使用期或者失效日期。因而在唇膏的显著位置,如瓶身、外包装上标注安全使用日期是作为生产者应尽的义务。即便对方认为这种标注行为还没有普及到行业规范的程度,也不因此免责,因为其不符合法律规范。法律规范显然是优于行业规范的。

为了更生动地论证该观点,我们提出可以充分利用大学集体生活的优势,向女生宿舍的同学们收集口红。事实也证明,大量口红的确在瓶底、瓶身或外包装上对其安全使用期有所标注,对消费者履行了告知义务,且大部分都是半年到一年,也侧面说明了口红开瓶后的保质期往往没有社会公众印象中的那么长,其使用期限实际上有限。而在"收集证据"的时候,我们也发现绝大多数人实际上是认为没有标注开瓶后安全使用期的口红是默认可以用几年的。

最后,预测被告也许会主张美宝莲相应行为符合《消费品使用说明化妆品通用标签》(GB5296.3—2008)规定:"保质期应按下列两种方式之一标注:a)生产日期和保质期;b)生产批号和限期使用日期"。涉案产品日期标注方式采用了生产批号和限期使用日期的方式,尽管未标明"开封使用期"但已符合国家对商品保质期的标注要求。消费者完全可以清晰了解化妆品的使用期限,并未侵害消费者知情权。

对此,我们讨论后认为,该问题涉及国标的法律效力。GB属于国家强制性标准,属于行政法规范畴。《标准化法》赋予了其一定的法律效力，强制性标准必须执行。我们认可对方对该国标的执行，但执行仅能说明尽到了该国标所规定的义务，并不能说明就尽到了应尽的法律义务。《产品质量法》是全国人大常委会所制定的法律，现行国家标准不能排斥法律对生产者提出的更高要求，更不能阻止消费者要求实现法律赋予的权利，所以我们要求对方在显著位置标注唇膏安全使用期于法有据，并不与国标相冲突。

当然，鉴于该诉讼涉及美宝莲公司商誉问题，我们也预测被告或许会积极调解。对此，我们也商讨出"底线"，即如果美宝莲公司以耗费成本过大、难以实施为由，拒绝在瓶底或瓶身标注开瓶后安全使用期，我们也能接受其淘宝、京东网店在网页明显位置对该信息进行标注来提醒消费者，以及培训相关客服、导购等工作人员，明确相关问题，履行告知义务。

准备过程中，团队多次开展模拟训练，并邀请往届参与过法院庭审的同学分享经验，熟悉相关诉讼流程。当然，其间少不了姬律师的悉心指导，给我们传授相关实务经验，通过多次沟通，受益匪浅。

（六）开庭

开庭前，被告向法院表明，希望首先进行庭前调解，团队表示同意，也想看看被告的诚意如何。被告律师提供的调解方案是：愿意以书面形式向原告告知该口红的安全使用期限，并且要求该调解结果不得向社会公开。

团队考虑提起诉讼本身是以公益为出发点，即便我们得到被告明确的书面告知，但如果不允许公开，则无法向社会大众宣传推广，那么还是会有广大消费者因无法界定限期使用日期与安全使用期的区别，继而使用超过安全使用期的口红。如果仅仅为了一个双方都能接受的调解，一个还算完满的诉讼结果，而忽视了原本的公益之心，则会本末倒置。

不过,庭审结束后,双方依然有着调解的意愿,法院也希望双方尽可能地通过庭下调解解决争议。

此后,鉴于双方在调解条件方面尚未完全达成一致,加上法院考虑本案社会影响较大,涉及较大范围的公共利益,审限进行了相应延长。

1. 法庭辩论

由于对方逾期举证,开庭前团队才看到被告的答辩材料。不过,鉴于先前充分的预设与准备,对方提出的抗辩理由基本都在我们的预料之中,从而能够从容应对被告的抗辩。

法庭审理过程中,双方的争点主要在于,原告理解的《产品质量法》第二十七条第一款第四项的安全使用期限,为化妆品开封后可以使用的期限,而非在一般为拆封情况下的保存期限;而被告则认为原告所主张的这种开封后的使用期限,是强加给被告的法外义务。其认为《产品质量法》中所规定的安全使用期限就是一般意义上的保质期。但这显然是不合理的,否则就没有安全使用期与限期使用日期的区分之说。后者才是一般意义上的保质期,即可以密封情况下可以保存的期限。同时,被告认为如果支持了原告的诉讼请求,则如果日后成千上万的消费者以同样的诉求来状告,则被告的义务负担将大大加重。可原告认为正是如此,被告才更有义务去更正目前未标明安全使用期限的错误。

在目前的民事诉讼体系下,个人无法作为公益诉讼的主体,因此原告希望将自己个人微薄的私益作为切入口,即便无法达成直接让法院判令美宝莲在日后生产的唇膏上标注安全使用期的目的(因为这可能超越了特定的权利主体和"诉讼标的"),起码也可以在日后让那些与原告有着相同遭遇的消费者,以此为由要求美宝莲进行明确具体的告知,进而间接促使美宝莲统一在其产品包装上标明安全使用期。

2. 与法官、书记员沟通

其实开庭前，我们一直惴惴不安，担心法官对我们的诉讼行为不理解，认为我们是浪费司法资源。但无论是从立案受理，还是开庭时法官、书记员对我们的态度，以及往后每次电话询问，我们都充分感受到了尊重与理解。

开庭前，法官在知悉我们是苏州大学王健法学院的同学后，与我们进行了热切地交谈，认为这次诉讼对我们而言是一项富有意义的体验。庭审结束后，法官表扬了我们充分的庭前准备，并为我们的公益之心点赞。

在整个诉讼过程中，我们与法官、书记员的沟通多是事务性的交流，如被告是否有答辩材料寄送，以及庭审完毕后，询问补充材料法院是否收到等。

原本适用简易程序的案件审理期限应是自立案后 3 个月内，即在 12 月 7 日就应当审结，但法院分别延长了两次。对此，我们也询问过法官，法官认为以调解结案是较好的，但鉴于双方在调解事宜上暂未达成一致，希望给予双方一定的时间进行充分协商，加之考虑到本案的公益影响力与欧莱雅公司的社会影响力，因此最终判决需要格外审慎。

（七）调解

团队认为，以调解方式结案依然不失为一条可行的路径，毕竟实现公益目的并非只能通过诉讼判决的形式，而是尽可能争取到一个能体现公益价值的调解结果。同时，考虑到直接请求法院判令被告在瓶身上标注安全使用期的请求，可能并非像我们起初设想的那样容易，因为其中可能还涉及一系列工业生产线的变动。并且，对欧莱雅这样具有一定国际影响力的上市公司而言，但凡其败诉的结果被媒体进行宣传报道，严重的话甚至将波及其股票价格，产生不小的社会影响。

因此,团队向被告提出了一份新的调解方案:如果被告无法在产品本身对其安全使用期进行标注,则希望被告能够在其电商销售平台页面明确标明口红的安全使用期。同时,对于线下的销售模式,也希望柜台工作人员能够在消费者购买口红时明确告知口红的安全使用期。

最终,法院根据能调则调、当判则判的民事审判工作原则,积极促进双方调解,案件以调解结案。

三、参赛感悟

贲一鸣:

作为本案的原告,全程参与从前期准备到立案、开庭以及后续跟进的全过程,一路走来,我感觉无论是我个人还是团队都非常幸运。从团队方面来说,我们的指导律师非常认真负责,专业能力强,前期帮助我们分析管辖法院的选择,中期建议我们先选择调解并分析利弊,后期还时刻关心本案进展等,让团队十分感激,每当我们对一个问题举棋不定时,我们都会及时与姬律师联系,事后收获满满。

从我个人来说,我还有更深一层的感激,就是对团队队长和队员的感激。这段公益诉讼的经历将会成为我日后职业生涯的一个美丽起点,我将怀着法律共同体中前辈给予的善意,砥砺前行。

鲍筱栩:

从立项开始,证据搜集、文书编写、材料整理工作就席卷而来。我们在一次又一次开会讨论、调整诉讼方向的循环中深感最初立项的不成熟。整个诉讼过程,没有哪个步骤是可以蒙混过关的,立案前管辖、证据、法条等的判断搜集,立案后不断在被告与自身的角度间反复横跳来寻找漏洞。直到上庭的前一夜,大家还聚在一起模拟着预想的诉讼流程。

本案因为涉及公益诉讼性质,我们需要尽最大可能实现自身预想的解决方案。面对被告循循善诱的调解与步步紧逼的质辩,我们坚守住最后的底线。在最终的法庭辩论环节,被告公司的法务用十分老到、专业的说辞,让我们体会到了一名真正律师从业者的素养与经验。尽管在部分环节中,我们做出了较为青涩的选择,但大家彼此扶持,最后完成了从自身看来还比较优秀的答卷。我个人也在其中学到了诸多有关文书写作、文献查找、诉讼流程方面的知识,受益匪浅。

王晶妍:

参加"小城杯"公益之星创意诉讼大赛,无疑将为我本科阶段添上浓墨重彩的一笔。它见证了我很多的第一次:第一次参与市场调研;第一次撰写起诉状;第一次在专业律师的指导下跟进诉讼全过程;第一次在开庭前进行法庭模拟;第一次体会到等待判决书的煎熬……

"知行合一"要求我们要善于将所学知识应用于实践。大赛为我们搭建了一个能够真正参与司法实践的平台,提醒我们切忌理论与实践相脱离,同时又锻炼我们发现问题、解决问题的能力。更为重要的是,大赛着眼于公益,尽管作为私主体的我们并非适格的公益诉讼的原告,但这要求我们在日常生活中学会发现具有潜在性且危害面具有波及性的侵权行为,典型的便是侵犯消费者合法权益的行为。通过这一宗旨,大赛给予我们的不仅仅是法律技术的提高,更是一种心向光明、关注公益社会责任感的培育。

就我个人而言,在撰写起诉状的过程中,文字表达能力得到锻炼;在和专业老师交流的过程中,法学知识得到夯实;在和团队成员并肩协作的过程中,认真倾听和适当妥协的技能得到培养;在与律师沟通的过程中,自己未来的职业榜样渐渐明晰……这些都是这次比赛馈赠给我的,也是在参赛前我从未想到过的。

"莫问收获,但问耕耘",或许我懂得了它的含义。

孔德钧:

平时在法学院的学习中,我们主要侧重于法学理论的学习,虽然理论学习是以后工作、实践必不可少的基础,但作为一名法学生,我一直期待能近距离地真正进入法庭,直观体会一下庭审流程。不承想,"小城杯"公益之星创意诉讼大赛给了我这样的机会。

通过比赛,我还认识到了团队合作的重要性。团队队长认真负责,队员积极配合,几乎所有任务都是大家竭尽全力完成,每次开会或者参加庭审,大家非常积极,互相鼓劲。作为实务经验很少的"小白",如果没有团队成员良好的配合,是很难完成这次诉讼的。

此外,在庭审和调解中,代理美宝莲公司一方的律师,其深厚的法律功底和娴熟的答辩技巧也让我"长了见识",可以说从"对手"身上看到了自身的不足,也进一步明白了自己未来努力的方向。

吴明韬:

通过比赛,我在以下两个方面感受颇深:一是涉及诉讼领域的实质及目的是公益性质的,参与其中让我意识到公益诉讼的意义与价值;二是亲身参与诉讼全过程,大大提高了我的逻辑思维与策划技巧,收获匪浅。

立案前期起诉状的撰写尤为重要,在撰写事实和理由部分,我学会多角度思考,更多地站在被告角度观察寻找我们欠合理性的地方。无论是查找法条,还是遣词造句,还是书状具体格式,从中我都学到了很多。

在沟通协商过程中,我敬佩美宝莲法务耐心温和的工作态度,这一点也是我今后踏入社会需要认真学习的。最后,我想感谢姬律师的悉心指导、老师的耐心解答、队友的团结支持以及一直坚持努力的自己。

四、指导律师点评

对于大赛主题的理解，应是以诉讼为基础、以创意为纽带、以公益为核心、用创意为诉讼赋值，最终实现以私益保护类诉讼推动社会公益发展的目标。我所指导团队的 5 位同学深谙活动主题，选题新颖，目光敏锐，观察到无论是广大消费者还是化妆品行业，对"保质期"与"安全使用期"的区分普遍缺乏必要关注。5 位同学对公益充满热忱，率先打破"权利的沉默"，将此次诉讼当作他们作为法律人所应尽的社会责任，既对广大消费者进行了权利的告知、维权的示范，又从根本上推动化妆品行业生产及销售环节的规范化。诉讼中，他们准确提炼法律事实、精准把控诉讼程序及法律适用，在力求认真办好案件的前提下，寻求省级消费者协会的支持，表现出了法律人应有的严谨与担当，值得肯定与鼓励。最终荣获决赛第二名的好成绩，可谓实至名归。

——江苏尚韬律师事务所主办律师　姬海涛

拼多多网络服务合同纠纷案

一、导　读

　　当前,网络购物已成为人们日常生活的一种新方式,由此引发的问题层出不穷。尤其是一些所谓的"砍价"活动,不时出现不合理现象。有的商品价格等信息虚假,有的砍价规则不清晰,还有的甚至有虚假宣传问题。本案案源来自参赛成员的亲身经历,他在拼多多平台上参加"砍价免费拿"活动,发现有失实的商品价格;活动页面没有明示"加速包"的砍价规则和使用风险,也未明确注明有"加速包"未经使用可无理由退款的条款。

　　本案于 2020 年 9 月 22 日、10 月 7 日先向 12315 平台举报,市场监管部门以"举报事项未查实"为由不予立案;后由该案举报转为投诉,结果也未成功。10 月 14 日,团队到苏州市姑苏区人民法院申请立案,因管辖问题未成功,后向被告住所地上海市长宁区人民法院申请立案,也未成功。2020 年 10 月 15 日,团队修改起诉书后再次向长宁区人民法院申请立案。2020 年 10 月 27 日,团队收到法院回复,立案成功并进入诉前调解程序。2020 年 11 月 3 日,法院告知被告拒绝和解,案件转入立案庭再次立案。2020 年 12 月 25 日,团队收到法院缴费信息并确定立案成功。2021 年 1 月 6 日,团队收到法院于 2 月 24 日开庭审理的通知。2022 年 4 月 7 日法院再次组织开庭,目前案件仍在审理中。

参赛成员

徐呈璟：苏州大学王健法学院法学专业本科生。

饶　会：苏州大学王健法学院法学专业本科生。

胡　楠：苏州大学王健法学院法学专业本科生。

王宁宁：苏州大学王健法学院法学专业本科生。

二、案情回顾

（一）起因

2020 年 5 月 16 日，团队成员饶会参与上海寻梦信息技术有限公司旗下拼多多平台开展的"砍价免费拿"活动[①]。

饶会选中标价为 2 099 元的"白色青春版 kindle"进行砍价。同时，为了砍价成功，饶会花费 9.9 元购买了砍价页面提供的"砍价加速礼包"，购买页面规则表明：一经购买不可退款。然而这一"加速包"只帮助她"砍"了 0.26 元，最终饶会因为未能在规定时间内完成砍价，而没能获得商品。

事后经过查询，她发现在几大主流电商平台中，该商品价格为 499 元至 799 元不等，与活动中所标价格 2 099 元相差达 2～3 倍。2020 年 5 月 25 日，她在和官方客服的沟通中又得知如果砍价失败，并且"砍价加速包"内的优惠券未被使用，消费者可以申请"加速包"退款。但是，该"潜在规则"在砍价活动页面没有任何相关提示。

---

① 活动介绍：用户点击"砍价免费拿"图标进入商品页面，选中自己心仪的商品填好地址后即可开始砍价。砍价的方式主要有分享链接给好友或分享到群，邀请新用户，购买加速礼包，浏览评论找"小刀"等方式，此外还有平台提供的其他随机开放的砍价方式。用户在 24 小时内将进度条拉满即可免费领取商品。

基于上述原因,团队认为该活动中平台涉嫌侵犯消费者知情权,并由此开展了对拼多多平台的诉讼活动。

(二) 法理分析

通过分析,团队认为此案主要涉及两个法律问题:

一是消费者知情权问题。在整个"砍价免费拿"活动中,参加活动的商品标价普遍高于市场价格,并且没有提供相应的产品参数,侵犯了消费者的知情权。团队认为在活动过程中,商品的价格是消费者判断商品价值与自己砍价的劳动付出是否等价的重要因素,平台恶意提高商品的价格属于误导消费者。同时,产品参数也是消费者衡量商品价值与性能的重要标准。平台在这两个方面的误导、隐瞒行为,侵犯了消费者的知情权。根据《消费者权益保护法》第八条规定:消费者享有知悉其购买、使用的商品或者接受的服务的真实情况的权利。消费者有权根据商品或者服务的不同情况,要求经营者提供商品的价格、产地、生产者、用途、性能、规格、等级、主要成分、生产日期、有效期限、检验合格证明、使用方法说明书、售后服务,或者服务的内容、规格、费用等有关情况。团队认为有理由要求平台提供准确真实的商品价格和参数。

二是"砍价加速包"退款问题。"砍价加速包"实际上由两部分构成,一部分是 2 张总价值为 10 元的优惠券,另一部分为一次"砍价加速机会"。团队认为在优惠券没有使用且砍价未成功的情况下,"砍价加速包"应当允许退款。因为在砍价失败的场合下,一次"砍价机会"的效果等同于未使用,对平台未产生任何不利效果,同时如果优惠券也未使用则相当于"砍价加速包"完整无缺。根据《消费者权益保护法》第二十五条规定:经营者采用网络、电视、电话、邮购等方式销售商品,消费者有权自收到商品之日起七日内退货,且无须说明理由,但下列商品除外:(1) 消费者定做的;(2) 鲜活易腐的;(3) 在线下载或者消费者拆封的音像制品、计算机软件等数字化商品;(4)交付的报纸、期刊。团队认为,"砍价加速包"不属于上述4种不可退情况的任意一种,且在砍价失败并且未使用优惠券的情境中,"加速包"退款并未对商家造成任何不利影响。据此,团队认为符合条件的"加速包"应当适用"七天无理由退货"。

(三) 调研

团队首先在"黑猫投诉"网站展开了前期调研,主要想了解饶会在砍价活动中发现的问题是否具有一定的普遍性。

通过调查,团队发现针对拼多多"砍价免费拿"活动的投诉非常多。主要集中在以下三点:① 拼多多"砍价免费拿"活动中的砍价商品标价严重超出市场价格,② 拼多多"加速礼包"不能退款,③ 拼多多"砍价免费拿"虚假宣传,拉好友砍价效果不明。

针对第一点投诉,不少消费者遇到的问题与饶会一致,都发现这一活动中的商品标价对比市场价格过高。如其中一名消费者放出对比图表示,任天堂游戏机 Switch 的市场价格一般在 2 000 元左右,而在拼多多砍价活动区,该商品的价格则高至 5 999 元,相差巨大,并且在他咨询拼多多客服时,客服一直在逃避问题,答非所问、敷衍了事。

针对"加速礼包"不退款问题,消费者们的态度则更加激动。许多消费者对"加速包"的砍价效果表示强烈质疑,不少人表示花费 9.9 元购买"加速包"后只砍了几角钱,而宣传页面宣称这一"加速包"会帮助消费者"巨额砍价",宣传效果与实际效果差距巨大,让人不能接受。有的消费者在找客服退款时只得到了不能退款的答复,却没有被告知原因。可见针对"加速礼包"不能退款问题,消费者们普遍表达了不满情绪。

通过调研,团队发现饶会在参加"砍价免费拿"活动时发现的问题具有普遍性,针对"砍价免费拿"活动商品价格失实和"加速礼包"退款这两个问题进行进一步研究,有一定的社会基础和公益价值。

(四) 诉前准备

1. 证据收集

在团队共同努力下,团队收集到以下 8 个方面的证据材料(表 1)。

表 1　证据材料

序号	证据名称	证件内容	证据目的	复印件/原件
1	"白色青版 kindle"价格与其他主流电商平台价格对比截图	该商品在"砍价免费拿"活动中为 2 099 元左右,而在其他主流电商平台中价格区间为 499 元~799 元,价格差异达 2~3 倍	拼多多平台在"砍价免费拿"活动中提供失实的价格信息	复印件
2	"砍价免费拿"活动中部分商品在其他主流电商平台价格对比截图	所选商品在"砍价免费拿"活动中的价格远远高于在其他主流电商平台中的价格		复印件
3	商品砍价详情页面截图	该商品在砍价页面除了图片和名称,没有任何有关该商品的其他重要信息	拼多多平台在"砍价免费拿"活动中未提供完整的商品信息	复印件
4	购买"看加速礼包"支付页面截图	2020 年 5 月 16 日和 2020 年 9 月 22 日分别购买了"砍价加速礼包",均花费 9.9 元	原告真实购买了 9.9 元加速包	复印件
5	"砍价加速礼包"购买页面的购买须知截图	该购买须知第一条明示该礼包最高可抵 3~8 人帮砍效果,第二条明示"砍价加速礼包"一经购买不可退款	拼多多平台未明确 9.9 元"砍价加速礼包"的使用风险	复印件
6	使用"砍价加速礼包"效果截图	使用"砍价加速礼包"后砍掉 0.1 元		复印件

序号	证 据 名 称	证 件 内 容	证 据 目 的	复印件/原件
7	与客服就有关"砍价加速礼包"是否可以退款事宜交涉的文字内容截图	我方于 2020 年 5 月 25 日与平台客服交涉，意外发现加速礼包符合一定条件可以申请退款	"砍价加速包"实际可退	复印件
8	"砍价加速礼包"退款成功页面截图	2020 年 5 月 25 日得知可以退款后向平台客服要求退款		复印件

2. 可能争议分析

团队对庭审中可能出现的争议进行分析预测，认为以下两个问题可能会出现争议：

（1）"免费拿"活动中商品价格失实问题。难点：商品价格在本活动中是否具有可诉性，商家的自主定价权。

团队经过分析认为，"砍价免费拿"活动在法律性质上属于附条件赠与合同。赠与合同虽是单务合同，但仍需双方意思表示一致方可成立。相对方接受附条件的赠与合同，不仅是对赠与物/利益接收的同意，也是对所附条件的认可，即只有当相对方认为商品的价值与其即将付出的劳动价值相符，相对方才会进行"砍价"行为。

商家拥有自由定价权（其商品不属于特别价格管控的商品），自由定价权的意义应该主要存在于买卖合同契约自由的场合。而本案由于赠与的性质，则所赠物品的标价不是作为买卖活动中买方愿意支付的价款，而是作为受赠人权衡自己即将发生的劳务付出与该赠与物价值的参考依据，则赠与物的标价须有一定的客观性。由于拼多多是互联网交易平台，市场商品本身以相对一致的价格在众多互联网平台出售，故平台标价在一定程度上反映了该物品的市场价值。拼多多平台的标价应当与市场价格保持相对一致性。否则是对相对方参与砍价活动的意思表示的误导。

相对方意思表示不真实，并据此撤销合同，则赠与方因为相对方的劳务所获得推广效应属于不当得利，应当适当返还。故此，商家既不得以赠与物的价格不具有可诉性，也不得以商家具有自主定价权为辩驳理由。

（2）"加速包"是否可退问题。难点："砍价加速包"买的是"加速机会"还是优惠券？"砍价加速包"是否符合"七天无理由退款"商品性质？"加速机会"的使用是否破坏了商品完整性？

团队成员通过多次尝试，以及分析网友们反馈，可以确定 9.9 元"加速包"的砍价效果基本在 1 元以下。如果认为"砍价包"卖的是一次砍价机会，则其价值与价格完全不匹配，不符合交易常理。所以"砍价加速包"虽然名为"加速包"，但实际上卖的是其中附赠的两张优惠券，而非一次"砍价机会"。这一点也可以从客服通过询问原告是否使用里面的优惠券，并在得到否定回答后主动为我方退款可看出。至于"加速机会"则是作为商品的附赠。

"加速包"不符合《消费者权益保护法》第二十五条规定不予退款的（1）至（4）项，而第二款的"根据商品性质并经消费者在购买时确认不宜退货"的标准，根据前一款所列举的情形推论，指的是退款会导致交易商品的固有价值受损从而使得买卖双方利益失衡①。而由于"优惠券"未被使用，"加速包"的主要价值并未受损，"加速效果"本身是一种计算机程序上的效果，其单个成本几乎为零，且由于砍价失败，"加速"实际并不发挥作用，因此，退款并不会导致商品出现瑕疵以及商家利益受损，"加速包"应当可退。

_____

① 我们认为上述 4 类商品不能退款是由其商品性质决定的：① 难以易主交易。② 新鲜质量受损。③ 本身所出卖的就是使用权。④ 商品的时效性。

然而，平台关于"加速包"的购买须知却写明："砍价加速礼包一经购买不能进行退款。"结合《消费者权益保护法》第二十六条和《民法典》第四百九十六条的规定，团队认为该购买须知属于格式条款，并未以显著方式提醒消费者注意，且该格式条款本身对消费者并不公平合理。

3. 举报投诉

在收集证据、相关材料与分析可能发生的争议后，团队准备向相关法院提起诉讼。但邢瑶律师建议我们先向 12315 平台进行举报和投诉。虽然民事诉讼是解决民事纠纷的兜底手段，但在此之前，若有其他可以解决纠纷的方式，应当先尝试通过其他非诉途径解决。

2020 年 9 月 22 日，团队先向 12315 平台进行举报，几日后，收到官方回复："未发现拼多多平台存在违反市场监管部门相关法律的行为，举报事项未查实，我局不予立案。"2020 年 10 月 7 日，团队进行第二次举报，以收到同样的回复告终。

由此，团队由举报转为投诉，2020 年 10 月 19 日，收到 12315 平台关于第一次投诉回应："砍价活动和商品以成本价和市场价为依据设置，平台会监督价格使其处在正常合理的范围。"最终结果是"协商和解不成功"。2020 年 10 月 22 日，团队进行第二次投诉，但以同样结果告终。

至此，举报与投诉均未能达到理想结果，团队开始计划向法院提起诉讼，准备采取诉讼手段解决争议。

（五）立案

1. 苏州市姑苏区人民法院

疫情防控原因，进出法院需要预约，团队在指导律师的建议下选择向姑苏区人民法院邮寄立案。后收到法院回复：邮寄立案优先适用原告在外地的案件，建议我们预约好时间到法院立案。

在收到法院退回的相关起诉材料后,团队立即通过线上平台预约好时间,于 2020 年 10 月 14 日到姑苏区人民法院进行了立案。法院立案庭指明,如果该案属于侵权纠纷,那么应由侵权行为地的人民法院或者是被告住所地的人民法院管辖;如果该案属于合同纠纷,则应该由被告住所地或合同履行地的人民法院管辖。然而,案件实际是一种网络服务纠纷,并不能简单地将其纳入侵权纠纷或合同纠纷。同时,拼多多平台所隶属的上海寻梦信息技术有限公司位于上海市长宁区,无论是侵权行为发生地还是侵权行为结果地均在原告的家乡湖北省十堰市,都不符合管辖要求。姑苏区人民法院因管辖问题,最终未予以立案。

2. 上海市长宁区人民法院

因在姑苏区人民法院立案失败,当日团队向被告住所地上海市长宁区人民法院申请网上立案。后收到法院不予立案回复,法院认为我们的诉讼属于公益诉讼,公益诉讼必须由有关机关或公益团体向中级人民法院提起,本案原告不适格。

2020 年 10 月 15 日,团队修改了起诉书部分内容,使之更符合私益诉讼条件,再次向长宁区人民法院申请网上立案。

2020 年 10 月 27 日,收到法院回复,认为本案符合受理条件并进入诉前调解程序,诉调案号为(2020)沪 0105 民诉前调 4099 号。

2020 年 11 月 3 日,在多日未收到来自法院的调解信息后,团队主动联系法院询问,工作人员回答被告拒绝和解,该案将转入立案庭再次立案。

2020 年 12 月 25 日,终于收到来自法院的缴费信息并确定案件立案成功,案号为(2020)沪 0105 民初 25143 号。

2021 年 1 月 6 日,在缴费、邮递相关起诉材料后,团队收到法院于 2 月 24 日上午 9 时在上海市虹桥路 1133 号第 15 法庭开庭审理的通知。

附：民事起诉状

民 事 起 诉 状

原告：饶会(详细信息：略)

被告：上海寻梦信息技术有限公司(详细信息：略)

诉讼请求：

(1) 判令被告修正"拼多多"平台上"砍价免费拿"活动中失实的商品价格，提供准确的商品信息和市场化的价格信息。

(2) 判令被告在活动页面明示"9.9 元加速包"的砍价规则和使用风险，并明示"9.9 元加速包"未经使用可无理由退款。

(3) 判令被告承担本案诉讼费用。

事实和理由：

2020 年 5 月 16 日，原告饶会参与被告上海寻梦信息技术有限公司旗下产品"拼多多"平台开展的"砍价免费拿"活动。原告选中"青春版白色 kindle"进行砍价。在砍价过程中，原告发现该商品在活动中标价为 2 099 元，但原告经过查询，发现在其他主流电商平台中该商品价格为 499 元至 799 元之间，价格差异达 2～3 倍。

原告为了"砍价"成功，花费 9.9 元购买了砍价页面提供的"砍价加速礼包"，然而只"砍"了 0.26 元。最终，原告因为未能在限定时间内完成砍价而"砍价免费拿"失败。其后，原告经过和官方客服多番交涉，得知砍价加速包未经使用可以申请退款。但是，砍价活动页面没有任何明确的相关提示。原告认为：

首先，商品价格失实，违背诚实信用原则。买卖双方"砍价还价"的价格基准，应当为同类商品的市场化价格，即便有一定幅度的高低差别，通常也不能偏离正常的商品本身价值。当然，在有些特定商品定价中,价格可能无法准确定价,比如文物、玉器等。但在普通的交易活动中,绝大多数商品本身都存在特定的市场中间价格,这也符合市场交易的基本要求。如果卖方提供的"商品价格",远远偏离正常的市场化价格,甚至与商品本身的价值存在巨大差异,那么则涉嫌价格失实。

根据《消费者权益保护法》第八条规定,消费者享有知悉其购买、使用的商品或者接受的服务的真实情况的权利。第二十条规定,经营者应向消费者提供有关商品或者服务的质量、性能、用途、有效期限等信息,应当真实、全面,经营者对消费者就其提供的商品或者服务的质量和使用方法等问题提出的询问,应当做出真实、明确的答复。在本案中,原告未能获得真实的商品价格,原告作为消费者享有的知情权受到了侵犯。

其次,"加速包"砍价规则欠缺明确性,消费者无法做出理性判断,涉嫌消费欺诈。在拼多多的商业模式中,被告在价格失实的砍价基准前提下,诱导消费者进行所谓的"砍价"。其中,"砍价"的路径之一,就是购买被告出售的所谓"加速包"。但是,该有偿出售的"加速包"明显存在消费陷阱,属于消费欺诈。理由如下:

未明确表明"加速包"砍价的效果和使用风险。消费者在购买其"加速包"砍价时,被告对于砍价的使用效果、风险等核心消息均无告知、明示,导致消费者在购买使用"加速包"时,不清楚自己的砍价行为对应着何种消费效果,这无疑对于消费者的消费理性人为制造障碍,违反了《消费者权益保护法》第二十条,即经营者应当提供真实、全面的信息,不得作虚假或者引人误解的宣传。在本案中,原告以9.9元购买所谓"加速包",但实际上只"砍价"0.26元,这种价值不对等的"砍价"结果,纯属误导消费者,且涉嫌欺诈。试想一下,在消费不明、砍价规则不清的前提下,消费者要购买多少次"加速包"才能砍到自己理想的成交价格?如果不明确这种砍价规则,有可能造成购买加速包的金额,远远超过平台标注的失实价格，严重侵害消费者的知情权和财产权。

平台未明示"加速包"未经使用可退款。《消费者权益保护法》第二十五条规定了消费者网络方式购买的商品可以在七日内无理由退货并规定了例外，该"加速包"显然不属于法律规定不可以七日内无理由退货的商品，但原告在购买该加速包时，被"礼包购买须知"明确告知"砍价加速礼包一经购买不能进行退款"，且找不到退款途径，只能联系客服沟通处理。因此，被告应当明确该"加速包"未使用可退款并提供退款途径。

综上，被告在其经营的"拼多多"平台上的"砍价免费送"活动中，标注的部分商品价格远远高于市场价格，与商品本身价值严重背离，原告未能得到真实有效的信息，侵犯了原告的知情权。且被告对于 9.9 元"加速包"的使用风险及退款条件、途径没有明示，对原告的知情权、财产权造成侵害，严重背离了诚实信用的市场交易要求。

此致
上海市长宁区人民法院

起诉人：饶会
2020 年 10 月 15 日

（六）庭前准备

1. 辩论技巧准备

在正式庭审前，团队组织线上会议，为即将参与庭审的饶会准备辩论技巧，主要从证据质证和法庭辩论两部分着手进行准备。

（1）证据质证。团队着重讨论了庭审中该如何举证、如何质证，结合老师、律师的指导，团队提炼出以下注意点。

在如何举证方面，注意表述的明确性和条理性。开庭向法庭举证时，应当讲明这时提供的是证据清单中的第几组证据，这组证据有几份,具体名称是什么,以及证明什么内容。关键内容还要提醒法院注意。我们提醒饶会庭审前将所有证据的原件按顺序摆放在桌上,以免在法庭上表现慌张匆忙。

在如何质证方面,注意围绕对方证据的合法性、关联性、真实性进行。建议饶会在质证环节,首要是听清楚对方在提供这些证据所要证明的内容,然后再紧紧围绕证据的三性展开质证。通过查找资料以及向老师请教,我们认为主要有五点值得明确:① 证据的来源是否合法,② 证据是否存在瑕疵、伪造的痕迹,③ 证据本身内容是否矛盾,④ 证据与本案是否存在关联性,⑤ 证据是否能达到对方所说的证明目的。讨论过程中,团队也意识到对方也会从这些角度对我们的证据提出质疑,我们又针对这些情况展开了模拟,以求应对周全。

(2) 法庭辩论。团队成员由于没有切身的法庭辩论经验,主要是通过搜集前辈的法庭辩论经验进行交流。讨论中,我们把重点集中在文字表达和语言表达上。在文字表达方面,团队认为应当提前写好辩论稿,并且辩论稿应当注意用词准确、详略得当、重点突出。在语言表达方面,一定要做到脱稿,并且在表达过程中控制语速、表意清晰,同时也要注意控制情绪,大方得体。

2. 庭审模拟准备

在讨论完辩论技巧后,团队在线上还举行了小型的"模拟法庭",预先设想对方可能提出的抗辩理由,并且想好大致的应对方向,以下是我们当时想到的问题。

问题一,被告方:砍价物品不是用来卖的,无须按照一般的市场定价。

我方的应对方向:从消费者知情权角度出发。众所周知,拼多多的"砍价免费拿"活动是需要消费者通过"邀请好友""分享"来进行的,这本身就是为平台进行宣传推广，也是提供一种劳动。而劳动具有价值，消费者选择商品进行砍价，就是因为认为商品价值与劳动价值相符，因此平台应当提供客观真实的商品价格，而非误导消费者，侵犯消费者的知情权。

问题二，被告方：平台对商品有"自由定价权"。

我方的应对方向：从消费者决定参与砍价活动的原因出发。消费者之所以选择特定的砍价商品进行砍价，就是因为认为该商品的价值与其即将付出的精力对等。平台虚假定价的行为误导了消费者，使消费者高估了商品价值，则消费者最初的意思表示就不真实。

问题三，被告方：原告已经退款成功，没有经济损失，没有请求权基础。

我方的应对方向：从消费者知情权和诚实信用原则出发。就"加速包"退款问题，原告一开始并未找到退款途径，是联系了客服才得知在未使用优惠券的情况下可以申请"加速包"退款。因此问题的关键不在于原告利益是否损失，而在于平台对此的规则不明确，侵犯了消费者的知情权并很有可能造成消费者利益损失。并且，基于诚实信用原则，平台应当秉持诚信，在规则页面标明"加速包"的退款条件，并提供退款途径。

（七）庭审

2020 年 2 月 24 日上午 9 时，法院准时开庭。本次诉讼适用简易诉讼程序，由周泉泉法官独任审判，洪巧缘担任书记员。

书记员将被告的证据和答辩状交给原告后，开始宣读法庭纪律。宣读完毕，法官击槌，正式开庭，先确认原告、被告身份，告知原告、被告享有的权利义务。随后开始法庭辩论，法官询问原告对于知情权是否可以被诉有无依据。

原告回答：关于砍价页面商品信息问题，首先，通过查询其他电商平台同款同型商品价格，我发现落差很大。消费者参与此活动是为了价值200元的商品，而不是标价2 000元实际价值却达不到2 000元的商品；其次，在砍价活动页面，关于商品的信息除了价格和图片没有任何其他的明示。关于砍价加速礼包问题，首先，加速包购买页面规则说可以抵3～8人帮人帮砍的效果，拿着3～8人帮砍的效果是新用户的帮砍效果还是老用户的帮砍并未明确；其次，规则页面还明示"加速包"一经购买不可退款，但在之后的实践中又可以退款，那么是否可以申请退款，申请退款的条件是什么我并不清楚。

被告回应：关于商品价格失实问题，活动中商品并非等同于正常市场交易中的商品，而是用户在达到一定条件后，平台作为奖励免费赠与用户的。因此，平台对活动中的商品有自己的定价权，无须参照市场化的定价，且也不明白原告所谓的市场化定价的标准是什么。关于砍价加速礼包问题，认为活动规则和购买须知都已经阐述得很清楚，至于规则明确告知一经购买即不可退款后，平台客服又将款项退还，是平台的一种单独的让利行为，不能据此认为规则不明晰。

对于商品信息缺失和帮砍效果不明，被告未作出明确回应。

原告回应：关于第一点，即使该商品并没有参与正常的市场流通，但是用户在参与平台的活动时，作为消费者的确有权掌握和了解该商品的完整信息，包括价格厂家质量用材等，然而平台仅仅虚标价格，此外无该商品的任何信息，这是对知情权的侵犯。消费者参与活动付出24小时的时间和精力是为了获得一个价值与价格匹配的商品，而不是一个价格虚标、信息缺失的未知商品。关于第二点，平台退款不能认定为是一种单独的让利行为。因为在多人多次实践中可以发现在符合一定条件，即一砍价失败、二未使用加速礼包的优惠券后，平台确实可以退款。既然如此，就不能简单地说是平台对我方单独的让利。再者，既然可以退款，规则又说不可退款，这是实实在在的规则不明或者说存在误导倾向。

被告继续质证。被告质疑原告参与活动的真实性，原告现场演示通过微信手机号验证等方式证明身份真实性；被告又对参与活动的目标商品是否为"白色青春版 kindle"产生怀疑，因为原告参与该活动时间为 2020 年 5 月 16 日，时间相隔较远且当时并未产生强烈的证据保存意识，因而只存了一张截图，法官也认为一张截图难以证明目标商品是该款，建议原告进一步补充证据。

针对双方的辩论，法官亲自参与试验了砍价免费拿活动，认同原告所述事实。但因为原告关于当时参与活动是否为"白色青春版 kindle"缺乏相关证据，法官也存在一些质疑。

最后，由于开庭时间限制，法官询问原告选择当庭质证还是选择举证答辩期后再行开庭质证。原告认为对方所列的第二项证据（白色青春版 kindle 在淘宝京东电商的价格截图）搜索方单一，选取商品价格同样具有片面性。原告对此提出质疑，同时反驳被告质证时对原告所列价格截图真实性的质疑。关于其他证据的质证，原告回答因为是当庭收到对方答辩状和证据，需要举证答辩期。法官应允，宣告择期开庭。击槌，本次开庭结束。

2022 年 4 月 7 日法院再次组织开庭审理，目前案件仍在审理中。

◉ 三、参赛感悟 ◉

这场诉讼活动是场"持久战"，通过参与整个诉讼过程，我们打破了对诉讼的陌生感和理论化的印象，诉讼呈现出一种平淡的、烦琐的、极具技术性和程序要求的形象。我们经历了从起初的"绝对正义的捍卫者"到一方利益的争取者的认知转变,我们对法院内部的特殊要求对诉讼活动影响("年底立案难"),以及民事诉讼法制度设计上的一些小漏洞(庭前调解失败到正式立案的时间要求是法律空白)也有了初步的认识。最具有锻炼意义的则是从起初只是透过对生活事件"不对"的模糊判断到探究权利诉求背后的请求权基础和法理依据,而我们在此次诉讼过程中则发现,将生活事实对应到理论上的分类是一件极其困难的事情("拼多多免费拿"活动的性质归属问题),以及诉讼主体资格定位对诉讼请求的限制(不具备公益诉讼主体资格,在法院注重诉讼标的额的潜意识下"诉的利益"显得微弱),以及法庭辩论中辩论的针锋相对都紧紧围绕民事诉讼制度的要求。

这些都使得我们认识到,诉讼中的利益之争是个极富"技巧"的事情,也使我们感受到,作为个体面对具有较强实力的企业的权利侵害时的无力,因为这些企业往往擅长打法律的"擦边球",而且对于个体而言,受侵害的利益微弱,无论是从本人还是从法院角度"诉的利益"都显得很微小。但反过来,我们也领悟"小城杯"公益之星创意诉讼大赛举办的要义所在——通过极具代表性的个案诉讼来引发社会对群体性权益的关注和保护。

现实中,针对一些抽象性权利和较为微小的经济利益,出于对诉讼成本的考量,当事人往往选择"吃哑巴亏",然而这些个体的利益实际上是面对大型企业的具有广泛群众性的利益。而每一个个体的沉默将导致社会群体受损的增加,助长侵权企业的"威(歪)风"。

所诉活动中,广大消费者的知情权和财产权受到侵害,侵权企业以"薄利多销"的方式聚集了大量钱财,将进一步导致消费者和企业间的利益和力量失衡。本案的诉讼无论成败,都代表广大消费者的一个立场,将对侵权企业起到一定的警醒作用。同时,本案的宣传也将在一定程度上激发其他消费者的维权意识。除此之外,我们也发现,对于电子交易活动中的消费者而言,维权的一大困难在于取证的难度非常大,因为一些重要的证据都在企业的数据库中。另外,消费者的消费流程难以记录,从而难以证明原告确实具有"诉讼主体资格"等。《消费者权益保护法》在该方面也许应该更进一步。

现实中的权利保护和公平正义问题如汪洋大海,而我们的诉讼活动也许只是杯水车薪,但我们坚信,对权益的每一次诉求都是对自身法律人格的捍卫,我们会吸取经验,继续抵足前行。

——徐呈璟、饶　会、王宁宁、胡　楠

四、指导律师点评

相信每个法学院的学生,在大学时代都会有一个律师梦,都有着一个拿起法律武器去维护公平正义的梦,但真正能勇于实践、克服诸多障碍去实现这个梦的却少之又少,而我们团队正好聚集了这样一些年轻、充满活力、勇于挑战的青年。拼多多这个项目的选题和思路都非常好,我看到选题的时候,油然而生一种共鸣,因为我相信大多数人都"上过拼多多的当",在拼多多"砍一刀"的陷阱下泥足深陷,我也有过绞尽脑汁动员全部人脉最后彻底崩溃的遭遇,但真的很少有人能提出质疑,并将它与维护公众利益的公益诉讼联系起来。参赛的法学生不但想到了,还付诸了实践,通过自身经历去搜集证据,通过请教网络名人的经验去丰富自己的案例。团队在立案时就遇到了诸多障碍,从管辖问题到案由问题,这难免会让第一次尝试拿起法律武器的大学生感到深深地受挫,但他们遇到问题时的态度,永远是积极寻求解决的办法,从来不因为遇到阻碍而沮丧、气馁。整个诉讼过程,他们的思路是清晰的,也很专业,从法学生的角度去思考、分析问题,去检索法律规定和相关案例,去吸取经验、把握风险,我看到的不只是一个诉讼的历程,更是一个团队的蜕变和成长,他们是从浩瀚的书海走向实践、走向生活。

——江苏久顺律师事务所 邢 瑶

移动公司电信服务合同纠纷案

○ 一、导　读 ○

　　在移动通信高速发展的时代,手机几乎成了一种生活必需品。在我国电信行业中:中国移动、电信、联通三家龙头,针对不同受众而设计的套餐服务层出不穷,捆绑收费、隐性收费的现象屡禁不止,并且这种捆绑服务包括但不限于头条抖音包服务,一旦用户不仔细看清"迷你字体",便会掉入"免费收费"陷阱,收费情况即从免费或近乎免费变为收费,每月扣费几元到十几元不等。本案所涉头条抖音包每月收费从0.01元变为9元,900倍于前,其所跨越价格之巨大沟壑,实属难填。对一个大学生来说,办理大学生专享卡业务是2018年,当时全国在校生包括2 831.034 8万普通本专科学生、273.125 7万研究生,总计3 104.160 5万人,总因套餐价格变动产生的标的应达每个月9 301.069 8亿元。像本案原告这样过了6个月才发现问题的大学生固然不在少数,对当事人来说的确不算巨大,但对于大学生群体利益的涵摄价值是相当巨大的。面对用户量如此巨大的移动公司甚至是通信行业,这背后暴露出来的巨大利益价值,造成了无数消费者的利益损失。此种行为违反了法定的提示义务,严重侵害了消费者的正当权益。

　　据中商产业研究院统计,中国移动用户占用户总额59.6%,年总用户达 92 857.1 万户。如此庞大的消费者,原告之遭遇并非个案,同样的事发生在各个群体中,由于不易被发现、涉及金额相对较小、维权成本高等因素,当事人大多选择沉默。而原告当事人在发现之后,对这样的未经提示套餐扣费的问题,寻求法律途径解决。

本案于 2019 年 10 月 23 日在苏州市姑苏区人民法院立案,2019 年 11 月 4 日收到被告管辖权异议申请书,2019 年 11 月 8 日姑苏区法院作出裁定认为管辖权异议成立。2019 年 11 月 9 日原告向姑苏区法院寄送管辖权异议答辩状,2019 年 11 月 30 日裁定上诉期届满,案件移送工业园区法院。2020 年 7 月 15 日,苏州工业园区人民法院(2020)苏 0591 民初 4388 号作出判决,驳回原告的诉讼请求。

虽然法院判决驳回了诉讼请求,但通过诉讼被告停止了侵权行为,在此后的合同中相关文字字号明显放大,且无此类条款出现。实际上,诉讼的目的已达到。

参赛成员

王则安:苏州大学王健法学院本科生。

张　梁:苏州大学王健法学院本科生。

王仕阳:苏州大学王健法学院本科生。

朱宇晴:苏州大学王健法学院本科生。

二、案情回顾

(一) 起因

2018 年 9 月,王则安在中国移动苏州大学营业厅办理了"2018 新生专享任我用校园版 198 元(折后 58 元/月)"套餐,并签订此项电信服务的格式合同。2019 年 8 月，王则安发现合同实际扣费远超 58 元/月，向营业厅咨询后才发现，前述格式合同在边缘处有加赠 15 GB 头条抖音包业务字样，每月收费 0.01 元，其下还以正常视距下难以辨别的 5 磅左右极小字体写有："优惠期 6 个月到期恢复 9 元/月"，此部分费用从 2019 年 3 月恢复 9 元/月开始扣费起，累计已有 6 个月。

王则安感到，中国移动通信集团江苏有限公司苏州分公司在经营活动中使用格式条款时，应当以显著方式提请消费者注意服务价格，并按照消费者的要求予以说明，不得利用格式条款强制交易。移动公司以极小字号在合同边缘位置不合理地设置此项格式条款，且于签订合同时未做任何提示，违背了消费者真实意思签订合同，加重了其责任，排除了消费者的主要权利。此格式条款有违公平原则，属无效条款，移动公司应当承担损害赔偿责任。

（二）法理分析

团队经过分析研究认为，本案属电信服务合同纠纷。

电信服务合同是指电信运营公司向电信用户提供语音和文字通讯、网络以及与上述业务相关的服务，用户向电信运营公司支付费用的双务有偿合同，具有技术性、格式性、垄断性、纠纷小额性等特征。

本案中，原告与被告于苏州大学东校区内的中国移动营业厅签署合同，约定由被告向原告提供电信服务，原告向被告支付费用，符合电信服务合同性质，原被告双方因此产生的合同纠纷可以作为电信服务合同纠纷，受到民事法律规范调整。

1. 该条款属于格式条款

根据《合同法》第三十九条第二款规定：格式条款是当事人为了重复使用而预先拟定，并在订立合同时未与对方协商的条款。

本案所涉电信服务合同是被告为了重复使用而预先拟定，并在订立合同时未与对方协商的合同。其中"优惠期6个月到期恢复9元每月"一条，从双方当事人权益的角度看，具有不合理性；从制定的时间上看，具有预先拟定性；从制定的合意上看，具有非交涉性；从使用的次数上看，具有重复使用性。以上，符合格式条款的所有特征，该条款属于格式条款。

2. 被告未尽到以显著方式提示说明的义务

首先，根据《消费者权益保护法》第二十六条规定：经营者在经营活动中使用格式条款的，应当以显著方式提醒消费者注意商品或者服务的数量和质量、价款或者费用、履行期限和方式、安全注意事项和风险警示、售后服务、民事责任等与消费者有重大利害关系的内容，并按照消费者的要求予以说明。被告具有法定的提示义务，在订立格式条款时应当遵守此条强制性规定，以显著的方式提示消费者相关内容。

其次，被告并未恰当履行其提示义务。根据《〈合同法〉司法解释（二）》第六条规定：（1）提供格式条款的一方对格式条款中免除或者限制其责任的内容，在合同订立时采用足以引起对方注意的文字、符号、字体等特别标识，并按照对方的要求对该格式条款予以说明的，人民法院应当认定符合合同法第三十九条所称"取合理的方式"。（2）提供格式条款一方对已尽合理提示及说明义务承当举证责任。

显著方式应当包括使用足以引起对方注意的文字、符号、字体等。因此，被告使用如此小的字体，显然不能证明其已合理履行其提示义务，原告在苏州大学办理该业务时，被告派出的工作人员并未给予原告阅读合同的充分时间，也并未口头提示原告注意此项条款。原告签订合同一年之久更是对此一无所知。

原告作为电信用户在办理电信业务时，经营者必须向其明确说明该电信业务的内容，包括业务功能、费用收取办法及缴费时间、障碍申告等，如果用户在不知悉该电信业务的真实情况下进行消费，则达不到真正追求的电信消费目的；电信业务的经营者作为提供电信服务合同格式条款的一方，应当遵循公平原则确定与电信用户的权利义务内容，权利义务的内容必须符合维护电信用户和电信业务经营者的合法权益、促进电信业的健康发展的立法目的，并以有效方式告知对方。被告如此做法显然未能尽到提示说明的义务，给原告造成了经济损失，且严重违反《合同法》《消费者权益保护法》相关规定。

3. 该格式条款属无效条款

根据《消费者权益保护法》第二十六条规定：经营者对格式条款中服务价款一类与消费者有重大利害关系的内容负有特殊的提示说明义务。本案所涉格式条款有关电信增值服务价格，应当认定为合同最核心的部分，经营者当然有义务进行提示说明。一般人正常阅读距离下不易发现的小字部分，经营者拟定合同更应该使用显著方式，帮助消费者了解知悉，自主选择，公平交易。

任何人不得被未经其同意的义务所约束。提供格式条款的一方在订约时，有义务以明示或以其他合理、适当的方式提醒相对人注意其欲以格式条款订入合同的事实，且提请注意应当达到合理的程度，否则正是变相加重相对方责任。

根据《合同法》第四十条规定：格式条款具有本法第五十二条和第五十三条规定情形的，或者提供格式条款一方免除其责任、加重对方责任、排除对方主要权利的，该条款无效。第五十二条规定，有下列情形之一的，合同无效：(1) 一方以欺诈、胁迫的手段订立合同，损害国家利益，(2) 恶意串通，损害国家、集体或者第三人利益，(3) 以合法形式掩盖非法目的，(4) 损害社会公共利益，(5) 违反法律、行政法规的强制性规定。

本案所涉格式条款位于合同边缘位置，以极小字体排列，无任何特殊颜色、特殊字体标识，且该合同在整体上内容繁杂、排版紧凑、字体狭小,导致此条款更加难以辨识,被告未尽到提示说明义务,违反《消费者权益保护法》第二十六条的强制性规定,应当认定该条款无效。

关于格式条款的认定,指导律师郑长虹结合自身的实践,以及对于公报案例的研究分析,提出 4 点建议:

(1) 格式条款的一般约束力。格式条款不存在违反法律规定,侵害国家、集体或其他人的合法权益,未损害社会公共利益或者免除义务人的法律责任,也未加重权利人的责任,排除权利人的主要权利等法律禁止的内容的,对双方当事人应具有法律上的约束力。如来云鹏诉北京四通利方信息技术有限公司服务合同纠纷案(载《中华人民共和国最高人民法院公报》2002 年第 6 期)。

(2) 遵循公平原则。格式条款只强调一方权利,损害另一方权益,违背公平原则,该格式条款应属无效。如广东直通电讯有限公司诉洪分明电话费纠纷案(载《中华人民共和国最高人民法院公报》2001 年第 6 期)。

(3) 合同无效的法定情形。格式合同的条款只在法律规定的无效情形时,才能被宣告无效,并非只要是格式合同就一定无效。如成路诉无锡轻工大学教学合同纠纷案(载《中华人民共和国最高人民法院公报》2002 年第 2 期)。

(4) 合同格式条款的违约责任。电信服务企业在订立合同时未向消费者告知某项服务设定了使用期限限制,在合同履行中又以该项服务超过有效期限为由限制或停止对消费者的服务的,属于违约行为,应当承担违约责任。如刘超捷诉中国移动徐州分公司电信服务合同纠纷案(载《中华人民共和国最高人民法院公报》2012 年第 10 期)。

(三) 代理资格

立项之初,团队原计划以团队成员为原告进行诉讼,但由于合同原件灭失，复印件在庭上真实性存疑，且营业厅方面以只保存 6 个月合同信息为由拒绝出示合同。团队不得已转而开始寻找适格原告。原以为此项工作不会有困难，因为移动用户在校园内部不在少数，但经过几番查找后，团队发现少有办理移动校园服务的同学将合同原件保存完好的情形，并且由于中国移动提示义务的缺位，许多同学都因未能发现其隐蔽条款而正在受到经济损失，几经波折团队终于找到干芸同学合同原件尚存的适格原告。

随着新的《民事诉讼法》出台，公民代理制度产生了一些变化，一定程度上影响了本次诉讼，指导律师郑长虹分析其存在的一定必然性：① 公司登记制度的改变为非正常公民代理群体带来"契机"，② 基层组织推荐材料的随意性成为非正常公民代理活动的"推手"，③ 各级法院认定标准不统一以及效力问题成为非正常公民代理的"缝隙"。并在理论上结合法院信息提出自己的见解：① 加强立法，规范公民代理所涉争议，② 建立非正常公民代理人名录机制，③ 加强法院在案件审理中的释明工作，④ 强化基层组织出具推荐材料的自律性与严肃性，⑤ 健全法律职业共同体的圈层反馈沟通机制。

新的《民事诉讼法》规定：当事人、法定代理人可以委托一至二人作为诉讼代理人。下列人员可以被委托为诉讼代理人：① 律师、基层法律服务工作者；② 当事人的近亲属或者工作人员；③ 当事人所在社区、单位以及有关社会团体推荐的公民。

由于《民事诉讼法》的变动，代理条件受到限制，指导老师方潇特意咨询了法官与律师，告诉我们应先去学院加盖公章，如若不行还要上报学校，加盖学校公章。随后我们询问了吴俊老师，吴老师询问上届参赛团队后，告诉我们找学院盖章即可。经过对我队诉讼具体情况及其公益价值的全面了解和谨慎考虑，学院负责老师同意为我队出具推荐信，并且表达了殷切的期望。团队通过学院开具的推荐函，获得了合法的诉讼代理主体资格。

（四）立案、判决

解决了代理资格问题后，团队从干芸同学处取得合同原件及被扣除 6 个月费用等相关证据，干芸写了委托书，团队立即起草民事起诉状。

随后，团队开始立案筹备。立案之前，团队撰写了案例检索报告，发现管辖法院存在不确定性。被告中国移动登记注册地在姑苏区，但从过往三年的 6 份裁定来看，中国移动都会以主要机构所在地为园区为由提出管辖权异议并获得支持，且苏州市中级人民法院也维持了所有此类上诉。因此，在与郑律师沟通后，团队决定变更原定法院，改向园区法院提起诉讼，期待节省诉讼时间，降低维权成本。

2019 年 10 月 23 日，团队与原告来到园区法院立案。然而园区法院以其不具有管辖权为由拒绝了立案申请，并称有内部文件要求不受理，要求我们去姑苏区法院起诉。当我们要求出示所谓规定时，园区法院拒绝了。我们遂出示早已准备好的过往裁定据理力争，园区立案庭推说有上级领导的指示。我们指出，中国移动园区办公楼距法院只有一街之遥，为何还要跑到姑苏区去立案？园区法院不得已称若姑苏区法院不受理，这里一定会立案。见此情景，我们兵分两路，留下一名队员在园区法院等候，其余队员立刻打车前往姑苏区法院。幸运的是我们在姑苏区法院下班前一刻钟抵达并成功立案，确保了诉权的实现。

当接到法院通知，团队准备于 2019 年 11 月 11 日下午 2 点参加开庭时，2019 年 11 月 4 日我们却收到被告提交的管辖权异议申请，被告表示虽然公司注册地在姑苏区，但是实际经营地在工业园区，因此姑苏区法院并不具有管辖权，要求案件移交到工业园区法院进行审理。被告此举旨在拖延时间以充分准备诉讼材料，同时增加原告时间成本，迫使我们自动撤诉。事实上，团队在园区法院试图立案时，园区法院也表示上级领导曾指示所有移动公司的案件都要去姑苏区法院立案，园区法院没有管辖权，对此我们是有心理准备的。关于管辖权的问题，团队主张采取注册地主义。根据《民事诉讼法》第二十一条、第二十三条以及《最高人民法院关于适用〈中华人民共和国民事诉讼法〉的解释》第三条规定，被告住所地法院有管辖权，而被告住所地应以其注册登记地为准。再者，被告注册登记地具有公示公信效力，不应加重原告的举证责任。被告变更实际营业的而不办理变更登记的行为本就违反相关法律法规，被告凭借自己的违法行为却能够拖延时间、获得一定程度上的诉讼优势，对于原告而言显然有失公平。且公司登记具有公示公信的效力，原告只需证明起诉地为公司注册登记地即可。如果以实际营业地法院管辖，要求原告在起诉时对实际营业的进行确认举证，加重了原告的举证责任。以此为理由，团队将管辖权异议答辩状邮递给姑苏区法院。

此后姑苏区法院的裁定迟迟没有消息，我们主动打电话询问，姑苏区法院工作人员表示原告的号码为空号，因此邮递因无人签收而被退回法院，并要求我们于 2019 年 11 月 20 日下午携带原告前往法院，一方面领取裁定书，另一方面当面签署授权委托书。其实，对于当面签写委托书的说法我们内心存有疑问。当日到达姑苏区法院后，工作人员告知我们姑苏区法院没有管辖权，此案将在 10 日上诉期过后移交园区法院。当询问到原告号码为空号的问题时，我们发现立案时所提供的号码真实有效，只因法院邮寄时抄错号码导致快递无法送达。法院对于手机号码的简单审查义务都未履行，并在事后轻描淡写地一笔带过，导致原告收到裁定书的日期延迟 10 日，原告与我们团队所遭受的时间损失也无人承担。

2019 年 11 月 8 日，姑苏区人民法院作出本案移送苏州工业园区人民法院处理的民事裁定。

附：姑苏区人民法院民事裁定书

民 事 裁 定 书

(2019)苏 0508 民初 8943 号

原告：干芸(详细信息：略)

被告：中国移动通信集团江苏有限公司苏州分公司(详细信息：略)

委托诉讼代理人：朱寒琼、吴莉莉(详细信息：略)

原告干芸与被告中国移动通信集团江苏有限公司苏州分公司电信服务合同纠纷一案,本院于 2019 年 10 月 28 日立案。

原告干芸诉称,2018 年 9 月 8 日,原告在中国移动苏州大学营业厅办理了"2018 新生专享任我用校园版 198 元(折后 58 元/月)"套餐,并签订此项电信服务的格式合同。2019 年 8 月,原告发现合同实际扣款远超 58 元/月,向营业厅咨询后发现前述电信服务的格式合同在边缘处有加增 15 GB 头条抖音包业务字样,每月收费 0.01 元,其下还以难以辨认极小字体写有"优惠期 6 个月到期恢复 9 元/月"。此部分费用从 2019 年 3 月恢复 9 元/月对从未使用过上述软件的原告开始扣费起,已累计 6 个月之久。原告认为,被告对相关格式条款在签订合同时未作任何提示,使原告违背真实意思签订合同,在价格变更前也未通知原告,被告行为违背了《中华人民共和国合同法》第三十九条、《中华人民共和国消费者权益保护法》第二十六条等相关规定,应当承担民事责任。特向法院提起诉讼,请求判令：

1. 被告赔偿原告损失 54 元(9 元/月×6 个月)。

2. 本案诉讼费由被告承担。

被告中国移动通信集团江苏有限公司苏州分公司在提交答辩状期间，对管辖权提出异议认为，被告实际经营地为苏州工业园区苏州大道东 333 号，根据《中华人民共和国民事诉讼法》第二十一条、《最高人民法院关于适用〈中华人民共和国民事诉讼法〉的解释》第三条之规定，本案应移送苏州工业园区人民法院审理。

本院经审查认为，本案系电信服务合同纠纷。根据《中华人民共和国民事诉讼法》有关规定，因合同纠纷提起的诉讼，由被告住所地或者合同履行地人民法院管辖。虽然被告注册登记地为苏州市干将西路 1390 号，但经本院核实其主要办事机构所在地为苏州工业园区苏州大道东 333 号，该地址应依法作为被告的住所地。另外，服务合同的标的是服务产品，服务产品具有非实物性，故依照有关规定，原告、被告的争议标的属于除货币、不动产之外的其他标的，履行义务一方（即被告）所在地为合同履行地。综上，本案的被告住所地及合同履行地均属于苏州工业园区人民法院管辖范围，本院对本案没有管辖权。

依照《中华人民共和国民事诉讼法》第二十三条、第一百二十七条第一款、《最高人民法院关于适用〈中华人民共和国民事诉讼法〉的解释》第三条第一款、第十八条的规定，裁定如下：

被告中国移动通信集团江苏有限公司苏州分公司对管辖权提出的异议成立，本案移送苏州工业园区人民法院处理。

如不服本裁定，可以在裁定书送达之日起十日内，向本院递交上诉状，并按对方当事人或者代表人的人数提出副本，上诉于江苏省苏州市中级人民法院。

审判员　王　乾

二〇一九年十一月八日

书记员　衡　敏

为了节省诉讼时间，团队决定不上诉，待上诉期满，移交园工业区法院受理，2019 年 11 月 30 日裁定上诉期届满，案件移送工业园区法院。2020 年 7 月 15 日，苏州工业园区人民法院（2020）苏 0591 民初 4388 号作出判决，驳回原告的诉讼请求。

● 三、参赛感悟 ●

王则安：

没有那么多刻意和抱负，甚至都缺少一点准备，仅凭着一腔朴素的正义感，我们就匆匆上场了。

格式条款的存在是契约自由理想世界中的污点，在格式条款中条款提供人的意思得到了真实的表达，但对相对人来说，很多时候所谓自愿的选择只是一种"无奈的自愿"。正是由于格式条款由一方提供，对方不能参与协商，提供方可能利用这一有利时机制定片面的利己条款，所以格式条款具有潜在的不公平的可能性，它剥夺了相对人决定合同内容、方式的自由。双方协商决定合同的内容和方式是契约自由的最终外在表现，但格式条款对相对人而言只有一个选择——接受或者离开，根本不可能有参与条款内容协商的机会。如果没有切身体会，恐怕很难想象这一点，可悲的是，即便遇上了不幸，大多数人也只能自认倒霉，但这一点也不公平，这也是我们选择做下去的初心。

经过全程参与此次诉讼，我们大致经过了取证、立案、移送管辖等程序，对于民事诉讼法中所写的司法程序有了切身的体会。所有程序都并非是冰冷的文字，而是由一个个鲜活的人所组成的。然而，也是因为人的存在，可以利用制度的不完善之处造成司法的疏漏与不公正。

我们无意去批判法院工作人员的工作态度与职业道德,只是在诉讼过程中出现的一些插曲引发了我们更深的思考。例如法院因工作失误将我们提供的正确号码抄写错误,导致民事裁定书无法正常送达,然而此前法院已经成功通过这个号码向我们寄送了两次文书,在号码突然为空号的情况下,为何没有进行最简单的对比审查?只要进行此项操作,就可以发现这个明显的错误。由于这样的疏漏,文书迟到了足足十日,此案标的仅仅是 54 元,难以想象,在案情更加重大复杂、标的金额巨大的情况下,这样的疏漏会造成怎样的损失?或者说,如果在重大案件的情况下,工作人员还会如此疏忽大意吗?

其实对于我院举行的公益诉讼大赛,从院内老师到社会各方,否定之声不绝。在他们看来,大学生搞些公益诉讼无非是自娱自乐,不仅难以提升法律能力和知识水平,还会造成司法资源的浪费。我院的公益诉讼比赛也已经多次上过网络热搜,标题多为"大学生诉……""苏大学生状告……"之类,似乎所有新闻快讯只要带上大学生的字样就能自动获取流量,获得社会关注。诚然,大学生作为一个特殊的群体,一直广受社会关注,这样频上热搜的情况很容易营造我们哗众取宠的形象,常有人说我们身处象牙塔之中,不知道社会的黑暗与险恶。诚然,我们确实欠缺社会经验,不了解他们声称的社会的复杂与黑暗,但社会正需要我们这样的新鲜血液。

最后,真诚感谢上海小城(苏州)律师事务所与王健法学院承办公益诉讼比赛,为学生提供了宝贵的学习机会,让学生们在理论的基础上加以实践,真正走进当事人、案件与法院,感受律师事务与实体程序流程。此次实践所带来的收获与感悟是书本理论所远远不及的。在亲身经历了相关程序之后,我们对民事诉讼法的把握又更进一步。在具体案件中寻找法律关系复杂丛生处的一点灵光,体会法益权衡这项天平的细微精妙,发扬公益诉讼的可贵社会价值。

朱宇晴：

经过参与此次诉讼的全程，我们大致经过了取证、立案、移送管辖、公民代理、送达判决等程序，对于民事诉讼法中所写的司法程序有了切身的体会。此案的价值，不仅仅在于为单个消费者弥补损失，不仅仅在于为我们赢得一些荣誉和关注，也不仅仅在于促进对滥用市场支配地位的经营者的规制，我想，它更重要的价值在于为每一个热心公益的大学生以信心与支撑，为他们心中不灭的热血再添上一把火。

张 梁：

这次诉讼的经历，不仅是将所学付诸实践，更是帮助同学寻求救济的一次勇敢尝试。而这一次尝试，让我真真切切地体会到法律人的责任感和使命感，更让我坚定自己未来努力的方向。回顾大二时所撰写的代理词，其中的逻辑链虽正确、被告虽已停止侵权行为，但稚嫩的语言仍缺失简练、精巧的组织。反思之余，这可能是法官不能够通过简短的开庭时间理解我们合同无效这一异乎寻常的违约、侵权之路径的逻辑，民事效益原则在小额程序中该如何得到贯彻，则成为我毕业论文选题的切入点之一。

另外，通过全程参与这次诉讼，我对民事诉讼法程序有了切身的体会，更坚定地促使我未来深造时对民事诉讼法方向的选择。其中，针对管辖权异议的选择问题，是团队成员遇到的第一个程序问题，即在司法政策的既定背景下，面对诉讼效益原则与程序保障原则的价值碰撞，究竟该如何平衡是我未来继续思考的问题之一。

王仕阳：

竞争大学新生的办卡业务一直是各大运营商每年9月的保留节目，而各种优惠套餐的背后往往深藏着精心设计的陷阱，谁也想不到，当初随手签下的电信服务合同竟会成为日后隐形扣费的缘由。

具体地说，这次诉讼就是诉套餐服务的"附赠"业务。在当初所签订的电信服务合同上，移动公司以 0.01 元/月的优惠价格附赠了不少诸如彩铃彩信的增值服务，而消费者不知道的是，移动公司还在合同中用极小字体在隐蔽处留下了"优惠期 6 个月到期恢复 9 元/月"的字样，这也成为此次纠纷的起点。

事实上，在最初的几个月过后，如果消费者不前往营业厅主动退订相关业务，移动公司便会不经通知地主动开始扣费，在消费者浑然不觉的情况下，套餐费用会比当初宣传的月费 58 元超出 15% 以上，而这显然有违格式合同提供方的通知义务，这也是原告方认为该条款无效的原因所在。

整个案情并不复杂，但因为混杂着消费者的个人权益、消费选择与商业模式等多方面内容，案件的审理过程并不顺利，各方都在竭尽全力地推诿扯皮，避免承担责任，所幸案件结束之后，此种类型的合同陷阱便不再存在了。

我个人在这个案子中学到了很多，其中最为重要的，就是提高了在生活中从法律的角度去发现问题、分析问题乃至解决问题的能力。只有凭借认真地思考、讨论，不断深入对问题的理解，才能在立案时有底气面对立案庭法官的提问，也才能有信心在开庭时与对方优秀律师唇枪舌剑。

四、指导律师点评

"中国移不动"队是参赛团队的队名，从准备材料到出庭，团队同学能认真查阅资料、撰写代理词，对案件证据及观点进行充分的研究和论证，表现出严谨治学的精神；团队成员既能合理分工又能互相协商、充分讨论，表现出了良好的团队精神；面对强大对手，团队成员沉着冷静、有理有据,表现出了法律人不畏强权、坚持正义的精神。

陈寅恪先生曾提出"独立之精神,自由之思想",这正是当前社会所缺乏的一种精神,"中国移不动"队的同学用他们的行动身体力行"独立之精神,自由之思想"的价值观,在当下这样一个多元价值观的时代,显得弥足珍贵。

从"中国移不动"队的同学身上,我看到当代法学生的非凡勇气和法治精神。面对社会不公,他们没有选择沉默,没有选择逃避,而是选择用法律武器维护自身权益,维护社会公共利益,在他们的身上,我们看到的是勇敢、无畏与无私,看到的是以法为剑、仗义执言,看到的是通过行动来促进某些不良社会规则的改变、推动社会法治的进步。

"凡心所向,素履所往;生如逆旅,一苇以航。"希望同学们能够一如既往地坚持真理、坚持正义!

——上海小城(苏州)律师事务所 郑长虹

苏州轨交公司运营运输合同纠纷案

● 一、导 读 ●

　　地铁是人们出行最常用的交通工具之一,苏州地铁线路多,车站分布广,经常会出现有人进错地铁站,发觉后再从本站出来的情况,还有的人虽然进站却不搭乘地铁,或许是为了借用公厕解决突发的身体不适,或许是临时改变主意而不搭乘该号线地铁,或许因为天气情况不好借用地铁通道而避免穿行马路,无论出于什么原因,团队认为地铁收费是为了地铁的运行和维护,只要这些人没有搭乘地铁,就不应该依照最低收费标准进行处理。没有乘坐地铁却被扣费,有失公平。

　　苏州作为旅游大市,每年来往旅客多,因为这点细节给外地旅客带来不愉快的经历,是没有必要的。出于这一层面的考虑,团队希望通过此次诉讼,苏州地铁能够对一些不合理规定进行修改,从而便利人们的出行。

　　本案于 2020 年 10 月 17 日向苏州市姑苏区人民法院提起诉讼,11 月 23 日法院公开开庭审理,2021 年 3 月 9 日在线上庭审宣判,驳回原告的诉讼请求。

参赛成员

　　李孜彤：苏州大学王健法学院法学专业学生。

吉宁卉：苏州大学王健法学院法学专业学生。

俞　敏：苏州大学王健法学院法学专业学生。

蒋凌儿：苏州大学王健法学院法学专业学生。

艾　星：苏州大学王健法学院法学专业学生。

二、案情回顾

（一）起因

2019 年 12 月 20 日，团队成员李孜彤在进出同一地铁口时发现，从该站的 1 号口进站，4 号口出站，中间其虽然未搭乘地铁，但仍按照最低收费标准 2 元被收费了。最低扣费标准为 2 元，虽然数目不大，但很多时候会给人们的生活带来不便。团队经过调查还发现，地铁站的外围设置了一条不用通过闸机的"隐形"绿色通道，设置目的是方便行人安全穿行马路，但这个通道并没有设置明显的指引标志，地铁站也并没有尽到该有的提示义务。对于不熟悉苏州地铁站结构的乘客来说，他们往往会选择从一端进入地铁站口，再从另一端出站，这也会导致其虽然没有搭乘地铁却被扣费的问题出现。

（二）法理分析

《中华人民共和国价格法》（下称《价格法》）第三十九条规定：经营者不执行政府指导价、政府定价以及法定的价格干预措施、紧急措施的，责令改正，没收违法所得，可以并处违法所得 5 倍以下的罚款；没收违法所得的，可以处以罚款；情节严重的，责令停业整顿。第四十一条规定：经营者因价格违法行为致使消费者或者其他经营者多付价款的，应当退还多付部分；造成损害的，应当依法承担赔偿责任。

《价格违法行为行政处罚规定》第九条第三款规定：经营者不执行政府指导价、政府定价，有下列行为之一的，责令改正，没收违法所得，并处违法所得5倍以下的罚款；没有违法所得的，处5万元以上50万元以下的罚款，情节较重的处50万元以上200万元以下的罚款；情节严重的，责令停业整顿。其中第（三）条即："擅自制定属于政府指导价、政府定价范围内的商品或者服务价格的"。

对照上述法律与规定，团队认为苏州市轨道交通集团有限公司（下称轨交公司）制定的《票务规则》第十五条"单程票由闸机回收，其他乘车凭证需支付该凭证的最低车程费"，属无效格式条款。

（三）诉前准备

（1）收集证据。团队先在暑期中进行了前期的社会实践准备，后来到苏州地铁站调查"零公里"扣费情况，并收集相关证据。

（2）研究票务规则。团队研究了苏州轨交公司制定的《苏州轨交票务规则》（下称《票务规则》），其中第十五条"乘客在同一车站进出，单程票由闸机回收，其他乘车凭证需支付该凭证的最低车程费"，规定了"零公里"出行仍要按照最低车程费2元扣费。

（3）寻找定价依据。地铁是关系民生的重要基础设施，《江苏省定价目录》明确表示轨道交通属于政府定价的范围。苏州市物价局发布的《市民价格手册》明确苏州市轨道交通在大于"零公里"（不包含零公里）以上收取起步价2元。

（4）社会调查。诉前，团队收集了苏州、南京、上海三地的收费标准，并在三地不同线路和收费站口进行实验。为进一步了解这种规定是否在生活中普遍存在，团队还制作相关调查问卷进行社会调查。调查发现，南京、上海两地地铁对同一站口进出的情况并不扣费，并且为方便行人通行设置了单独的通道。只有苏州地铁对同一地铁口进出进行扣费。

(5) 拟定诉讼方案。团队设计了两个方案:

第一种方案,格式条款无效。首先,该支付最低车程费条款,属于被告单方制定的、对乘客极度不公平的格式条款,根据《合同法》相关规定,应当属于无效条款。其次,虽然被告已有明确的条款规定,即在"苏e行"App的使用条款中指出了"乘客在同一车站进出站,需支付最低车程费",但是该条款出现在"帮助中心——支付与费用——部分票务规则——第二条"中,与用户协议中第一章指出的"请您仔细阅读本协议条款,对于尤为重要的条款,我们已采用粗体字进行标注,以特别提示您注意"相比较,被告对于该条款并未尽到相应的提醒义务,使原告在不知情的情况下承受了经济损失。根据《合同法》第四十条和《消费者权益保护法》第二十六条规定,该项条款应属于无效条款。

第二种方案,价格违法。根据《票务规则》第十五条"乘客在同一车站进出,单程票由闸机回收,其他乘车凭证需支付该凭证的最低车程费",规定了"零公里"出行仍要按照最低车程费2元扣费。而《江苏省定价目录》中明确表示轨道交通属于政府定价的范围,苏州市物价局发布的《市民价格手册》中也明确苏州轨道交通在大于"零公里"(不包含零公里)以上收取起步价2元。根据我国《价格法》第三十条、第四十一条规定,经营者应当严格按照政府定价收费,多收部分应当退还。

(6) 撰写民事起诉状,整理证据目录;与指导律师沟通,完善起诉状与证据目录。

附一: 民事起诉状

民 事 起 诉 状

原告: 李孜彤(详细信息:略)

被告：苏州市轨道交通集团有限公司运营一分公司(详细信息：略)

诉讼请求：

1. 判令被告制定的《苏州轨道交通票务规则》第十五条无效。

2. 判令被告退还原告车费 2 元。

事实和理由：

2019 年 12 月 20 日，原告进入相门地铁站欲乘坐地铁，在刷完二维码进站后并未乘车，因另有他事选择立即刷码出站。原告在此过程中并未乘坐地铁，但扣款记录显示，原告仍被扣款 2 元。事后经查询得知，被告制定的《苏州轨道交通票务规则》第十五条规定，同一车站进出的乘客至少需支付最低车程费。苏州市轨道交通是关系民生的重要公共交通设施，苏州市轨道交通的票价是根据《关于苏州轨道交通正式票价的通知》(苏价服字〔2013〕122)制定的，轨道交通收费是执行政府定价，《苏州市市民价格手册》已标明，对于乘坐里程 0<里程≤6 千米(不含 0 千米)的单程票票价应收取 2 元。被告应当严格执行政府定价，不能擅自在政府定价外自行定价，自行确定票务规则，收取消费者服务费用，否则，被告的行为应认定为不合法，被告收取原告"零换乘"费用是违法的。

原告现依法提起诉讼，请求贵院公正裁决，支持原告上列诉讼请求。

此致

苏州市姑苏区人民法院

具状人：李孜彤

2020 年 10 月 17 日

附二：证据目录

序号	证 据 名 称	证据来源	证 明
1	《关于苏州轨道交通正式票价的通知》（苏价服字〔2013〕122号）	原告提供	苏州轨道交通票价据物价局的规定制定
2	原告进出地铁站时被不合理扣费的记录	原告提供	原被告之间存在合同关系。其中第一张图明确表明了被告是苏州市轨道交通集团有限公司运营分公司。并且由于"苏e行"乘车记录只能留存半年，故原告补做了同站进出的实验，并得到了相同的扣费结果
3	苏州市市民价格手册	原告提供	苏州市地铁票价规则由政府定价而制定，且市民价格手册对此进行了收录
4	被告制定的票务规则第十五条	原告提供	被告制定了进出同一站，即使不乘坐地铁也需要缴纳最低乘车费用的"零千米"扣费的乘务规则

（四）立案、开庭

2020年10月17日，团队前往苏州市姑苏区人民法院申请立案，提交相关材料，包括民事起诉状、证据目录、证据分页、当事人送达地址确认书等。11月23日13：30在姑苏区人民法院第39法庭进行开庭审理。

庭审中，被告辩称：

（1）被告并未实施原告主张的乱收费行为，《票务规则》是根据《苏州市轨道交通条例》《苏州市轨道交通乘车规则》以及《关于苏州轨道交通正式票价的通知》制定的，并经苏州轨交官网等渠道予以公示，其制定的程序和内容合法有效。苏州市物价局发布的《关于苏州轨道交通正式票价的通知》规定是"起步价2元可乘6千米"，《票务规则》不违反该规定。原告依据的《价格手册》是苏州市发改委对各部门制定的涉及群众生活密切相关重要领域的收费进行汇编，而非政府定价，《价格手册》在首页编印明确"以文件规定为准"。

（2）被告于 2020 年 7 月 17 日起全面实施无理由退票规则，因此《票务规则》第十五条已经进行了相应的修订，原告要求宣告该条款无效的法律事实已经不存在。请求法院驳回原告的诉讼请求。

（五）判决

2021 年 3 月 2 日原告收到姑苏区人民法院传票，案件于 2021 年 3 月 9 日 13 时在第 9 法庭进行宣判（线上庭审）。

附：姑苏区人民法院民事判决书

民 事 判 决 书

（2020）苏 0508 民初 6731 号

原告： 李孜彤（详细信息：略）

被告： 苏州市轨道交通集团有限公司运营一分公司（详细信息：略）

委托诉讼代理人： （详细信息：略）

原告李孜彤与被告苏州市轨道交通集团有限公司运营一分公司（以下简称苏州轨交一分公司）运输合同纠纷一案，本院于 2020 年 10 月 27 日立案后，于 2020 年 11 月 23 日公开开庭进行了审理。原告李孜彤、被告苏州轨交一分公司的委托诉讼代理人丁益鸣、郭灵钧到庭参加诉讼。本案现已审理终结。

原告李孜彤向本院提出诉讼请求：（略）事实和理由：（略）

被告苏州轨交一分公司辩称：（略）

当事人围绕诉讼请求依法提交了证据，原告李孜彤提交了《关于苏州轨道交通正式票价的通知》《价格手册》《票务规则》、江苏省定价目录、"苏 e 行"App 查询记录、户口簿复印件等证据,被告苏州轨交一分公司提交了 2020 年 7 月 17 日苏州市轨道交通无理由退票规则、照片、苏州轨交公众号文章打印件等证据,本院组织当事人进行了证据交换和质证。根据当事人陈述和经审查确认的证据,本院认定事实如下:

2019 年 12 月 20 日,李孜彤进入苏州轨交 1 号线相门地铁站,使用"苏 e 行"App 扫码进入闸机进站,因临时有事停留 1~2 分钟于同站出站。根据李孜彤提供的"苏 e 行"App 账号对应的手机号码,苏州轨交一分公司查询,李孜彤提供的手机号码对应账户 17 时 39 分进入相门站,17 时 43 分刷卡出站,系统查询到的户名为李莉。李孜彤陈述其办理的手机号登记在母亲名下,并提供户口簿证明李莉系其母亲。李孜彤为验证同站进出收取费用的规则,于 2020 年 10 月 16 日在苏州地铁 1 号线相门地铁站同站进出,9:05 进站,9:06 出站,扣费 2 元,其未在出站前寻求客服协助,其在庭审中表示本案主张的是 2019 年 12 月 20 日的扣款。

另查明,《苏州轨道交通票务规则》第二条规定:起步价 2 元可乘 6 千米,6 千米以上部分,6~16 千米每 1 元可乘 5 千米……第十五条规定:乘客在同一车站进出站,单程票由闸机回收,其他乘车凭证需支付该凭证的最低车程费。

苏州市物价局于 2013 年 9 月 16 日发布《关于苏州轨道交通正式票价的通知》,规定苏州市轨道交通单程票票价为"起步价 2 元可乘 6 千米,6 千米以上部分,6~16 千米每 1 元可乘 5 千米……"。

苏州市发展和改革委员会(以下称苏州市发改委)2020 年 8 月编制的《价格手册》载明:地铁票价,乘坐里程 0<里程≤6 千米,单程票票价 2 元。

2020 年 7 月 17 日,苏州市轨道交通推出无理由退票便利利民措施，制定无理由退票规则，其中关于乘车需求临时取消业务，载明：乘客刷卡进站后在本站取消乘车，10 分钟内至客服中心处理，车站核实为本站进站且 10 分钟之内，普通单程票回收后等价退还乘客现金，乘客边门出站，旅游票及免费类票卡，乘客直接刷卡出站；其他车票或乘车码，办理免费更新业务，乘客边门出站。本站进站超过 10 分钟或非本站进站等情况，退票或免费更新业务均不予受理。苏州轨交一分公司将该规则发布在网站上，并张贴在地铁站客服中心，李孜彤称没有见过该通知。

审理过程中，李孜彤主张，地铁的票价属于政府定价的范畴，苏州轨交制定的《票务规则》第十五条违反了《价格手册》的规定，"零公里"收费侵犯了乘客的合法权益，应认定《票务规则》第十五条无效，由苏州轨交制定更为合理的规则。

苏州轨交一分公司主张，《票务规则》第十五条未违反政府定价规则，设置同站进出收取最低费用是中国主要城市轨道交通的通行做法，制定该规则存在合理性，主要基于以下考虑：① 轨交公司没有能力甄别乘客是否乘车，② 允许没有乘车意愿的人进入闸机将加重地铁站的拥挤程度，③ 如果扫码进出站不收取费用，乘客可以通过扫码进站，在同一车站的闸机扫码出站，但本人又不出站，完成轨道交通行程后，在目的地站点采取相同的扫码进站和出站的方式，达到逃票的目的。基于以上理由，苏州轨交制定了《票务规则》第十五条，并且在制定无理由退票规则时，设立了临时取消乘车的乘客必须在 10 分钟之内要求客服协助才能够实现同站取消乘车的规则。

本院认为，李孜彤在苏州市乘坐轨交 1 号线，与苏州轨交一分公司之间形成运输合同关系，苏州轨交制定的《票务规则》应视为确定双方权利义务的标准。引起本案争议的法律事实发生在《中华人民共和国民法典》实施以前，本案应适用《中华人民共和国合同法》的相关规定。

李孜彤要求确认《票务规则》第十五条的规定无效,本院分析如下:第一,客运合同自承运人向旅客交付客票时成立,但当事人另有约定或者另有交易习惯的除外。为便利乘客乘车,苏州轨交提供多种支付方式,李孜彤使用"苏 e 行"App 扫码进闸机的时间,应认定双方之间运输合同关系成立的时间。对于进入闸机未乘车的乘客,其取消乘车系放弃自己的权利,并非苏州轨交一分公司未按照约定提供运输服务。第二,轨道交通出行与公共利益密切相关,相应价格政策应符合政府部门制定的相关制度及公共政策。根据轨道交通运营的特征及公众的一般常识,乘客刷卡或扫码进地铁站的目的在于乘车,苏州轨交一分公司以乘客刷卡进站作为起算运输里程和收取费用的依据,并无不当,未违反《关于苏州轨道交通正式票价的通知》中"起步价 2 元可乘 6 千米"的规定。《价格手册》系苏州市发改委对部分公益性行业收费的汇编,并非政府的规范性文件,该手册载明"乘坐里程 0<里程≤6 千米",但鉴于苏州市轨道交通并没有能力判断乘客是否真正乘车,苏州市轨道交通以刷卡进站为起算运输里程的依据,并不与《价格手册》相矛盾。李孜彤主张《票务规则》第十五条违反政府强制性规定,依据不充分。第三,基于避免人员拥挤、防止逃票等理由,《票务规则》第十五条具有合理性,"刷卡进站、出站收费"对于公众而言是明知且认可的规则,该规定并未侵犯乘客的合法权益。第四,2020 年 7 月 17 日以前,苏州市轨道交通适用《票务规则》第十五条时,没有给极少数进站后临时取消乘车的乘客以"退票"的机会,虽合同未能履行的原因不在于苏州市轨道交通,但鉴于轨交运输公共服务的性质,苏州市轨道交通应充分考虑该部分极少数乘客的需求以提高公共服务的满意度。苏州市轨道交通响应政府的倡导,于 2020 年 7 月 17 日起实施无理由退票规则,该规则系《票务规则》第十五条的补充和完善,该规则设定 10 分钟取消乘车的时间是合理可行的,足以满足市民临时取消乘车的需求,体现了苏州市轨

道交通服务大众的理念和意识，也基本解决了李孜彤在本案中提出的问题。综合上述分析，李孜彤提起本案诉讼具有维护公共利益的初衷，然其要求确认《票务规则》第十五条无效的诉讼请求，尤其是在苏州市轨道交通已经完善相应规则的前提下，缺乏事实和法律依据，不应支持。

关于李孜彤要求退还 2019 年 12 月 20 日支付的车费 2 元的诉讼请求，本院分析如下：第一，2019 年 12 月 20 日苏州市轨道交通尚未执行 10 分钟取消乘车的规则，李孜彤根据当时的规则不享有退还车票款的权利。《票务规则》第十五条不违反法律法规的强制性规定，轨交公司执行该规则的过程中受到社会发展程度、技术水平的制约，其执行过程中存在的问题已经由新的规则替代，该规则此前运行的方式不宜再予以否定性评价。第二，《合同法》第二百九十五条规定，旅客因自己的原因不能按照客票记载的时间乘坐的，应当在约定的时间内办理退票或者变更手续，逾期办理的，承运人可以不退票款，并不再承担运输义务。即使李孜彤对《票务规则》关于退票的规定不认可，其也应该在合理的时间内提出退票的要求。李孜彤于 2019 年 12 月 20 日支付车费 2 元后从未向苏州轨交一分公司客服人员投诉，亦未以其他方式向苏州轨交一分公司主张权利，直至本案起诉时才提出该请求，对于如此小金额的支出，其提出退票的请求显然已超出合理的期间。综合上述分析，李孜彤要求退还 2 元车费的诉讼请求，不应支持。

综上，依照《中华人民共和国合同法》第五十二条、第二百九十三条、第二百九十五条，《最高人民法院关于适用〈中华人民共和国民法典〉时间效力的若干规定》第一条第二款之规定，判决如下：

驳回原告李孜彤的诉讼请求。

案件受理费 50 元，减半收取 25 元，由原告李孜彤负担。

如不服本判决，可以在判决书送达之日起十五日内，向本院递交上诉状，并按对方当事人的人数提出副本，上诉于江苏省苏州市中级人民法院。同时按照国务院《诉讼费用交纳办法》规定向江苏省苏州市中级人民法院预交上诉案件受理费。

审判员　宁晓鹏

二〇二一年三月九日

书记员　陈丽华

三、参赛感悟

2019 年 12 月的一天,我们穿行地铁站,尽管没有搭乘地铁,仍被收费 2 元。那消失的 2 元一直让我们耿耿于怀。地铁的起步价格究竟是根据何种规范制定?相关单位在制定条款时是否尽到了提示义务?又有多少人像我们一样,因为不熟悉地铁站的构造和使用方法而损失了一笔又一笔的 2 元钱?

质疑的种子播种在了我们每个人的心中。在得知"小城杯"公益之星创意诉讼大赛时,我们不约而同地想要试一试,希望借助"小城杯"去解决我们的疑问,也希望通过我们的努力,使地铁收费更加人性、科学。

我们开始查询相关法条,寻找苏州市轨道交通的定价依据,在贺洋律师帮助下,撰写了民事诉讼状,多次前往苏州市姑苏区人民法院申请立案。一年后,案件终于在 2020 年 11 月 23 日下午在法院公开开庭。人生第一次诉讼的经历是难忘的。作为初出茅庐的"小法师",我们第一次以当事人的身份与法官、书记员、律师等专业人员进行交流沟通,第一次书写提交相关材料……许多的第一次是日常学习中难以遇到的。

虽然案件判决结果是败诉,但这并不代表诉讼没有意义。2019 年 12 月我们发现苏州轨交存在"零公里"扣费的不合理现象,2020 年 7 月苏州轨交公司推出了"七天无理由退票"条款弥补了这一不足。我们也曾设想，如果没有疫情，我们能及时返校开展诉讼活动，是否会有赢得胜诉的可能？当然，无论结果如何，我们诉讼的初心已经实现，苏州轨交的运营更加规范、便民，这也是我们作为法律人所企盼的结局。

——李孜彤、吉宁卉、俞　敏、蒋凌儿、艾　星

◎ 四、指导律师点评 ◎

很荣幸能够成为此案的指导律师。案件针对的是团队人员进出同一轨道交通站点、未搭乘地铁但仍被收取2元费用这一件事，同学们以《票务规则》第十五条"同一车站进出的乘客至少需支付最低车程费"违反法律法规为由，要求法院判令该条款无效，并退费2元。整个诉讼，同学们分别进行了证据的收集、法律法规的检索、起诉状及证据的整理、诉前模拟原被告双方推演、参加正式庭审等过程，充分运用了民事诉讼法法律规定，起到了学以致用的效果。虽然诉求未得到法院支持，但仍突出了诉讼的价值。首先，关于未搭乘地铁而收取费用的规定，轨交公司进行了修订，并于2020年7月17日开始实施无理由退票规则，说明轨交公司原来的《票务规则》确实存在不合理收费的现象。其次，作为法学院学生，能够及早发现社会中违背常理、不合法律的现象，并勇于提出问题以及找出解决方案，有利于他们树立未来从事法律职业的崇高素养，承担起更多的社会责任。

——江苏问勋律师事务所　贺　洋

趣影公司网络服务合同纠纷案

一、导 读

过去，爱剪辑一直以"国内首款全能免费视频剪辑软件"为其卖点来吸引用户，而"免费"也的确是爱剪辑的核心竞争力之一，它的全部基础操作包括导出视频都不收取费用，深受用户好评。然而，自爱剪辑2020版v3.5上线开始，一切都发生了变化。尚使用旧版本的用户被强制更新版本，否则软件便无法使用。从这个版本起，爱剪辑开始在用户导出视频时要求收取9.9元/年的费用，否则就无法导出剪辑好的视频，致使之前剪辑作品所费的心血付诸东流。

爱剪辑收费行为有其合理性，但问题在于，在用户选择导出视频跳出付费界面以前，爱剪辑未对其导出视频将收取费用作任何提示，其官网也没有任何关于导出视频收费的告知说明。而导出视频作为视频剪辑软件必要的核心功能，可以说是整个视频剪辑过程最为关键的一步，是用户使用剪辑软件的目的所在，爱剪辑对此功能收费不作任何提示无疑是不合理且不合法的，其利用了用户对收费的不知情，以及保存自己视频剪辑成果的心理，置用户于交易的不利地位，强制用户与其进行交易，其行为侵犯了消费者的公平交易权。另外，只有更新之后的版本才可以交费，爱剪辑强制用户进行软件更新，其中包括但不限于强制注册登录和强制联网使用,使得消费者不可以再选择使用旧版本,侵犯了消费者的自主选择权。而这一切,爱剪辑则通过《爱剪辑用户使用协议》中的格式条款逃避了其作为经营者的义务,造成了对消费者合法权益的侵害。

本案于 2021 年 4 月 5 日向广州互联网法院提起诉讼,法院于 2021 年 4 月 25 日立案,依法适用简易程序,经审查发现有不宜适用简易程序的情形,法院裁定转为普通程序,并公开开庭进行了审理。2022 年 3 月 22 日广州互联网法院作出判决。

参赛成员

梁　蕊:南京大学法学院学生。

李　沁:南京大学法学院学生。

羊怡童:南京大学法学院学生。

二、案情回顾

(一) 起因

以往,我们在使用剪辑软件时,往往喜欢用爱剪辑免费软件。但自从爱剪辑 2020 版 v3.5 上线,我们兴致勃勃地打开软件,开启剪辑视频的浩大工程,经历数小时的剪辑工作,到了终于可以导出视频的时候,却发现必须缴纳一定费用,否则视频不能导出,不然之前的全部心血都将付诸东流。此时,是交钱还是换个软件重新开始剪辑,成为一个令人纠结万分的选择。然而,已经成功转型为付费软件的爱剪辑,不仅在更新过程中没有尽到提示收费的告知义务,而且其官网还保留着许多标榜其为免费软件的宣传,严重误导了消费者。打开爱剪辑软件,进入

"升级与服务",选择"了解爱剪辑",在打开的网页中,赫然标有"免费视频剪辑软件"等字样。

我们在360软件管家中搜索爱剪辑,其软件介绍中也提到爱剪辑是"免费"软件。而360安全浏览器作为下载量最高的浏览器、360软件管家也是众多用户选择下载软件的平台,如此的虚假宣传行为无疑会对消费者产生严重的误导。我们觉得有必要站出来,期望通过维权帮助更多的消费者维护自身的权益。

(二) 调研

起诉之前,团队就"爱剪辑"相关问题进行了问卷调查,统计结果显示:

(1) 填写问卷的为在校学生,有70%的学生看到过爱剪辑号称免费的广告宣传,有30%的学生未注意过此广告,说明绝大多数用户都可以证实爱剪辑确实在对外广告宣传中打着免费的旗号。填写问卷的学生中有75%不知道爱剪辑是一款导出时需要收费的软件,只有25%的学生知道需要收费,说明爱剪辑"免费使用"的广告已经深入人心,同时从侧面印证了爱剪辑曾经依靠"免费"作为其核心竞争力。

(2) 在参与问卷调查学生中,有5%的学生未使用爱剪辑,也未听说过爱剪辑;有58%的学生虽然没有使用过爱剪辑,但是听说过;有37%的学生使用过爱剪辑。这说明爱剪辑的知名度很高,也有一定的受众范围。这37%的学生在初次使用爱剪辑时,有45%的学生导出视频时软件跳出了"9.9元/年红包打赏"界面,在初次导出时就遇到跳出红包打赏界面的学生,应该属于爱剪辑收费版本出来后才使用它的新用户;有55%的学生导出视频时软件没有跳出此界面,说明超过半数学生在初次使用爱剪辑时是免费的,也证实了爱剪辑曾经很长一段时间对于用户是免费使用的事实。在初次使用爱剪辑就遇到跳出红包打赏收费界面的学生里，有 80％的学生认为自己一开始不知道需要收费，所以宁愿选择其他的剪辑软件，退出了爱剪辑的界面；有 20％的学生虽然一开始不知道需要收费，但为了保存其劳动成果，还是交钱了。这说明大多数用户在不知情的情况下拒绝交钱。

（3）有 45％的用户在上一次使用爱剪辑时，导出视频时软件跳出了"9.9 元/年红包打赏"界面，有 55％的用户在上次使用爱剪辑时软件没有跳出该界面，该数据与初次使用爱剪辑时的调查数据几乎一模一样，可以推测出很大一部分用户已经很长时间没有使用爱剪辑，曾经使用过爱剪辑的用户在发现它收费之后也不再使用此 App 剪辑视频了。在上一次使用爱剪辑的人群中，面对 App 跳出红包打赏界面，有 90％的人宁愿选择其他剪辑软件，退出了爱剪辑的界面，只有 10％的人为了保存劳动成果，选择交钱。说明在最近一次使用爱剪辑时，有更多用户宁愿放弃自己剪辑的劳动成果，也拒绝给该软件打赏，这表明在事先不知道要收费的情况下，绝对多数用户对于红包打赏是非常抵触的。

（4）在软件从免费转向收费的过程中，有 90％的用户表示没有注意过版本是什么时候更新的，不知不觉间爱剪辑就换成了需要收费的版本；有 10％的用户注意到了更新，他们认为版本强制更新的具体形式是"不更新就不能使用"。说明爱剪辑大力推广其收费版本，基本没有给老用户任何明显的通知就默默升级了，其中包含了很大一部分并不愿意升级的老用户，他们的权益受到了不同程度的侵害。就算用户注意到了版本更新而不想更新，爱剪辑也会采用"无法使用"的手段强制其更新。

（5）对于爱剪辑导出视频时收费是否合理问题，有 68％的用户选择了"不合理，因为一开始没有任何提示"，有 75％的用户选择了"不合理，因为它打着免费的广告"（这两个选项之间有重合的部分），有 9％的用户选择了"合理，9.9 元/年可以接受"，没有人选择"合理，这个软件使用感受很好"。这说明绝大多数用户认为爱剪辑导出视频时收费是不合理的做法,更多的人认为其打着免费的广告行收费之实比一开始没有任何提示更让人难接受,说明用户在意没有被事先告知,更在意被广告欺骗的事实。少数用户认为合理也仅仅是因为其收费便宜,而不是其他原因。

(6) 有63%的受调查者认为爱剪辑侵犯了自己的权益,从样本给出的回答来看,在消费者权益保护领域,爱剪辑的行为涉及了知情权、公平交易权、自主选择权等,其中知情权被提及最多。在公民个人隐私方面,爱剪辑升级之后,修改电脑设置影响使用,也有用户认为这没有明显侵犯某种权益,但是属于打擦边球的行为。

(三) 法理分析

爱剪辑通过信息网络提供服务,属于电子商务经营者,有向消费者如实、准确地披露商品或服务信息的义务。使用爱剪辑的用户属于消费者,享有知情权。而爱剪辑在《爱剪辑用户使用协议》中表示"有权选择向用户公告或不公告而直接修改、替换、升级与爱剪辑产品和/或服务相关的任何软件,或修改任何产品和/或服务内容",且以"不通知"为原则,这明显属于逃避义务,减轻自身责任的格式条款,侵害了广大消费者的权益。

爱剪辑在360安全浏览器、360软件管家等平台投放的"爱剪辑是免费软件"的广告,构成了对消费者的欺骗、误导。

《爱剪辑用户使用协议》中的格式条款违背了公平原则,使作为提供格式条款的经营者(即爱剪辑)一方和使用者一方处于权利义务不一致的地位。

《爱剪辑用户使用协议》中的格式条款涉及人数众多,侵害了广大爱剪辑用户的合法权益,可以由消费者协会向人民法院提起公益诉讼。

综上,所涉具体法条为:

《消费者权益保护法》第八条:消费者享有知悉其购买、使用的商品或者接受的服务的真实情况的权利。消费者有权根据商品或者服务的不同情况,要求经营者提供商品的价格、产地、生产者、用途、性能、规格、等级、主要成分、生产日期、有效期限、检验合格证明、使用方法说明书、售后服务,或者服务的内容、规格、费用等有关情况;第二十条:经营者向消费者提供有关商品或者服务的质量、性能、用途、有效期限等信息,应当真实、全面,不得作虚假或者引人误解的宣传……经营者提供商品或者服务应当明码标价;第二十六条:经营者在经营活动中使用格式条款的,应当以显著方式提请消费者注意商品或者服务的数量和质量、价款或者费用、履行期限和方式、安全注意事项和风险警示、售后服务、民事责任等与消费者有重大利害关系的内容,并按照消费者的要求予以说明。经营者不得以格式条款、通知、声明、店堂告示等方式,作出排除或者限制消费者权利、减轻或者免除经营者责任、加重消费者责任等对消费者不公平、不合理的规定,不得利用格式条款并借助技术手段强制交易。格式条款、通知、声明、店堂告示等含有前款所列内容的,其内容无效。

《电子商务法》第九条:本法所称电子商务经营者,是指通过互联网等信息网络从事销售商品或者提供服务的经营活动的自然人、法人和非法人组织,包括电子商务平台经营者、平台内经营者以及通过自建网站、其他网络服务销售商品或者提供服务的电子商务经营者;第十七条:电子商务经营者应当全面、真实、准确、及时地披露商品或者服务信息,保障消费者的知情权和选择权。电子商务经营者不得以虚构交易、编造用户评价等方式进行虚假或者引人误解的商业宣传,欺骗、误导消费者。

《广告法》第四条:广告不得含有虚假或者引人误解的内容,不得欺骗、误导消费者。广告主应当对广告内容的真实性负责;第八条:广告中对商品的性能、功能、产地、用途、质量、成分、价格、生产者、有效期限、允诺等或者对服务的内容、提供者、形式、质量、价格、允诺等有表示的,应当准确、清楚、明白。

《民法典》第四百九十六条:格式条款是当事人为了重复使用而预先拟定,并在订立合同时未与对方协商的条款。采用格式条款订立合同的,提供格式条款的一方应当遵循公平原则确定当事人之间的权利和义务,并采取合理的方式提示对方注意免除或者减轻其责任等与对方有重大利害关系的条款,按照对方的要求,对该条款予以说明。提供格式条款的一方未履行提示或者说明义务,致使对方没有注意或者理解与其有重大利害关系的条款的,对方可以主张该条款不成为合同的内容;第四百九十七条,有下列情形之一的,该格式条款无效:(1)具有本法第一编第六章第三节和本法第五百零六条规定的无效情形;(2)提供格式条款一方不合理地免除或者减轻其责任、加重对方责任、限制对方主要权利;(3)提供格式条款一方排除对方主要权利。

《侵害消费者权益行为处罚办法》第三条:工商行政管理部门依法对侵害消费者权益行为实施行政处罚,应当依照公正、公开、及时的原则,坚持处罚与教育相结合,综合运用建议、约谈、示范等方式实施行政指导,督促和指导经营者履行法定义务。

(四)投诉维权

针对爱剪辑不合理的规定,团队尝试了一些维权途径,先后联系中国消费者协会、向全国 12315 平台投诉等。此过程中,团队收到了消费者协会的答复、市场监管局的调解答复以及爱剪辑的运营企业广州趣影网络科技有限公司的回应,取得了一些阶段性的成果。但爱剪辑拒绝了市场监管局的调解，并在其官网对规则做出了修改，将简介中"全民流行的免费视频剪辑软件"改成了"全民流行的视频剪辑软件"，去掉了"免费"字样。

而消费者协会、广州趣影网络科技有限公司的回应，对我们的论证思路提出了一些质疑，主要包括以下三个方面：

第一，软件部分免费是否可以算免费软件，剪辑的基础功能包括导出吗？

消费者协会电话回复中表示：软件部分免费也可算作免费软件。但照此说法，我们所接触到的所有软件都有免费功能，那么他们岂不都可以声称自己是免费软件了？团队查阅了相关文献，主流的看法是：免费软件是一种用户可以通过网络终端免费下载并安装使用，获得某种网络服务，而无须支付任何费用，并且根据用户的正常认识使用其基础功能不受限制，不需要付费的软件。

那么关键问题是，一个剪辑软件的基础功能是否包括"导出"呢？剪辑是对视频的加工处理流程，至少应该包括输入和输出两个，前者至少包括导入视频、简单的 cut 片段和拼接排序，后者则是指导出视频，这些步骤属于一个剪辑软件该有的最基本的功能。

导出作为剪辑软件的最基本的功能之一，属于用户使用剪辑软件剪辑视频时的必需功能。若爱剪辑对这一功能收取费用，那么根据正常认知，用户使用该软件时将会受到限制，需要付费，因而即使爱剪辑有部分免费功能，也不能定义为免费软件。

第二，爱剪辑未明确标明"导出需收费"是否侵害了消费者的知情权？

根据《消费者权益保护法》第八条规定，消费者有权知悉商品或服务的价格。第二十条还规定了经营者的告知义务，其中强调：经营者提供商品或者服务应当明码标价。商品或服务的价格是交易的关键，直接关系到经营者与消费者的切身利益,消费者应当对服务价格有确切的了解。

爱剪辑官网的会员中心页面,只列明了"金钻超级 VIP 会员"和"普通会员"的相关权益,其中明确标明普通会员享有"基础功能"的权限,基于对上一个问题的回答,基础功能包括导出。在《爱剪辑用户使用协议》中,以及在使用软件进行剪辑的过程中,没有任何关于"导出需收费"的提醒,仅仅在接受服务的最后一个阶段才被告知接受服务所需支付的对价,这明显表明爱剪辑没有尽到提示义务,侵犯了消费者的知情权。并且,对于服务价格这一关键要素,爱剪辑却在其用户协议中设置了可随意调整价格的条款,这显然属于《民法典》第四百九十七条中所规定的格式条款无效的情形。

第三,使用软件的不收费功能的用户是否属于消费者?

广州趣影网络科技有限公司给团队的答复中表示:9.9 元一年的费用是消费者为 App 支付的维护费用。然而,消费者需要为 App 支付维护费用吗?爱剪辑的盈利方式是用户充值会员和收取广告费。在充值会员之前,用户虽然没有在形式上支付对价,但是实质上,用户的浏览和点击为爱剪辑带来了流量。从这个意义上说,免费使用者应当也是爱剪辑的消费者。至于爱剪辑对 App 的维护和修复,应该是它自己需要付出的成本,用户没有对此支付对价的义务。并且按照正常逻辑,只有在完整使用 App 之后,才能说是维护费,当消费者还没有导出,并没有完成完整的使用流程,何谈维护费?

(五) 起诉、庭审

由于市场监管局的调解失败,2021 年 4 月 5 日团队以梁蕊的名义以"网络服务合同纠纷"的案由向广州互联网法院提起诉讼。

附：民事起诉状

民 事 起 诉 状

原告： 梁蕊(详细信息：略)

被告： 广州趣影网络科技有限公司(详细信息：略)

诉讼请求：

1. 确认趣影公司的《用户使用协议》1.5 条无效。

2. 确认趣影公司的《用户使用协议》1.8 条无效。

3. 确认趣影公司的《用户使用协议》第 10 条无效。

4. 判令趣影公司修改在 360 浏览器、360 软件管家等平台投放的有免费字样的广告，并在软件界面显著位置标示导出需收费。

5. 判令趣影公司返还梁蕊 9.9 元的会员费。

事实与理由：

爱剪辑视频剪辑软件(以下简称爱剪辑软件)在很多平台上都被标识"免费"字样，同时这些平台均声称这是一款免费的视频剪辑软件。2021 年 2 月 23 日，原告使用爱剪辑软件完成了剪辑，导出视频时被告知必须缴纳 9.9 元的费用方能够导出。趣影公司在官网及整个剪辑的过程中，对此均没有任何提示。原告为了不使时间和精力白白浪费，只能交费。

后来，原告仔细阅读了《爱剪辑用户使用协议》，发现有许多免除其自身通知义务的霸王条款。爱剪辑软件一直打着"免费剪辑软件"的旗号，在使用者心中留下了免费使用的印象。趣影公司至今还保留着许多宣称爱剪辑软件为免费软件的广告，其中包括但不限于趣影公司的官方网站和 360 安全浏览器。但是在 2020 版 v3.5 上线之后，趣影公司在没有任何通知的情况下，将所有旧版本软件强制更新至新版本，否则用户便无法使用该软件。趣影公司的《用户使用协议》1.5 条至 1.8 条排除了梁蕊的主要权利、免除了趣影公司的责任,应当被认定无效。趣影公司免除己方责任,以不通知的方式不告知梁蕊相关修改内容的行为,侵犯了原告的知情权、公平交易权,故本案为基于合同关系引发的侵权纠纷。

原告也尝试联系过广州趣影网络科技有限公司的客服并且在12315平台进行投诉,但是被告拒绝调解,无奈诉至法院。请求法院支持原告的诉讼请求,维护原告的合法权益。

此致

广州互联网法院

具状人:梁　蕊

2021 年 4 月 5 日

广州互联网法院收案后,于 2021 年 4 月 25 日立案,依法适用简易程序,经审查发现有不宜适用简易程序的情形,法院裁定转为普通程序,并于 2021 年 5 月公开开庭进行了审理。

庭审中,被告不同意原告的全部诉讼请求。主要理由:

(1)趣影公司运营的爱剪辑软件及服务,基于其服务用户对象数量巨大且不特定,亦不受地域限制等特点,在订立合同时采用高效率、低成本的点击合同文本确认的方式与网络用户达成服务协议,未违反法律法规强制性规定,《用户使用协议》订立的形式合法有效。

(2)趣影公司向爱剪辑软件用户提供长期服务,随着互联网行业的高速发展及相关管理规定的变迁,对《用户使用协议》内容作出变更不可避免,但逐个通知、逐个协商显然不合实际,故趣影公司通过与用户事先约定的方式变更相关合同条款并无不当。《用户使用协议》也为用户提供了退出条款,如果用户不同意协议中所述任一条款或其后趣影公司对条款的修改,用户应不使用或停止使用爱剪辑软件。

（3）原告经阅读同意《用户使用协议》并与趣影公司订立合同后，注册成为爱剪辑软件的用户，原告应遵守《用户使用协议》并受其条款约束，包括但不限于趣影公司有权修改、升级、替换爱剪辑软件，有权就相关产品和服务收费，相关操作不以公告为生效要件。原告有权拒绝升级、停止使用，原告继续使用则视为其同意并接受升级。

（4）爱剪辑软件自 2015 年 1 月至 2020 年 2 月 13 日期间所提供的产品和服务为免费，用户对爱剪辑软件有免费软件的印象并不奇怪。但这并不妨碍趣影公司有权依法、依约自 2020 年 2 月 14 日起将爱剪辑软件调整为部分项目收费、部分项目免费。用户选择使用收费项目时，均有"该特效或功能属于付费 VIP 会员特权"提示，如用户选择使用，在选择同意、输入付款信息、密码等并点击确认等一系列操作后才会向趣影公司付费，趣影公司并不会也不能直接从原告账号里扣费。梁蕊拥有完全的自主权决定是否使用"导出视频"的收费服务。原告在向趣影公司支付导出服务的价款之前已经清楚知悉需要收费，仍然确认使用爱剪辑软件收费服务、主动操作了全部的付款过程并实际获取了导出的视频。现其在获得了全部合同权益且购买合同履行完毕后向趣影公司主张退费，没有任何事实和法律依据。

（5）原告主张本案属于侵权责任纠纷，但依据《中华人民共和国民法典》合同编的相关规定提出主张。原告主张的依据与案由明显不符。

（6）趣影公司没有在 360 软件管家、360 搜索引擎投放虚假广告。趣影公司不可能控制第三方平台，无须为第三方平台的宣传行为承担法律责任。原告提交的证据也可以反映出第三方平台表示了爱剪辑软件有收费功能。

（六）判决

2022 年 3 月 22 日，广州互联网法院作出判决。

附：广州互联网法院民事判决书

民 事 判 决 书

(2021)粤 0192 民初 14024 号

原告：梁蕊(详细信息：略)

被告：广州趣影网络科技有限公司(详细信息：略)

委托诉讼代理人：陈妍斯、彭明致(详细信息：略)

原告梁蕊与被告广州趣影网络科技有限公司(以下简称趣影公司)网络服务合同纠纷一案,本院于 2021 年 4 月 25 日立案后,依法适用简易程序,经审查发现有不宜适用简易程序的情形,裁定转为普通程序,公开开庭进行了审理,原告梁蕊,被告趣影公司委托诉讼代理人陈妍斯、彭明致在线参加诉讼。本案现已审理终结。

梁蕊向本院提出诉讼请求：(略)诉讼过程中,梁蕊放弃第 3 项诉讼请求;增加请求："⑥ 确认趣影公司的《用户使用协议》1.6 条、1.7 条无效。"

事实与理由：(略)

梁蕊依据《中华人民共和国消费者权益保护法》及《中华人民共和国民法典》的相关规定,选择以侵权之诉提起诉讼,要求趣影公司返还 9.9 元。

趣影公司辩称,不同意梁蕊的全部诉讼请求。主要理由：(略)

当事人围绕诉讼请求通过本院诉讼平台提交了证据,本院组织双方进行了证据交换和质证。对当事人无异议的证据,本院予以确认并在卷佐证。对有争议的证据和事实,本院认定如下：

一、基本情况

爱剪辑软件是趣影公司旗下产品,用户可使用该软件剪辑视频、音频等。双方确认爱剪辑软件曾经为免费软件,后趣影公司于 2020 年调整该软件为部分项目收费、部分项目免费。调整后,普通会员可以使用添加视频、音频、部分字幕特效等基础功能,并可预览已经制作的视频。如果用户选择导出剪辑视频,会弹出付费页面。付费页面显示,用户可以选择打赏 9.9 元导出视频并成为一年的铁杆爱粉会员,以分摊趣影公司的运营成本;也可以选择付费晋升为不同期限的超级 VIP 会员。用户点击页面中的"打赏并尝鲜导出",软件会跳转至付款界面,付款 9.9 元后用户可以正常导出剪辑的视频。

梁蕊在爱剪辑软件为免费软件时,注册成为会员,爱剪辑账号名称为"想飞的狮子"。2021 年 2 月 23 日,梁蕊支付了 9.9 元,成为铁杆爱粉会员。梁蕊述称,其除案件取证需要外,未再次使用过该软件。趣影公司则称根据爱剪辑软件的后台数据,梁蕊多次登录了爱剪辑软件。

二、《用户使用协议》条款的相关情况

梁蕊提供的爱剪辑软件《用户使用协议》1.5 条载明,爱剪辑有权选择向用户公告(包括但不限于弹出公告、爱剪辑官方网站公告、系统消息等)或不公告而直接修改、替换、升级与爱剪辑产品和/或服务相关的任何软件,或修改任何产品和/或服务内容。如果用户不同意或者不接受爱剪辑产品和/或服务相关软件的修改、替换、升级,请直接拒绝、停止、取消使用行为,否则视为用户同意并接受爱剪辑产品和/或服务相关软件的修改、替代、升级,同时该同意并接受的行为仍受本协议约束。1.6 条载明,爱剪辑对于爱剪辑及周边产品和/或服务的部分或所有功能拥有完全决策权,包括但不限于更改、调整、新增、删减部分或所有功能,同时爱剪辑有权调整收费产品和/或服务的部分或全部价格,有权将收费产品和/或服务的部分或全部更改为免费的产品和/或服务,有权将免费产品和/或服务的部分或全部更改为收费的产品和/或服务。爱剪辑无义务且无必要修改所有爱剪辑历史产品和/或服务的全部或部分内容(包括但不限于该等产品和/或服务本身的内容及任何公告、介绍、宣传、文案等)以反映该等更改,爱剪辑及周边产品和/或服务以爱剪辑官方网站上发布的最新产品和/或服务为准,爱剪辑不因历史产品和/或服务的全部或部分内容未更新而承担任何责任。1.7 条载明,爱剪辑对于非爱剪辑指定官方网站或其他信息载体所发布、转载、撰写、流传的有关爱剪辑及周边产品和/或服务的任何公告、介绍、宣传、文案等内容和其中的信息均不承担责任,爱剪辑无义务要求该等非官方网站或其他信息载体的运营者和信息传播者删除或修改任何信息,也不承担用户因信任该等信息而遭受的一切直接或间接损害赔偿等法律责任。1.8 条载明,爱剪辑行使本协议项下任何权利或提供任何产品和/或服务、进行任何操作并不以任何形式的公告或通知作为生效要件,爱剪辑有权不经通知而直接从事前述行为,且该等行为并不构成爱剪辑任何违约或者可能被追究责任的行为。趣影公司不确认该协议的真实性,认为不存在该版本的协议。

趣影公司另行提交了一份《用户使用协议》,梁蕊确认该份协议。该协议与梁蕊提供的《用户使用协议》关于会员充值、打赏收入等多方面内容均存在差异,但两份协议载明的 1.5 条至 1.8 条内容一致。

本院经审查认为,虽然趣影公司不确认梁蕊提交的《用户使用协议》,但双方提交的《用户使用协议》的 1.5 条至 1.8 条内容一致,故本院确认梁蕊与趣影公司订立的《用户使用协议》中包含了上述 1.5 条至 1.8 条款内容。

三、爱剪辑软件的宣传情况

当事人双方各自提交了通过 360 网站搜索"爱剪辑"的结果,展示页面显示有爱剪辑官网 www.ijianji.com 和其他软件的网址。

爱剪辑官网网址下方有两个次链接,分别为"爱剪辑新鲜事"和"在线教程",均有"国内首款全能免费视频剪辑软件"的表述。

梁蕊为证明趣影公司宣传爱剪辑软件为免费软件、消费者受到误导,还提交了以下证据:① 其于 2021 年 2 月 24 日在 360 管家软件内搜索"爱剪辑"的操作录屏视频,② 其于 2021 年 2 月 24 日通过爱剪辑软件进入爱剪辑官网中"关于我们"页面的操作录屏视频,③ 上述两段视频录制时间验证操作的录屏视频,④ 其于 2021 年 6 月在 360 管家软件内搜索"爱剪辑"并查看软件评价的录屏视频。趣影公司不确认上述证据的真实性、合法性和关联性。趣影公司为证明其无法控制第三方对爱剪辑软件的宣传描述,提交了以下证据:① 其于 2021 年 5 月通过手机 Safari 浏览器在百度网站搜索"爱剪辑"的搜索结果,② 其于 2021 年 6 月通过电脑浏览器在百度网站搜索"爱剪辑"的搜索结果。梁蕊确认上述证据的真实性、合法性,但不确认关联性。

本院经审查认为,根据《最高人民法院关于民事诉讼证据的若干规定》第十四条的规定,网页信息、录屏视频等均属于电子证据。根据该规定第九十三条,人民法院对于电子数据的真实性,应当结合电子数据的生成、存储、传输所依赖的计算机系统的硬件、软件环境是否完整、可靠;是否被完整地保存、传输、提取,保存、传输、提取的方法是否可靠等影响电子数据完整性和可靠性的因素综合判断。梁蕊提交的录屏视频未显示操作人员在取证前对电脑进行了清洁性检查,无法合理排除因操作者不当介入、操作计算机不清洁、网络环境不真实等因素对取证结果造成的影响,上述视频也非由中立第三方平台、公证机构提供或者确认,故本院不予确认梁蕊提交视频证据的真实性。趣影公司举证拟证明的第三方在百度网站对爱剪辑软件的宣传行为均发生在本案讼争行为之后,与本案缺乏关联性。综上,本院均不予采纳上述证据。

以上事实,有当事人提交的《用户使用协议》、录屏视频、支付凭证、双方的陈述等在卷佐证。

本院认为,关于本案的案由问题。梁蕊主张《用户使用协议》部分格式条款应为无效;趣影公司未经通知变更为收费模式,侵害了其知情权、公平交易权,应承担相应的侵权责任。庭审中,梁蕊表示要以侵权纠纷为案由提起诉讼,但拒绝变更诉讼请求。本院认为,知情权、公平交易权是消费者基于消费合同关系取得的身份权利,且案涉费用是梁蕊基于与趣影公司的服务合同而支付,故梁蕊在本案中的权利基础仍然来源于其与趣影公司签订的《用户使用协议》。梁蕊基于合同关系要求趣影公司承担侵权责任,系其对权利性质以及趣影公司法律责任承担方式的理解错误。虽然梁蕊对上述内容理解有误,但其提出了明确的请求,陈述了具体的事实和理由,趣影公司也围绕责任性质问题发表了意见,因此,本院确定本案系网络服务合同纠纷,梁蕊对责任性质的理解错误不影响案件的审理。法院对案件的审查应当围绕当事人的诉讼请求是否成立,而非简单地以当事人对案由的选择、理解存在偏差而直接驳回,损害当事人的诉讼权利。趣影公司主张梁蕊的诉讼请求依据与案由不符,应当驳回其诉请,本院不予采纳。

为用户提供免费服务以吸引流量增长是大多数互联网应用软件为人们所熟知的运营模式。随着互联网技术的发展、商业模式的调整以及社会公众多元化需求的增长,一些网络运营商开始探索以付费会员方式为用户提供更加个性化、差异化的服务。在互联网存量用户时代,此种探索符合新业态发展规律,也能够为用户带来更加优质的体验,推动数字经济发展,本身并无不妥。但是,互联网企业在探索新的运营模式,追求商业利益的同时,必须保障用户的基本权益、尊重用户的平等地位,不得损害用户依照法律规定或者合同约定享有的合法权益,否则需要承担相应的法律责任。

结合当事人诉辩意见以及本案事实,本院认为,本案争议焦点为:①《用户使用协议》1.5条、1.6条、1.7条、1.8条的效力问题;②趣影公司是否侵害了梁蕊的知情权、公平交易权的问题;③趣影公司是否需要承担返还 9.9 元的民事责任问题。

（一）关于《用户使用协议》1.5 条、1.6 条、1.7 条、1.8 条的效力问题

《中华人民共和国民法典》第四百九十六条第一款规定：格式条款是当事人为了重复使用而预先拟定，并在订立合同时未与对方协商的条款。本案中，《用户使用协议》1.5 条、1.6 条、1.7 条、1.8 条面向所有用户重复使用且在之前签订的条款内容中已经事先确定，签订过程中用户不能与趣影公司进行协商，属于格式条款。对于上述格式条款的效力问题，本院分别评述如下。

第一，《中华人民共和国民法典》第四百九十六条第二款规定，采用格式条款订立合同的，提供格式条款的一方应当遵循公平原则确定当事人之间的权利和义务，并采取合理的方式提示对方注意免除或者减轻其责任等与对方有重大利害关系的条款，按照对方的要求，对该条款予以说明。第四百九十七条规定，有下列情形之一的，该格式条款无效：① 具有本法第一编第六章第三节和本法第五百零六条规定的无效情形；② 提供格式条款一方不合理地免除或者减轻其责任、加重对方责任、限制对方主要权利；③ 提供格式条款一方排除对方主要权利。本案中，《用户使用协议》1.5 条主要约定爱剪辑有权选择向用户公告或不公告而直接修改、替换、升级软件、产品或服务内容。1.8 条主要约定，趣影公司行使协议项下任何权利或进行任何操作不以公告或通知作为生效要件。对此，本院认为，趣影公司与用户之间存在网络服务合同关系，趣影公司对其所提供的软件、产品或服务内容进行修改、替换、升级或其他任何操作，性质上属于对合同履行的变更，根据《中华人民共和国民法典》第五百四十三条"当事人协商一致，可以变更合同"之规定，趣影公司的上述变更行为需取得合同相对方的同意才能发生法律效力。但考虑到趣影公司与用户形成"一对多"的关系，且用户数量众

多、地域分布广泛,要求趣影公司与所有用户先行协商并取得一致意见后再变更合同,不符合客观现实。为实现网络服务的便捷高效,趣影公司通过预先设定己方享有单方变更协议的权利,由其根据客观需要先对合同进行变更,再由用户通过同意或退出的方式决定是否继续接受服务,具有合理性。但是,案涉1.5条、1.8条的相关内容并不具有合理性。首先,单方变更权的行使应当遵循公平原则。趣影公司通过格式条款赋予己方单方变更权,已经使用户放弃了部分权利,失去了与其进一步协商的可能,那么相关条款内容,更应充分遵循公平原则。1.8条所指向的趣影公司有权进行的"任何操作"可能涉及服务内容的实质性变更,使双方权利义务关系发生重大变化,对当事人的利益产生重大影响。该条款称上述变更不与用户协商、不经通知即可生效,排除了用户的知情权与自主选择权,会导致趣影公司与用户之间的权利义务关系失衡,有违公平原则。其次,单方变更协议仍需要以合理方式告知用户。享有单方变更权只是网络运营商可以变更合同的前提,并不等同于变更行为一经作出即当然对用户发生效力。如欲发生合同变更的法律效果,还需要用户知悉其变更合同的意思表示并作出选择。因此,趣影公司要以合理形式向用户履行告知、提示、说明义务,再由用户选择是否同意上述变更,也即必须在程序上保障用户知晓变更内容、选择是否同意的协商权利和选择权利。1.5条称趣影公司有权"不公告"而直接变更协议内容,1.8条称"不以公告或通知作为生效要件",均属于免除了己方的告知、提示义务,剥夺、限制了用户的法定权利。最后,趣影公司有能力通知到所有用户。当前技术条件下,趣影公司完全可以通过弹窗提示、公告等明示且便捷的方式通知用户产品或服务变更的内容,并给予用户选择"留下或离开"的便捷通道,但其却简单地以格式条款形式免除己方的告知义务,未能承担起相应的企业责任。综上,1.5条部分内容以及1.8条属于《中华人民共和国民法典》第四百九十七条规定的提供格式条款一方不合理地免除或者减轻其责任、排除用户主要权利的情形，应为无效。

第二，《用户使用协议》1.6条由两个语句组成。第一句是趣影公司对软件功能、价格、收费模式享有决策权，有权进行更改；第二句是趣影公司没有义务修改历史产品或服务以反映前述更改，且无须因历史产品和服务未更新而承担责任。对于第一句表述，在合同履行过程中对产品、服务的功能、价格、收费模式进行更改，性质上仍属于合同变更。趣影公司作为爱剪辑软件的著作权人和经营者，享有对计算机软件作品的修改权和所经营商品的定价权，该部分内容是趣影公司对其享有的合法权利的单方面宣示，不违反法律规定。同本院对1.5条的分析，此类变更需要用户知悉并做出选择，才能确定是否对用户发生法律效力。因1.6条第一句未涉及变更程序，不能当然排除趣影公司依法履行告知、协商程序的可能性。因此，不能单独依据1.6条第一句的内容直接得出其属于无效格式条款的结论。对于1.6条的第二句表述，目前尚未有强制性规定，要求软件服务提供者必须履行修改所有历史产品或服务的全部或部分内容以反映其更改的义务，该部分内容属于民事主体可自由协商的内容，该约定也并不必然导致趣影公司与用户的权利义务失衡。因此，单独依据第二句表述的内容也不能得出其属于无效格式条款的结论。综上，1.6条不属于无效的格式条款。

第三，《用户使用协议》1.7条主要约定趣影公司不对非官方渠道发布的信息承担责任，也无义务要求信息的运营者、发布者删除或修改信息。对此，本院认为，在网络上发布或传播信息的载体多样、成本低廉，未经官方授权撰写、发布、转载有关案涉软件的介绍、宣传、文案等，用于诱发点击、吸引流量或者自由评价的行为也较为常见。在此情况下，趣影公司无法限制非因自身事由所引起的上述行为，否则将对趣影公司苛以过高的社会责任。因此，趣影公司在该条款中提醒用户，其不对他人发布的信息承担法律责任,具有合理性、正当性,要求趣影公司对用户因信任非官方信息遭受的损失承担责任也不合情理。此外,《中华人民共和国民法典》第五百零六条规定:"合同中的下列免责条款无效:① 造成对方人身损害的;② 因故意或者重大过失造成对方财产损失的。"本条款也不存在上述规定中的情形。综上,1.7 条不属于《中华人民共和国民法典》第四百九十七条规定的无效的格式条款。

综上所述,《用户使用协议》1.5 条中关于"爱剪辑有权选择不公告而直接修改、替换、升级与爱剪辑产品和/或服务相关的任何软件,或修改任何产品和/或服务内容"的内容及 1.8 条的内容违反了相关法律规定,损害了用户的合法权益。梁蕊请求确认《用户使用协议》1.5 条、1.8 条中的上述内容无效,本院予以支持;梁蕊请求确认《用户使用协议》1.5 条的其他内容、1.6 条、1.7 条的内容无效,本院不予支持。

(二)关于趣影公司是否侵害了梁蕊的知情权、公平交易权的问题

梁蕊主张爱剪辑软件原为免费,未经通知变更为收费且收取了其 9.9 元,构成侵害消费者知情权、公平交易权。对此,本院作如下分析。

第一,关于知情权问题。《中华人民共和国消费者权益保护法》第八条第一款规定:"消费者享有知悉其购买、使用的商品或者接受的服务的真实情况的权利。"《中华人民共和国电子商务法》第十七条规定,电子商务经营者应当全面、真实、准确、及时地披露商品或者服务信息,保障消费者的知情权和选择权。在网络服务消费领域中,电子商务经营者与用户通常处于信息不对称的地位,电子商务经营者可能会利用己方管理者、运营者的信息优势,使用户无法准确、及时获知服务的真实情况。因此,经营者在变更格式条款的重要信息时,更应当以显著方式提请消费者注意服务事项、费用等与消费者有重大利害关系的内容。具体到本案,首先,长期以来的宣传和免费服务已经让梁蕊对能够免费导出视频形成了合理信赖。在爱剪辑软件未及时告知、未标示提醒情

况下,梁蕊本次进行剪辑视频操作时认为最终可以免费导出,符合一般人的正常期待。其次,趣影公司认为其收取的是"导出视频"的费用,其已经在"导出"时尽到提示义务。但是,通常情况下,剪辑视频后能够导出是用户进行视频剪辑的连贯操作,也是包括梁蕊在内的一般消费者接受视频剪辑服务追求的合同目的。为充分保障消费者的知情权,趣影公司应在用户开始接受视频剪辑服务前及时披露服务信息,其关于已提示"导出收费"的抗辩理由割裂了视频剪辑服务的整体性、连贯性,将不合理地免除己方及时披露服务信息的义务,本院不予采纳。最后,与传统的线下消费不同,网络服务提供者既有信息优势,又有技术优势,其应当根据网络交易的特点,对可能造成当事人误解或者损害消费者合理期待的服务信息及时进行提示、说明。趣影公司在导出视频阶段弹出了收费提示,表明其拥有相应的技术条件,完全可以将该项技术运用到履行合同的任一阶段,也完全可以做到在用户打开软件或者准备使用剪辑功能时立刻弹窗提醒收费信息以及服务详情。但是,趣影公司未能切实以技术手段保障消费者的知情权,与其作为电子商务经营者应承担的及时披露义务相悖。综上,爱剪辑软件从免费变更为部分服务收费涉及其与用户之间权利义务的重大变更,影响到梁蕊合同目的的实现,趣影公司负有及时告知梁蕊真实、全面信息的义务,其在梁蕊导出视频阶段才弹出收费信息,导致梁蕊未能及时知悉所接受服务的真实情况,侵害了梁蕊的知情权。

第二,关于公平交易权问题。《中华人民共和国消费者权益保护法》第十条规定:"消费者享有公平交易的权利。消费者在购买商品或者接受服务时,有权获得质量保障、价格合理、计量正确等公平交易条件,有权拒绝经营者的强制交易行为。"爱剪辑软件在梁蕊导出视频时弹出了收费提示,梁蕊清晰获取了服务事项和收费标准,其有选择是否接受导出视频服务并支付对价的自主权。在此情况下,梁蕊仍最终选择付款,是对自身财产权利的自由处分,同时其又未能举证证明9.9元的对价严重偏离一般市场价格或与趣影公司提供的服务价值不匹配,故根据现有事实,无法认定本次交易存在不公平的情况。综上,梁蕊主张案涉收费行为侵害了其公平交易权,于法无据,本院不予支持。

综上所述,趣影公司在导出视频阶段弹出收费信息、收取费用的行为构成侵害梁蕊的知情权,不构成侵害梁蕊的公平交易权。

(三)关于趣影公司是否需要承担返还9.9元的民事责任问题

《中华人民共和国民法典》第七条规定:"民事主体从事民事活动,应当遵循诚信原则,秉持诚实,恪守承诺。"《中华人民共和国消费者权益保护法》第五十二条规定:"经营者提供商品或者服务,造成消费者财产损害的,应当依照法律规定或者当事人约定承担修理、重作、更换、退货、补足商品数量、退还货款和服务费用或者赔偿损失等民事责任。"根据本案查明的事实,爱剪辑软件的应用模式可以分为两个阶段:一是用户打开软件,导入需要编辑的原始素材,进行修改、剪辑、配音、添加字幕或者特效等一系列编辑操作;二是用户编辑完成后视最终呈现的状态选择是否保存或者导出文件。鉴于第二阶段的操作连续性承接第一阶段,两者并非相互独立,那么在第一阶段的操作为免费、第二阶段的操作为付费情况下,趣影公司理应在用户开启第一阶段之时告知相关信息,以供用户选择是否继续花费时间和精力进行编辑,如此才能保障用户的知情权,保障用户基于该软件"未提示收费即为免费"的认知所产生的信赖利益。换言之,当"导出文件"操作为付费使用功能时,运营商可以提前告知用户并在其选择继续使用后,才允许其实质性进入编辑页面,否则不对用户开放编辑权限。此种先提示、后编辑(或预览)、再收费的运营模式既能够吸引用户自由使用、体验,更加契合电子商务的运行规律以及运营商提供增值服务、创造业务营收的商业逻辑,也能够更加充分保障消费者的知情权,践行诚信原则。本案中,如前所述,趣影公司未及时告知梁蕊真实、全面的产品服务信息,侵害了梁蕊的知情权,导致梁蕊可以免费取得视频的预期落空,信赖利益受损,并最终支付 9.9 元才取得视频。据此,梁蕊支付的 9.9 元可以认定为其遭受的损失。故梁蕊请求趣影公司退还 9.9 元,于法有据,本院予以支持。

此外,关于趣影公司是否需要修改在 360 浏览器、360 软件管家等平台上的广告,并在软件界面显著位置标示导出需收费的问题。《中华人民共和国消费者权益保护法》第四十五条第一款规定,广告经营者、发布者发布虚假广告的,消费者可以请求行政主管部门予以惩处。如梁蕊认为 360 软件、360 软件管家等网络平台上关于"免费剪辑软件"的广告宣传存在违法情形,其可以另寻法律途径予以解决。现梁蕊直接要求趣影公司修改上述宣传内容,缺乏法律依据,本院对其该项诉讼请求,不予支持。

综上,梁蕊的部分诉讼请求,具有事实和法律依据,本院予以支持,部分诉讼请求缺乏依据,本院不予支持。依照《中华人民共和国民法典》第七条、第四百九十六条、第四百九十七条、第五百零六条、第五百四十三条,《中华人民共和国消费者权益保护法》第八条第一款、第十条、第四十五条第一款、第五十二条,《中华人民共和国电子商务法》第十七条,《中华人民共和国民事诉讼法》第六十七条第一款,《最高人民法院关于民事诉讼证据的若干规定》第十四条、第九十三条之规定,判决如下:

第一,确认被告广州趣影网络科技有限公司的爱剪辑软件《用户使用协议》1.5 条中关于"爱剪辑有权选择向用户不公告而直接修改、替换、升级与爱剪辑产品和/或服务相关的任何软件,或修改任何产品和/或服务内容"的内容无效;

第二,确认被告广州趣影网络科技有限公司的爱剪辑软件《用户使用协议》1.8条"爱剪辑行使本协议项下任何权利或提供任何产品和/或服务、进行任何操作并不以任何形式的公告或通知作为生效要件,爱剪辑有权不经通知而直接从事前述行为,且该等行为并不构成爱剪辑任何违约或者可能被追究责任的行为"的内容无效;

第三,被告广州趣影网络科技有限公司于本判决发生法律效力之日起七日内向原告梁蕊返还9.9元;

第四,驳回原告梁蕊的其他诉讼请求。

如果未按本判决指定的期间履行给付金钱义务,应当按照《中华人民共和国民事诉讼法》第二百六十条规定,加倍支付迟延履行期间的债务利息。

案件受理费25元,由被告广州趣影网络科技有限公司负担并于本判决发生法律效力之日起七日内径付给原告梁蕊。

如不服本判决,可在判决书送达之日起十五日内,向本院递交上诉状,并按对方当事人的人数提出副本,上诉于广东省广州市中级人民法院。

审判长　冯立斌

审判员　朱晓谨

审判员　麦应华

二〇二二年三月二十二日

书记员　李　佳

三、参赛感悟

梁　蕊:

2020年10月开始到2022年4月1日收到民事判决书,这个案子历时一年多的时间。在这些日子里,我与团队一起讨论研究、搜集证据、提起诉讼、参加庭审,深感维权之路的不易,好在在唐律师的指导下渐渐摸索到了其中的路径。回忆这段经历,感想颇多,归结为一句话:进一步坚定了我从事法律事业、砥砺前行的信心与决心。

李　沁:

参与这个案件,让我对消费者的公平交易权、自主选择权有了更多的感悟,面对生活中似乎微不足道的问题,只有拿起法律的武器才能帮助解决。即使是金额很小的会员费,也可以略窥到其背后的精深法理。经过庭审,我积累了审判程序、固定证据、法庭辩论等经验。感谢小城律师事务所和唐浩哲律师给予我们的莫大帮助。

羊怡童:

这次维权对我们团队来说是困难的,缺乏实务经验的我们,对真实案件的审理过程十分陌生,好在有唐律师的指导,才让我们有信心与专业律师在法庭上唇枪舌剑,这无疑令我们自豪。对我来说,这次比赛的意义不只是取得比赛名次与奖项,而是像耶林所说的那样——为权利而斗争。

○ 四、律师点评 ○

有款一直自称"免费"的视频剪辑软件叫爱剪辑。当我们花费大量的时间和精力用它剪辑出了作品,最后选择导出时,它却不留情面地突然说道:"我不是免费的了,你得给我花钱。"那么,问题来了:我们要如何选择?是就这么算了去付钱,还是对这种行为说不?三位来自南京大学法学院的姑娘们发现了自身权利被毫无理由地侵害。她们选择了毅然决然地对爱剪辑说:"不!"

从对证据事实的收集,到法律适用的确定,再到类案检索的分析,她们以严谨、认真和绝不放弃的态度,获得了案件的胜利和对自我的超越。案件的胜利,爱剪辑的霸王行为须以纠正,格式条款被认定无效,消费者的权利得以保障。自我的超越,从解决准备案件阶段的担忧,到克服出庭时的焦虑,再到战胜与律师对抗的恐慌,直至最后获得判决的欣喜。她们正是凭借着不懈努力和坚定意志,才收获了满意的结果。她们是坚定而努力的花朵,一定会绽放出最美的颜色。

我相信,往后余生,这会是点亮她们未来人生的"星星之火"。

——上海小城律师事务所　唐浩哲

建设和交通委员会履行法定职责案

━━━━━━━━━━━━●━ 一、导 读 ━●━━━━━━━━━━━━

　　道路停车收费是公民日常生活中经常会碰到的问题。一般而言，道路停车泊车位旁都立有"机动车停放价格公示牌"，注明收费标准、计费规定、负责单位、协管单位和投诉电话。但通过调研，我们可以发现上海市道路停车收费存在一些问题，有很多车主不清楚收款人员身份、钱款流向，停车电子缴费有通过个人微信账户收款代替一网通办平台收费、通过纸币缴款不主动出具收款凭证等问题。由于相关道路收费规定、停车管理协管单位确定流程以及相关资质审核的不公开，公民的知情权没有得到相应的保障，也间接影响了当事人对于相关事项的参与权和建议权，导致有些地区存在不合理收费以及收费过程不规范的问题。因而，团队要求负责道路停车相关事项的行政机关公示相关收费标准确定的流程、协管单位确定的流程以及该笔费用的流向等政府信息。

　　2020 年 10 月 29 日，团队先以杨旭菲名义在上海市政务公开平台向某区建设和交通委员会（下称建交委）提出政府信息公开申请，要求获取"道路交通协管单位确定的方式及确定的流程需要公开告知"，建交委工作人员于 2020 年 11 月 6 日与杨旭菲沟通并进行便民指导，2020 年 11 月 9 日建交委工作人员再次与杨旭菲电话沟通，2020 年

11 月 11 日,建交委终止该政府信息公开申请的处理,并在上海市政务公开工作平台上操作办结。团队对该处理不服,向法院提起行政诉讼。

本案于 2021 年 1 月 14 日向上海市静安区人民法院提起行政诉讼,2021 年 2 月 19 日静安区法院下达受理通知,2021 年 3 月 15 日上午开庭,2021 年 3 月 31 日法院作出驳回原告起诉的判决。

参赛成员

任世玮:上海外国语大学法律硕士。

徐　嵘:上海外国语大学法律硕士。

杨旭菲:上海外国语大学法律硕士。

白雪晴:上海外国语大学法律硕士。

二、案情回顾

(一) 起因

2020 年 10 月 25 日 10 时 30 分许,团队走访了上海市某路街道,将车停放在该处约两小时,离开时缴纳停车费 15 元,团队获取一张"上海市机动车道路停车费电子票据告知书"(下称"告知书")。告知书载有一个二维码,并在下方备注文字:① 本告知书内容仅为本次停车费用信息,不作为电子票据;② 如您需要当日的道路停车费电子票据,请务必在支付成功 30 分钟后申请并获取。也就是说,车主在缴纳完停车费后,不能直接获取停车费票据,且如果因为意外情况或暂时忘记扫描二维码进行索取停车费票据,之后将难以获得停车费票据。

街道附近为居民区和学校,停车需求量较大。尤其相对老旧的居民区内部停车位数量极少,因此附近居民经常需要将自家车辆停放到小区外公共道路区域。在该街道的机动车停放价格公示牌上，载明以下内容：白天停车首小时内为 7 元，超过 1 小时后每 30 分钟 4 元；夜间（21:00～7:30）停车费为每次 5 元。并载明计费规定：① 停车时间不足一个计量单位的，按一个计量单位计算；② 预先购买停车时间，并在所购买时间内驶离。管理单位：上海市某区建设和交通委员会。协管单位：上海某停车管理服务有限公司。

根据该公示牌规定，如果附近老旧小区内居民的车辆经常性停放在小区外，将会产生高额的费用。举例说明如下：如果在工作日，假定居民自下午 6 点下班到家，将车辆停放于小区外，直至第二天上午 7 点半上班，将车辆开出。其间居民将花费 28 元（7+4×2×2+5）停车费。如果在休息日，居民如不外出用车，始终将车辆停放在小区外，一天将会产生停车费 112 元（7+4×2×12.5+5）。长此以往，老旧小区内居民将承受巨大的停车缴费压力。

团队试图得知如此巨额的停车费，具体是由哪一主体收取以及最终这些收入将会被用到哪里，可从停车现场并不能得知。公示牌上虽然写明了管理单位和协管单位，但是告知书上并没有相关主体的落款。据附近居民陈述，他们也从来不知道公示牌上的协管单位是如何选定的，不知是通过政府招投标还是区政府直接委任。居民也不清楚收取停车费的人是否具备担任协管员的资质，甚至不能确定收取费用的人是否真正隶属于协管单位。可以说，该街道停车现场的信息公开程度并不足以保障附近居民合理的知情权。

（二）法理分析

根据《最高人民法院〈关于审理政府信息公开行政案件若干问题的规定〉》第三条规定：公民、法人或者其他组织认为行政机关不依法履行主动公开政府信息义务，直接向人民法院提起诉讼的，应当告知其先向行政机关申请获取相关政府信息。对行政机关的答复或者逾期不予答复不服的,可以向人民法院提起诉讼。团队认为,本案中相关部门未对团队的申请事项作出回复,故向人民法院提起诉讼。

《中华人民共和国政府信息公开条例》(下称《信息公开条例》)第二十条规定,行政机关应当依照本条例第十九条的规定,主动公开本行政机关的下列政府信息:(8)行政事业性收费项目及其依据、标准。

《上海市停车场(库)管理办法》第十八条规定:编制道路停车场在设置方案时,市、区公安交通管理部门应当会同交通行政主管部门听取周边公共停车场(库)经营者以及其他企事业单位、居民的意见。根据该条款,道路收费事宜应属于涉及公众利益调整、需要公众广泛知晓或者需要公众参与决策的政府信息。

根据上海市政府设立的行政事业性收费目录清单(http://bmfw.www.gov.cn/czbqgsfqdyzw/),机动车道路停车费收费属于行政事业性收费项目之一,故其中与收费相关的事宜,因涉及公民重大权益应当被作为公开事项予以信息公开。

根据《上海市道路停车场管理者确定和监管规定》第四条规定:市运输管理处或者受委托的区交通行政主管部门、区(县)运输管理所(署)可以通过招标方式或者直接委托方式,确定符合本规定第五条要求的单位(下称协管单位)协助其承担道路停车场的具体管理工作,即各区交通行政主管部门可借助协管单位对居民实施收费。

在具体实施过程中,各地也多通过协管单位对道路停车进行收费。协管单位作为直接向公民收取费用者,在道路收费的过程中实际起到重要作用,与公民权益切实相关,故涉及协管单位如何确定,其确定方式及确定流程属于与收费相关事宜,应当由相关部门主动公开。但在实践中,对于普通居民来说,协管单位的资质往往无法被识别,只能依据协管单位要求的收费数额进行缴纳,整个环节没有第三方监督,不利于公民权益保护,也易使公民对收费对象的资格产生怀疑。

事实上,根据区人民政府公示的《关于增设道路停车协管单位的批复》内容,已存在 5 起公民申请告知协管单位确定方式及确定流程的例子,但依据现有公示信息,受理单位显示答复结果均为主动公开,而实际相关内容无法被搜索到。

此外,团队根据《上海市城市道路桥梁管理条例》第十九条规定:经市人民政府批准,城市道路、桥梁可以实行有偿使用。有偿使用的收入必须用于贷款的偿还或者投资回报以及城市道路、桥梁的养护、维修、管理和建设。鉴于此,团队要求区建交委及区政府公开道路收费款项用途。

(三) 调研

1. 公开渠道检索

根据《信息公开条例》第二十条第(8)项,团队认为公共道路停车收费属于行政事业性收费项目,区政府网站应当公开其依据和标准;根据第二十一条规定,县级人民政府及其部门还应当根据本地方的具体情况,主动公开涉及市政建设、公共服务、治安管理等方面的政府信息。

带着上述目的,团队在某区政府官网的信息公开栏目进行了系统检索。关于公共道路停车收费协管单位的确定,团队检索到一份名为"关于同意增设道路停车协管单位的批复"的文件。同样一份文件,网站上有"主动公开"和"依申请公开"两种公开类别,发布时间都是 2012 年 5 月 15 日,发布机构同样都是区建交委。但值得注意的是,"主动公开"类别下的文件内容为"无",即公众并不能直接查看到协管单位的有关信息,区建交委实质上并没有将道路停车协管单位的确定过程及相关信息主动公开给公众。而在"依申请公开"的文件页面中,公众可以点击左下方链接进行政府信息公开申请。团队根据网页提示填写了相关信息,向建交委申请公开道路交通协管单位确定的方式以及流程,但一直未得到建交委的回复。

另外,在提交信息公开申请后,团队还发现,区政府网站上罗列了过去曾收到过的与团队类似的政府信息公开申请,其中之一为:上海市公安局于 2016 年 9 月 26 日曾受理过"道路交通协管单位确定的方式以及确定的流程应当公开告知"的申请。公安局的处理结果为"主动公开"。尽管如此,团队仍未在区网站检索到主动公开的相应文件。其中之二为:上海市交通委员会于 2014 年 11 月 5 日曾收到"道路停车协管单位确定的方式"的信息公开申请,交通委员会的处理结果为"非本机关职权范围"。可以说,在区政府网站,道路停车协管部门产生方式及流程的相关内容的信息公开需求已经存在已久,但截至目前该需求尚没有得到真正实现。

作为参考,团队继续检索了上海其他区政府信息公开情况。其中,闵行区交通委曾于 2015 年 6 月 10 日发布"区运管所开展道路停车协管员 2015 年度第二期复训工作"的通知,说明闵行区部分街道的道路停车协管员由区运管所进行培训,即可以使公众知晓相关街道的协管人员受到了一定的训练,具备管理街道停车收费业务的能力与资质。从这一角度而言,闵行区的信息公开程度先于一步,但对该区道路停车协管单位相关信息的公开同样尚未到位。另外,嘉定区曾于 2020 年 8 月 10 日发布"关于嘉定镇街道停车划线工程项目公开招标"的通知,明确为进一步规范街道辖区内机动车及非机动车停放,决定实施停车划线工程,并邀请具有能从事专业喷漆业务的施工企业前来报名参与此工程。通过这一文件,公众可从头开始参与嘉定区停车位相关建设事宜的监督,其知情权可以在很大程度上得到保障。

综合闵行区、嘉定区政府信息公开方面的情况,团队认为某区未能在"公共道路停车协管单位的产生方式和产生流程"的问题上履行应有的主动公开的义务,有违《政府信息公开条例》的有关规定。

2. 问卷调查

团队拟制了名为"上海城市道路停车收费情况调查"的问卷,其中当被问及"您是否知晓收款人员的身份"时,所有接受调研的对象都反映：不清楚。也就是说，在参与作答的受访者中，不清楚停车费收款人员的比例达到100%。另外，在缴费后是否收到收据或缴款凭证的问题中，2/3的受访者表示收到过凭证，但受访者均没有在缴款凭证上看到具体的收款单位。

问卷调查表明，目前上海各区公共道路停车收费作为一项行政事业性收费，普遍没有向公众做到全面、彻底的信息公开，连最基础的收款单位或收款人员身份都不能为公众轻易得知。公众在缴纳停车费后，往往不知道该笔钱款是进入了政府部门、协管单位，抑或是个人的口袋。

（四）起诉

2021年1月24日，团队以杨旭菲的名义向静安区人民法院递交行政起诉状。

附一：行政起诉状

行 政 起 诉 状

原告：杨旭菲（详细信息：略）
被告：某区建设和交通委员会（详细信息：略）

事实与理由：

2020年10月25日，原告在位于上海市某路段的公共停车位停车，时长约两小时，缴纳停车费15元。原告认为协管人员的态度恶劣，同时该路段夜间时常存在无人收费的情况。

原告在被告官网查询关于上海市某区机动车道路停车协管单位的确定方式及流程等信息，但被告官网并未有公布前述的信息。

原告依据被告官网提示，通过网上申请渠道向被告申请公开上述

信息,被告在未回复原告申请内容情况下,答复申请事项"已办结",原告对被告的答复不满。理由如下:

首先,原告根据被告官网网页提示向被告申请公开案涉信息,依据《中华人民共和国政府信息公开条例》第三十六条第一款第(二)项,原告申请事项属于可以公开事项,被告应提供该政府信息。

其次,被告不仅未提供案涉信息,而且答复申请事项"已办结",其行为侵犯了原告合法的知情权。

综上,被告其行政行为明显不当。

原告依据《最高人民法院关于审理政府信息公开行政案件若干问题的规定》第一条第一款第(二)项、第九条第二款和《行政诉讼法》第七十条之规定,诉至贵院,请求法院依法判令所请。

此致
上海市静安区人民法院

具状人:杨旭菲

2021 年 1 月 24 日

附二:证据清单(表1)

表 1　证据清单

证据组别	证 据 名 称	证 明 事 实	证 明 目 的	原件/复印件
第一组	《车辆行驶证》1 本	沪＊＊＊1102 车辆车主信息	原告系本案利害关系人,主体适格	原件
	《情况说明》1 份	2020 年 10 月 25 日牌号:沪＊＊＊1102 车辆系原告实际使用		原件
	《上海市机动车道路停车费电子票据告知书》1 张	原告缴纳停车费的事实		原件

续 表

证据组别	证 据 名 称	证 明 事 实	证 明 目 的	原件/复印件
第二组	《机动车停放价格公示公告牌》照片打印件 1 张	被告系案涉道路停车区域的管理单位	（1）被告主体适格（2）被告负有主动公开案涉政府信息的法定义务（3）被告就增设道路停车协管单位的批复不完整	原件
	《上海市行政事业性收费目录清单》1份（来源于上海市财政局官网沪财税〔2020〕42 号）	机动车道路停车费属于行政事业性项目收费		复印件
	区人民政府官网所载《关于同意增设新区道路停车协管单位的批复》网页截图 1 张	区人民政府官网发布的《批复》内容来源为被告、公开类别为"主动公开"		复印件
第三组	原告向被告申请公开案涉信息的网页截屏图片 2 张	原告向被告申请公开案涉政府信息被告网站显示原告申请事项"已办结"	原告已就案涉信息提出申请，被告提供的案涉信息与原告的申请不符，且答复申请事项"已办结"，侵犯原告的知情权	复印件

（五）开庭、判决

2021 年 2 月 19 日静安区人民法院下达受理案件通知书，2021 年 3 月 15 日上午组织开庭，3 月 31 日法院作出行政裁定。

附：静安区人民法院行政裁定书

行 政 裁 定 书

（2021）沪 0106 行初 143 号

原告：杨旭菲（详细信息：略）

被告：某区建设和交通委员会（详细信息：略）

委托代理人：王祺、俞巍（详细信息：略）

原告杨旭菲诉被告某区建设和交通委员会（下称建交委）履行法定职责一案，本院于2021年2月19日受理后，依法适用简易程序公开开庭进行了审理。原告杨旭菲，被告建交委的负责人余挥，委托代理人王祺、俞巍到庭参加诉讼。

本案现已审理终结。

原告杨旭菲诉称，原告因停车问题向被告建交委申请公开"道路交通协管单位确定的方式及确定的流程需要公开告知"。原告申请的事项属于可以公开的信息，被告不仅未提供，而且答复申请事项"已办结"，明显不当，侵犯了原告的知情权。故原告诉至法院，请求被告建交委履行公开被告行政管理辖区内道路交通协管单位确定的方式及确定的流程信息的法定职责。

被告建交委辩称，原告的申请属于咨询，内容不明确，被告工作人员与原告电话沟通，原告明确表示撤回该信息公开申请，被告根据《上海市政府信息公开规定》第三十七条之规定终止该政府信息公开申请的处理。故请求法院判决驳回原告的诉讼请求。

经审理查明，被告建交委于2020年10月29日在上海市政务公开工作平台上收到原告杨旭菲提出的政府信息公开申请，要求获取"道路交通协管单位确定的方式及确定的流程需要公开告知"。因原告申请内容不明确，被告工作人员于2020年11月6日与原告电话沟通并进行便民指导，原告表示撤销本次信息公开申请。2020年11月9日，被告工作人员再次与原告电话沟通，原告亦确认撤销本次信息公开申请，并同意被告工作人员在平台上为其操作。2020年11月11日，因原告撤销申请，被告根据《上海市政府信息公开规定》第三十七条之规定终止该政府信息公开申请的处理,并在上海市政务公开工作平台上操作办结,后续亦给予原告便民指导。原告对该处理不服,向本院提起行政诉讼,要求被告履行信息公开的法定职责。

以上事实,由信息公开申请表、电话录音光盘和对应文字、上海市政务公开工作平台截图、微信聊天记录等证据以及当事人的庭审陈述为证。本院认为,根据法律规定,公民、法人或者其他组织提起行政诉讼,应当符合法定起诉条件。原告请求被告履行法定职责,原告未先向行政机关提出申请的,人民法院裁定驳回起诉。经庭审查明,本案原告向被告提出信息公开申请后,因申请不明确,经被告工作人员电话沟通,原告撤回了其申请,应视为未提出申请。故原告的起诉,依法应予驳回。据此,依照《最高人民法院关于适用〈中华人民共和国行政诉讼法〉的解释》第九十三条之规定,裁定如下:

驳回原告杨旭菲的起诉。

案件受理费 50 元,退还原告杨旭菲。

如不服本裁定,可在裁定书送达之日起十日内,向本院递交上诉状,并按对方当事人人数提出副本,上诉于上海市第二中级人民法院。

审判员　刘　菲

二〇二一年三月三十一日

法官助理、书记员　王昕煜

三、参赛感悟

徐　嵘:

这次诉讼,加深了我对行政法律规范以及我国司法实践的了解,对于我来说，是一次真正有意义的实践课。比起以前的模拟法庭，这是一次直接有效、锻炼实践自我知识技能的最佳方式。此外，这次活动还激发了我个人的潜力，作为组织者，我深知参加一个全国范围内的学术类竞赛十分艰辛，不仅要组织协调、认真筹备，而且还要兼顾自身的学业任务，必须做到相得益彰、互相促进。

任世玮：

参加这次大赛，锻炼了我的文书写作能力、团队协作能力，加深了我对行政法律规范和诉讼程序的了解，更重要的是让我体会到公益诉讼对于缓解民生问题的价值。

杨旭菲：

自 2020 年 11 月我与同学一起报名参加"小城杯"公益之星创意诉讼大赛以来，整个参赛过程让我受益良多。首先，这次比赛与以往的模拟法庭相比更为直观、生动，让我切切实实感受到了庄严的庭审。其次，这次比赛团队同学的思想、知识不断碰撞和融合，才有了一版又一版的文书、材料，才有杀进决赛的动力。最后，指导律师与赛事各位评委的帮助与点评，让我更加坚定今后继续投身法律职业的决心。

白雪晴：

通过比赛，收获良多。一方面，撰写和修改起诉状与证据清单，进一步提高了我的文书能力，了解了文书撰写中的一些重要细节，包括起诉状的性质如何定义、事实理由如何把握、证据清单怎样更加清晰等。另一方面，前往法院、递交材料、申请立案等，让我了解了法律实务中立案的流程、操作及可能遇到的涉及诉讼请求、个人信息与诉讼费等相关细节；再一方面，通过接听来自被告和法院的电话，锻炼了我如何与审判机关及案件当事人沟通、交流的技能。一句话：收获满满。

四、指导律师点评

　　有幸作为指导律师,参与指导了来自上海外国语大学法学院 5 名硕士在读研究生组成的参赛队。在经过了漫长的初赛、复赛等阶段,团队最终成功进入决赛,并获得了佳绩。作为指导律师,我以审慎的态度对团队的表现作如下评价:一是团队成员均能积极参加案件相关的讨论,并在讨论中提出自己的不同见解;协作度较高,能在指导律师的协助下,自主完成诉讼方案制定、证据取证、起诉状撰写、证据目录编制等工作。二是团队选择的参赛案例,以政府信息公开为案由提起行政诉讼,对保障社会民众关于政府具体行政行为的知情权有积极的意义。实话实说,作为一名执业律师,看到团队以行政诉讼为参赛案例,我也是为他们捏把汗的。毕竟行政诉讼作为民告官的典型诉讼类型,自然人作为原告能够得到法院支持诉请的案例数据占比相对较低。

　　参赛案件从立案开始,就经历了一波三折。但团队成员不懈努力,最终在静安区人民法院顺利立案并完成庭审。虽然,案件最终以原告撤诉结案,但作为被告的区建交委也表示,在今后的工作中,会关注到原告的核心诉求,在法律规定范围内,以更简洁的工作方式向社会民众公示相应行政公开信息。我个人认为,比赛的最终成绩并不是参赛的根本目的,能够参与比赛,深度体验诉讼流程,学习实务知识才是参赛队员最宝贵的收获。

——上海新松律师事务所　张　鎏

京东网络购物合同纠纷案

一、导读

网购在现代生活中必不可少,但商品退换问题一直是"华美袍子上的跳蚤",很多商家基于成本及资金流转等因素考量,会拒绝买家退换货要求,这不仅造成网购便利化程度大大降低,而且使网购成为具有风险的行为。我们从天猫和京东平台上选取大量商品进行研究,发现耳机类产品仍然是七天无理由退换货的"法外之地",即耳机类产品拆封以后不支持退换货。

网购平台一边做出"七天无理由退货"的承诺,一边却告知"已拆封商品不得退货",这个看似矛盾的说法难倒了很多消费者。团队成员何志鹏之前在京东上购买一款耳机时,也遇到了这样的难题。在退货无果后,团队以此将京东告上了法庭。

本案于 2020 年 9 月 19 日向苏州市姑苏区人民法院提交诉状,法院以"网络购物纠纷"为案由收案。先后开庭审理 4 次(3 次线下庭审,1 次线上庭审),姑苏区法院作出驳回原告诉请的判决,原告不服上诉至苏州市中级人民法院,最终调解结案。

参赛成员:

何志鹏:苏州大学王健法学院(非法学)硕士。

张旭杰：苏州大学王健法学院(非法学)硕士。

陈思怡：苏州大学王健法学院(非法学)硕士。

王　萌：苏州大学王健法学院(非法学)硕士。

顾海涛：苏州大学王健法学院(非法学)硕士。

二、案情回顾

(一) 起因

2020 年 9 月 9 日,何志鹏在京东自营店上购买了一款苹果蓝牙耳机。根据网购页面介绍,这款蓝牙耳机标价 1 246 元,因为活动优惠 247 元,何志鹏花费了 999 元购买了这款耳机。在收到耳机后,何志鹏打开外包装后发现,耳机的质感、重量和大小跟自己想象的有所出入,便没有继续拆掉内包装,他当时想,没有拆内包装,没有激活使用,在七天内可以无理由退货。然而,当何志鹏向客服提出退货申请时,客服以"拆封包装盒上面的膜就是拆封"为由,拒绝了何志鹏的申请。随后,何志鹏再次查询了该购物页面的相关规则,在页面的"门店"和"评价"两个界面中间找到了"退货规定"。

"这个规定和其他六个规定放在一起,字体大小相比整个购物页面字体而言明显小了很多,而且颜色是灰色,整体看上去很不起眼,不容易看到。"何志鹏对这样的信息提示表示不满。令何志鹏更加不满的是,卖家在"七天无理由退货"规定后面还加了一个附属条件——拆封后不支持。何志鹏又在其他网购平台上进行了咨询,发现不少商家也坚持"拆封不退货"。但随后何志鹏在天猫上的 Apple Store 官方旗舰店上找了同样一款耳机,客服表示只要没有人为损坏,即使拆封、激活使用也不影响退货。

同样的产品却出现不同的服务方式,团队在网上搜索发现,这样模棱两可的规定引发的吐槽非常多,"如果不拆封,如何发现产品质量情况?""拆封不能退,'七天无理由退货'不是形同虚设?"对于这两个问题,团队认为其本身存在逻辑上的矛盾,是京东方面制定的格式条款,加重了消费者的责任,属于侵权行为。

(二)法理分析

《消费者权益保护法》第二十五条规定,经营者采用网络、电视、电话、邮购等方式销售商品,消费者有权自收到商品之日起七日内退货,且无须说明理由,但下列商品除外:① 消费者定做的;② 鲜活易腐的;③ 在线下载或者消费者拆封的音像制品、计算机软件等数字化商品;④ 交付的报纸、期刊。

国家工商行政管理总局于 2017 年 3 月发布的《网络购买商品七日无理由退货暂行办法》第八条规定:消费者退回的商品应当完好。商品能够保持原有品质、功能,商品本身、配件、商标标识齐全的,视为商品完好。消费者基于查验需要而打开商品包装,或者为确认商品的品质、功能而进行合理的调试不影响商品的完好。

团队认为,蓝牙耳机内包装都没有打开,更没有调试,不可能影响耳机的完好。

(三)调研

在百度上输入"耳机拆封后不给退货",弹出 17 600 000 个相关结果,说明该问题并非个案,具有普遍性;耳机动辄上千元,该数额对于大多数人来说并非小数目。根据京东官方消息,2019 年耳机销售同比增长 25 倍,由此而带来的退货问题应引起重视。

消费者从网上购买商品后能否在七天内无理由退货?商家制定相关规定的依据是什么?团队查阅了多家网购平台,并就该项规定咨询了客服人员。

在京东平台上,团队随机浏览了一家名为"疆界旗舰店"的商铺。这家商铺主营苹果系列电子产品。与何志鹏遇到的情况一样,这家商铺也在"七天无理由退货"服务后附加了"拆封后不支持"的条件。

那么,如果不拆封,该如何检查产品呢?客服人员给我们发来了一则说明。说明显示,商家要求消费者在拆封时用视频全景记录。同时,因为拆封会影响二次销售,导致价值折损较大,因此不支持退货。

在与客服的沟通中,对方表示,这是京东制定的规则,而自己的商铺是在京东上经营,需要遵守平台的规则。

在"苏宁易购"平台上,团队就一款苹果蓝牙耳机分别向自营店客服和非自营店客服进行了咨询,得到了两种不同的答案。

自营店客服表示,商品保证完好,且未拆封则支持七天无理由退货。但就该规定的相关依据,团队并未查询到。相反,在非自营店商铺中,客服则表示,在拆封的情况下也可以无理由退换货。

和"苏宁易购"一样,在"淘宝天猫"平台上,不同的商家对同款耳机的"七天无理由退货"标准也不同。

综合看,消费者网购商品后能否在七天内无理由退货,各个平台和商家的标准并不一致。而这样的不一致也体现在不同的产品上。如在服装类产品方面,有商家以"是否使用过"为标准;在手机产品方面,有的商家注明了不能退货的"版本",有的商家则以"是否激活"为标准。

(四)起诉

诉前,团队成员讨论方案、搜集相关证据,并在张春辉律师指导下,确立了主要诉讼思路和策略。何志鹏还联系苏州电视台录制了相关节目,并投放至微博,是当日微博本地热搜第一名。

一开始,团队对公司股权结构的理解有偏差,因此立案时出现诉讼主体不适格的问题,但团队没有放弃,撤诉以后重新提起诉讼。最终姑苏区人民法院以"网络购物纠纷"为案由收案。

附一:民事起诉状

民 事 起 诉 状

原告:何志鹏(详细信息:略)

被告:北京京东世纪贸易有限公司(详细信息:略)

被告:北京市北京经济开发区(详细信息:略)

诉讼请求:

1. 请求确认拆封不退的标识无效。

2. 请求法院判令返还合同价款 999 元。

3. 本案诉讼费全部由被告承担。

事实与理由:

被告京东世贸公司为电商平台,同时为原告所购买耳机的自营销售商店。2020 年 9 月 9 日,原告在被告网站上购买其自营销售的 Air Pods 二代耳机一副。2020 年 9 月 12 日,原告确认签收快递并打开商品包装检验商品(未激活该商品),认为其与预期不符要求退货,被告却以销售页面载明"拆封不退"为由拒绝退货。

被告的行为侵犯了广大消费者"七天无理由退货"的权利,故依据《消费者权益保护法》第六条规定提起本案,请求支持原告诉请。

此致

苏州市姑苏区人民法院

具诉人:何志鹏

2020 年 9 月 19 日

(五) 开庭、判决

开庭过程十分艰辛,法院共开庭审理 4 次(3 次线下庭审、1 次线上庭审),其中有两次能在中国庭审网查询到,另外两次属于质证(未上网)。值得说明的是,当时何志鹏在南京师范大学就读,每次开庭均需坐火车从南京到苏州,不可谓不辛苦。一审姑苏区人民法院作出驳回原告诉请的判决,原告不服上诉至苏州市中级人民法院,后苏州中院组织双方调解,最终案件以调解结案。

三、参赛感悟

诉讼确实是件劳心耗神的事,在长达半年的奔波中,所花费的已经远远超过标的价值,但这是为了什么? 这样堂吉诃德式的斗争,又有怎样的益处呢?

耶林曾言,为权利而斗争。法感是人的共同情感。站在法庭上,和京东谈一谈拆封不退这个问题,把事情说明白,这就是最大的价值。

通过实际的"为权利而斗争",一种法感浸润我们的内心。记得刚立案时,京东打电话给我们,让我们撤诉,给我们退款,我们拒绝了。

尽管法律规定,消费者拥有网购后悔权,实际情况却复杂得多。作为电商龙头企业,理应依法制定相应的服务举措,为整个行业树立示范作用。

由于疫情管控,法庭不允许旁听,亦不能委托其他成员作为诉讼代理人,即使我们根据民诉法提出公民代理的请求,也被法官拒绝。所以为了顺利庭审,只能何志鹏一人出庭,其他人员主要是线上沟通。

老师和指导律师一直鼓励我们,并实时跟进,让我们十分感动。没有他们的鼓励,我们很难坚持四次庭审,跨越大半年的时间去做一场公益诉讼。无论结果如何,在此过程中我们感受到鲜活的法律运行,跨进法院大门,在法庭上直面经验丰富的律师,这种经历已经弥足珍贵了。

——何志鹏、张旭杰、陈思怡、王　萌、顾海涛

◉ 四、指导律师点评 ◉

　　回顾指导此案过程,我最先接触到以何志鹏为队长的团队成员,先行了解了他们对于基本诉讼规则、法理、相关法律规定的知悉程度,在此基础上决定是以"接受咨询的形式"或"派遣任务的形式"进行指导。基于团队理论充足、实务欠缺,故决定以"派遣任务的形式"进行指导,且所有任务直接派遣至队长何志鹏,再由何志鹏协调队员完成。

　　第一阶段,要求其查阅所有相关法律规定、案例,并整理汇总分析,以文字的形式出具该种类型案件的一般处理方式,此阶段用了两周的时间,速度相对较快。第二阶段,向团队成员提出具体问题,并要求对问题进行书面分析回答:① 列明本案原被告主体,是否列销售公司为被告? ② 本案适用的管辖规则以及如何突破约定管辖? ③ 如何充分证明京东存在"拆封不退"的情形? ④ "拆封不退"不合理之处有哪些? ⑤ 如果京东同意退货,本案如何继续? 此阶段用时较长,反复次数较多,但也成功引导团队从理论延伸到实务。第三阶段:要求团队制作证据清单,具体到单个证据、单组证据、证明内容、证明目的,再行书写民事起诉状。因团队成员实务经验有限,此阶段完成度有限,但也足够提起诉讼。

　　本案经一审(败诉)、二审调解结案,但对学生的指导作用以及公益诉讼的目的已经达到。

——上海小城律师事务所　张春辉

途经车客运合同纠纷案

━━━━━━━━━━○ 一、导 读 ○━━━━━━━━━━

由于部分地区大巴车班次供不应求,乘客乘坐大巴途经车的需求日益旺盛,且途经车客运合同履行瑕疵之现象普遍存在。然而针对乘客因途经车不到站停车这一现象所提起的私益诉讼案件却并不多见,从公益诉讼角度出发的案件也未曾有过,团队经过现场及线上调查,都印证了乘客对此现象十分无奈,因客运合同的特殊性,具有一定的垄断性,乘客只得无奈地一次又一次被迫接受。

途经车问题看似微不足道,但其实如同网约车一般存在一定的隐患,本次诉讼主要明晰途经车到站下客的归责问题,避免危机爆发时引起强烈社会冲突和恶劣的事后影响。公路交通和安全关系到每个人的利益,其本身的社会公益属性极强。大巴等汽车作为常见的公共交通方式,对其中存在的问题作出改进和完善,为所有乘客提供"合理安排出行"的前提和基础也势在必行。

因出售汽车票的某公司和承运方某客运集团分属不同法院管辖,案件分别于 2019 年 11 月 5 日在苏州市工业园区人民法院和 2019 年 11 月 11 日在姑苏区人民法院立案。后园区法院未通知立案受理信息,11 月 18 日姑苏区人民法院立案受理,12 月 10 日开庭审理。本案最终以和解形式解决,但并不失公益价值,相反以和解形式解决问题,也是一种共赢的方式。

参赛成员

王小丽:苏州大学王健法学院法学专业学生。

赵虹霞:苏州大学王健法学院法学专业学生。

赵丽君:苏州大学王健法学院法学专业学生。

王子尧:苏州大学王健法学院法学专业学生。

徐　艳:苏州大学王健法学院法学专业学生。

包馨怡:苏州大学王健法学院法学专业学生。

二、案情回顾

(一)起因

2019年4月4日,即清明节放假期间,王小丽通过巴士管家购买了从苏州汽车客运北站出发,途经灌云的车票。在灌云高速路口北,王小丽被司机强令下车。下车点是一个陌生又偏僻的高速路口,该路段无公交、网约车,小丽只能打路边的黑车回家。到家后,小丽注意到巴士管家的购票界面上的提示语:"途经车的下车点可能不在车站内,部分班次在服务区下车,请您合理安排自己的行程。"但此提示并不能明确具体的下车地点,乘客是无法合理安排自己行程的,且不免有第一次乘坐途经车的乘客,默认途经车至途经地车站停车的情形。下车地点距离车站还有十几千米,这里打不到车,只有黑车,乘客的人身安全可能遭受威胁。再则,途经车辆不到车站下客却和直达车票价相同,乘客还得额外出钱自己打车到车站。

通过调查发现，和王小丽有相同经历的不仅仅只有到灌云的途经车旅客，许多乘坐过途经车的旅客都有相似的经历。他们也曾被途经车放在一些路口、服务区等交通不便的地方。可以说，这种现象在某些途经车线路中已成为一种惯常做法，乘客只得被迫接受，除非他们不坐途经车。

此时，王小丽萌发起诉的想法，但由于当时乘坐途经车辆并不能预料在灌云高速路口被下车这一结果，主要证据没有保存，起诉该次乘车存在举证困难的问题。为更好地进行诉讼，王小丽于 2019 年 9 月 13 日再次乘坐此班途经车，收集了录音、截图、截屏等相关证据，为本次诉讼提供证据支撑。

（二）法律分析

王小丽购买了某客运集团公司的车票，车费最终归其所有。王小丽与其之间存在客运合同关系，两者之间法律关系受《合同法》调整。某客运集团公司作为承运人，应当遵守《合同法》中关于承运人的规定。但其未按客运合同将原告送至目的地，义务履行存在瑕疵，应当承担违约责任。

作为承运人，没有告知王小丽其不能正常送达车站及具体下车点，致使王小丽未能合理安排自己的行程，并因此付出了额外的费用，造成了一定的经济损失，适用《合同法》第二百九十八条规定。

经过调查发现，王小丽的车费是先转入某网络公司账户，再由某网络公司与某客运集团进行结账，团队认定，王小丽在巴士管家 App 上的购票行为属于与某网络公司缔结服务合同，两者之间存在服务合同关系，同时二者还形成了消费者和经营者之间的关系，可以适用《消费者权益保护法》。王小丽在巴士管家 App 购票平台购票时，某网络公司并未告知车辆的具体下车地点，未告知王小丽与其预订车票的真实情况，某网络公司所提供的服务存在严重瑕疵,侵犯了消费者的合法权益,应当承担法律责任。

本案中,二被告某客运集团和某网络公司住所地不同,根据《民事诉讼法》第二十七条规定:因铁路、公路、水上、航空运输和联合运输合同纠纷提起的诉讼,由运输始发地、目的地或者被告住所地人民法院管辖。因而,团队决定分别向苏州工业园区人民法院和苏州姑苏区人民法院起诉。

(三)前期调研

调研中,团队采用线上线下相结合的方式,发布线上调查问卷以及去汽车站实地考察,主要调查乘客们对途经车辆的态度和途经车违约、侵权的现状。调查结果显示,超过80％的乘客认为途经车应该在途经的车站停靠,96％的乘客认为车站或App有义务对途经车辆具体下客地点明确告知。调查的乘客中有过半数人曾坐过途经车,且其中大部分人都遭遇过途经车未在车站内下客,而在高速路口等距离车站较远的地方下客的情形,遇到此种情况时,绝大多数的乘客感到生气、害怕、无助,不知道怎么平安回家,担心遇到黑车。近80％的乘客认为非常有必要对途经车辆的停靠地点进行规范,因为这给他们带来很大的困扰。可以看出,途经车下客点不明确不规范问题已具有一定的普遍性,给乘客带来了很多不利的影响。

调查还发现,只有不到60％的乘客在买票时看到了关于途经车的提示,还有部分乘客对自己所乘坐的是途经车毫不知情,车站及App关于途经车的提示很模糊,没有明确下车地点,不利于乘客提前安排后续的行程。可见,无论是车站还是App都没有履行充分的告知、说明义务。另外,部分乘客还注意到途经车和直达车票价相同,所标注的目的地也相同,购票时对途经车到站停车抱有合理期待,结果却是在距离车站还有十几千米的高速路口被要求下车,此举不仅带来了额外的打车费,同时也使得乘客购票被送达目的地的合理期待落空。

(四) 证据收集

本案原告前期权益受到侵害时,保留的证据资料有限,难以形成紧密的证据链以支撑其诉求,所以在提起本次诉讼之前,咨询了指导律师,确定了取证计划,保留收集到的证据资料并将之整理成规范的证据资料形式,为后期立案所用。

1. 取证

(1) 在巴士管家平台购买 2019 年 9 月 13 日车次为 PS5148"苏州—灌云"12:25 分发车的途经列车车票。获取购票过程录频,订单截图。用途:确立与车巴达某网络公司之间的服务合同关系;证明其黄色标签提示信息不明确——未提供准确下车地点,告知义务的履行存在瑕疵。

(2) 2019 年 9 月 13 日进站取票。车票即为原告与某客运集团订立的客运合同。

(3) 到达目的地附近时,司机会让乘客下车,此时询问该车真正的目的地,并将全过程录音。用途:证明原告被下车地点——灌云高速路口北出口;证明途经车既不到灌云汽车客运站也不管乘客的后续安排。

(4) 下车后,周围环境录像。用途:证明下车点地点偏僻,不方便打车、乘车。

(5) 打开高德地图录频、截屏,记录下车地点与灌云汽车客运站间距离。用途:证明下车点交通不便,网约车、公交均无显示;证明下车点与实际应下车点间相距十几千米。

(6) 向巴士管家平台投诉并录音。

2. 证据资料整理

证据资料收集完毕后,在龚律师的指导下,团队按照立案所需之形式,将证据材料以表格的形式呈现并规范打印、复印、刻录。由于本案涉及两个诉讼,所以团队将证据资料分成了两份,分别向姑苏区人民法院和苏州市工业园区人民法院提交。

(五) 向消费者协会投诉

除向法院提起私益诉讼外,团队经讨论认为,本案也可走公益诉讼的路线,因而向苏州市消费者协会进行举报投诉,欲由苏州市消费者协会进行起诉。

2019 年 10 月 23 日,团队拨打了消费者协会热线电话 65222315,但未拨通;后前往消费者协会进行投诉。投诉中,向消费者协会提供了投诉的原因和相关法律法规。

(1)损害消费者财产安全。途经车和直达车在相同目的地的具体停靠点不同,票价却相等,乘客乘坐途经车后相比直达车往往需要更多花费,对于这种侵害乘客合法权益的票价设置,应当属于汽车票购买中的不平等现象。

(2)可能侵害公民的人身安全。部分途经车到达途经站停靠点常在深夜时分,且地点远离市区,交通不便,可供选择的出行路线极少。乘客无可奈何而不得不坐黑车、陷入隐形危险,人身安全有遭遇危险的可能。

上述,涉及以下法律规定。

《民事诉讼法》第五十五条:对污染环境、侵害众多消费者合法权益等损害社会公共利益的行为,法律规定的机关和有关组织可以向人民法院提起诉讼。人民检察院在履行职责中发现破坏生态环境和资源保护、食品药品安全领域侵害众多消费者合法权益等损害社会公共利益的行为，在没有前款规定的机关和组织或者前款规定的机关和组织不提起诉讼的情况下，可以向人民法院提起诉讼。前款规定的机关或者组织提起诉讼的，人民检察院可以支持起诉。

《最高人民法院〈关于审理消费民事公益诉讼案件适用法律若干问题〉的解释》第二条第二款：提供的商品或者服务可能危及消费者人身、财产安全，未作出真实的说明和明确的警示，未标明正确使用商品或者接受服务的方法以及防止危害发生方法的；对提供的商品或者服务质量、性能、用途、有效期限等信息作虚假或引人误解宣传的。

《消费者权益保护法》第四十四条：消费者通过网络交易平台购买商品或者接受服务，其合法权益受到损害的，可以向销售者或者服务者要求赔偿。网络交易平台提供者不能提供销售者或者服务者的真实名称、地址和有效联系方式的，消费者也可以向网络交易平台提供者要求赔偿；网络交易平台提供者作出更有利于消费者的承诺的，应当履行承诺。网络交易平台提供者赔偿后，有权向销售者或者服务者追偿。网络交易平台提供者明知或者应知销售者或者服务者利用其平台侵害消费者合法权益，未采取必要措施的，依法与该销售者或者服务者承担连带责任。第四十七条：对侵害众多消费者合法权益的行为，中国消费者协会以及在省、自治区、直辖市设立的消费者协会，可以向人民法院提起诉讼。

诉讼之前，团队之所以考虑欲由苏州市消费者协会公益诉讼，是因为按照目前我国的法律，个人无法提起公益诉讼，而消费者保护协会可以，从而提升其实际效果。后因诉某网络公司和诉某客运集团两案均立案成功，且考虑到对方当事人不断请求协商的诚意以及答应我方对企业进行整顿调整，并承诺将乘客安全送达车站，通过他们的承诺就可能实现团队的预期效果，所以团队决定暂时将公益诉讼这一路径搁置，但并不放弃消费者协会的帮助，团队想要先通过私益诉讼确定案件本申诉的利益,与此同时获得消费者协会的关注,在达不到预期效果时,再请求消费者协会出面。

在与客运集团协商后,团队发现通过"私益诉讼"获得一定金额的赔偿并不是问题,但这并不是团队的目的。团队期望通过本次诉讼,督促客运集团和巴士管家更好地履行合同义务,为消费者提供更高质量、更完善的服务,促进整个途经车辆问题的解决及途经车行业的规范与整治。如果仅是赔偿一定的金额,那本次诉讼维护的仅是个人的权利,与诉讼初衷不符,与公益诉讼的主题也不符合。

总的来说,虽然本案与预期的路线不同,最终采用了"私益诉讼",但殊途同归,其效果是一致的。

(六) 诉前准备

在律师指导下,团队成员通过诉讼路线的指引展开讨论。讨论中,主要解决三个问题:一是确定被告,二是明确诉讼请求,三是确定法律的适用,并在此基础之上完成诉状的撰写。

1. 确定被告(厘清法律关系)

关于被告的确定,团队曾进行多次讨论。首先,涉案主体有三:王小丽、某客运集团、某网络公司。其次,由于涉及网络购票,法律关系认定有一定难度。通过查询付款记录,团队发现,王小丽的车费的接收方为某公司,而非客运集团。另外,团队拨打服务热线,客服也说明车费为先转入某公司账户,之后由其与客运集团结账。由此,团队认定,王小丽在巴士管家 App 上的购票行为属于与网络公司缔结服务合同,两者之间存在合同关系。

那么,客运集团与王小丽之间是否存在法律关系?通过与律师交流,团队最终认定客运集团与王小丽之间存在客运合同关系,客运合同的载体即为车票。客运集团作为承运人,应当遵守《合同法》中关于承运人的规定。

王小丽的合法权益被侵害与上述两家均有关,两者均应承担违约责任。因此,团队决定分别以客运集团有限公司与网络公司为被告提起诉讼。

2. 确定诉讼请求

王小丽在本次事件中共有两处损失:一是包含在车费内中的从下地点到公交站的路程费用,此部分费用已支付给客运集团;二是选择其他交通方式从下车地点到公交站的路程费用,此部分费用为本不应支出的费用。因此,请求归还两部分费用损失应当包含在诉讼请求内。

团队本想将"客运集团进行整改,将途经车下车点规范为公交站或服务区""修改途经车票价,使其低于正常班次汽车票价"之类的请求也列在诉讼请求内,但考虑到本案为私益诉讼而非公益诉讼,法官支持此请求的可能性较低,因此没有将其列入。

由于车费最终归客运集团所有,涉及车费的诉讼请求于对客运集团的诉状中提出(请求判令被告返还原告支付票价 149 元)。另外一项损失则于对网络公司的诉状中提出(请求依法判令被告支付原告损失费 30 元)。两案中均请求由被告承担诉讼费用。

3. 撰写起诉书

确定诉讼路线、被告、诉求、请求权基础后,团队开始撰写起诉状。

(七) 立案

因本案涉及两个诉讼:一是客运合同纠纷,原告与客运集团之间存在客运合同关系;二是服务合同纠纷,原告与网络公司存在服务合同关系。因两个被告分属不同法院管辖,所以团队前往苏州市工业园区人民法院和姑苏区人民法院分别立案。

2019 年 10 月 28 日上午,在苏州市工业园区人民法院,立案窗口工作人员告知诉讼请求存在问题,支撑主张请求的法律依据不明,即应当在《合同法》第一百零七条和《消费者权益保护法》第八条第一款二者间择一。团队经过讨论、修改,最终选择适用《消费者权益保护法》第八条第一款之规定作为请求权基础,于 2019 年 11 月 5 日下午,再次前往苏州市工业园区人民法院立案,经审查后,法院当场立案。

2019 年 11 月 11 日上午,团队在总结前两次前往园区法院立案积累的经验基础上,对诉状和证据作了修改、调整,后前往姑苏区人民法院立案,整个过程相当顺利。经过审查,法院当场受理。2019 年 11 月 18 日,姑苏区人民法院立案,案号为(2019)苏 0508 民初 9487 号;2019 年 11 月 22 日,原告收到法院传票,法院定于 2019 年 12 月 10 日 13:30 开庭审理。

(八) 协商调解

2019 年 11 月 25 日,被告收到法院传票时,车主便联系王小丽,希望其撤诉。在双方交流中,团队得知,车主其将车辆挂靠在集团,与集团之间存在挂靠运营"苏州—灌云"该条路线的合同关系,因为原告起诉可能导致车主今后不再能够取得该条路线的运营权,其作为实际利益受损的一方,希望与王小丽庭外和解,但由于被告方不愿意签订加盖公章的保证书、承诺书,本次协商未果。

2019 年 11 月 30 日,集团业务经理与王小丽联系,再次询问其是否愿意撤诉及同意撤诉的要求,王小丽坚持自己的立场——要么当庭调解制作调解书,要么和解签订保证书,对此对方依旧没有回应。

经过两轮协商,王小丽发现,对方并未认清本次诉讼的真正目的,仅是就价款赔偿问题进行协商来请求和解。当王小丽明确表示接受调解,但前提是需要对方做出"调整线路,到站停车"的承诺时,对方便不再给予明确答复,因而协商未果。

2019 年 12 月 8 日,被告方代理律师与王小丽联系,双方进行第三轮交涉。考虑到法院判决只是能够获得诉求中的"返还票价""被告承担诉讼费用"的金钱给付,而不会将原告诉讼的初衷——途经车"调整线路,到站停车"写入判决,在今后的客运途中,此种现象仍可能继续存在,团队想要争取将这一承诺写入调解书中,或者在对方足够诚恳、提交保证书的情况下,不排除与之和解的可能。如果集团后续仍不进行调整,团队将会寻求省消费者协会的帮助,将调解书或保证书公示,团队取得的相当于是该企业的一份信誉担保。在律师的帮助下,团队拟定了一份细致、全面的和解书,包含保证书在内。因此,团队决定在2019 年 12 月 10 日当天当庭提出如下调解或和解要求:① 被告退还购票费用 149 元。② 被告承担诉讼费用 25 元。③ 被告承诺途经车到站下客,并签字盖章。④ 被告承担原告立案、开庭来回车费 200 元。

12 月 10 日,正式开庭前,被告答应了原告的所有要求,双方在法院当庭签订和解协议,原告方当庭撤诉。协议中,被告承诺今后途经车辆在指定地点下车后,后续会安排专车将乘客安全送达车站,并且由公司监督执行。同时,原告明确在被告方未按协议履行其应尽义务时,被告方承担违约金之外,原告不必受保密条款的限制,会采取后续措施跟进,可将和解协议公之于众,使该企业承担信誉损失后果。

三、参赛感悟

通过本次诉讼,团队收获颇丰,除了亲自经历整个过程、累积实践经历,印象深刻的是:在收集证据、寻找证人时,团队发现公民的法律意识普遍不强;在探索诉讼路线时,受到《民事诉讼法》第五十五条的启发,团队研究出了公益诉讼路线;在纠纷解决过程中,团队衡量了坚持诉讼与和解解决的利弊,最大化实现我方目的。主要有以下收获与感想。

(1)从公民法治意识角度。当前,我国正在大力进行社会主义法治国家建设,尽力完善相关法律,但更应注重公民法治意识的培养。法治意识是法治社会公民权利的内在基础和保障,法律上的权利能否得到有效维护与行使,不仅取决于法律制度本身,而且取决于公民法治意识的状况,只有主体具备了健全的成熟的法治意识,并成为制度存在和运行的基础,才能维护公民的权益。虽然现在公民的法治意识比过去提高了许多,但还存在着与时代精神相冲突的地方,产生了法律制度现代化与法治意识滞后的矛盾。途经车问题看似"约定俗成",但透过这个问题,我们感受到促进公民对不合理习惯的挑战,激发个人举起法律的武器维护自身权利,增强公民的法治意识、维权意识,从而使社会主义法治理念深入人心,显得十分紧迫。

(2)从公益诉讼角度。我们知道,个人是无法提出真正意义上的公益诉讼的,首先主体要素不符合,先前团队在法院立案的时候也被明确告知过,诉求只能是与原告密切相关,有一些影响不特定人的诉求是不会被支持的。通过分析相关案例,我们想到消费者协会或许可以提起公益诉讼。如果能够成功提起公益诉讼,那么这场诉讼的辐射范围会更加广泛、影响力更大。这是我们先找苏州消费者协会,将情况反映给他们的初衷。消费者协会很重视我们这个问题,表示会全力支持。虽然我们已经立案,但他们还是很期待我们的成果,并愿意提供帮助。因而,我们会尽最大的努力去发扬这场诉讼的"公益性",也希望通过我们一点点的努力,能够改变一些消费者领域的不合理问题,抚慰之前遭受过同样经历的消费者,避免未来更多的消费者遭受同样不愉快的经历,促进市场良性发展。

(3)从诉讼和解角度。诉讼可以促进纠纷的解决,个人权利的保障,以及社会秩序与法律秩序的稳定,在各种冲突的价值观中找到一个平衡点,在保护实体权利或追求实质真实的同时,充分兼顾当事人的实体利益及程序利益,并赋予当事人充分的程序选择权,在诉讼中可以达到当事人双方在庭外无法达到的平等状态,无论是权利义务上的平等,还是身份上的平等,这同时也是程序保障的要求。当纠纷产生,有多种解决方式可供选择,如和解、调解、仲裁、诉讼等,双方争议不大时,一般通过协商便能达成和解协议,这是实践中争议解决最为迅速有效的手段,但当协商不成时,诉讼便成了最终的手段。毋庸置疑,在诉讼中双方地位平等,权利义务平等,贯彻"以事实为依据,以法律为准绳"之原则所作之判决也应当是公平正义的,任何一方当事人都无法用其权力、身份、地位等来压迫公平正义的实现。

最终,我们以和解的形式圆满结束此案。和解也好,判决也好,只要能够满足所要达到的目的,实现当事人利益最大化,就算是一种最佳的解决方法,在经济学上我们将之称为"帕累托最优"。诉讼只是解决争议的一种手段,它的启动可以是对被告方不法行为拉响的一个警报,督促其开始重视自己的行为不妥之处,而非一旦诉讼就诉争到底。当双方利益能够得到平衡时,和解解决争议,简便迅速,成本消耗低,未尝不是解决争议的一个好方法。

——王小丽、赵虹霞、赵丽君、王子尧、徐　艳、包馨怡

四、指导律师点评

在客运服务这一块,途经客运泊车没有按照实际的要求把乘客送达目的地的情况还是挺多的。非常巧合,本案王小丽的经历我也经历过,中途被放下要再寻找车辆到目的地,给旅客造成了很大的麻烦,不

仅是金钱上的支出,还可能面临被宰和不一定能及时有车的困境,所以团队提起诉讼从这一点入手很有现实意义。

任何诉讼,证据的收集和法律关系的确定都是首要的,当团队成员第一次和我聊的时候,证据只有购买的车票这一凭证,无客运方中途把作为乘客的王小丽放下的关键证据,所以我建议她再辛苦一趟,当中一定要做好证据保全,并告诉她这至关重要。当证据固定下来后,因为购票的收款方和实际的运输方并不是同一家公司,这就面临法律关系和被告主体的选择,以及不同的诉讼请求的主张。

立案后,因为被告为客运公司,且还存在这一运输路线承包运营的情况,所以多方主体来联系团队主张调解,这是比较考验团队成员的,最后出于判决的利益,得到支持诉讼请求少于调解让对方来承诺履行的条件,判决仅能支持王小丽这一个体这一次搭乘所受损的主张,但调解可以让客运公司保证做出改正,将来的消费者将享受更加合理完善的乘客服务,所以最终本案以超出我们预期完善的调解方案快速结案。

这样的案件,作为曾经也遭受过类似经历的我,出于时间成本的考虑,也没有多大重视保护自己的权益,但就是这样的诉讼所倡导的公益之心,让参与其中的同学可以真正践行其法学院所学,也会让社会更加美好。

——江苏通达瑞律师事务所　龚娇娇

后　记

　　为充分展现新时代法学院学生的法学素养和社会责任意识,展示大学生利用所学专业法律知识,有效服务社会与民众,我们选取近年来在"小城杯"公益之星创意诉讼大赛中获奖的 24 个案例,组织编写这本《我是原告(第 2 辑)》,旨在展示并宣传大学生投身公益事业的精神风貌与专业水平。

　　与其他比赛不同,"小城杯"公益之星创意诉讼大赛是一项创新性的实践活动。参赛队伍除具备公平正义的法治理念,并进行严谨细致的调研外,参赛成员须以自然人的身份就选定的课题依法向人民法院提起民事诉讼。诉讼的形式不限,但要求能够代表社会公共利益,关注社会民生话题,有助于社会进步。大赛通过对参选诉讼课题的筛选、对入围参赛团队所提起的诉讼进行全程指导和最终的综合评比,以达到发现和培养法律人才、推动社会公益的目的。

　　编入本书的每个案例分为导读、案情回顾、参赛感悟、指导律师点评四个部分,从案件亲历者的视角讲述整个参赛历程,展示莘莘学子将"纸面的法变成生活的法"的能力,展示法律服务队伍弘扬法治精神,让公平正义更加可见可感的责任担当。

　　本书的出版得到参赛获奖者、指导律师的大力支持,他(她)们不仅提供了相关材料,还在百忙中撰写参赛感悟与点评。本书还得到东部战区军事法院原院长蒋柳清与立信会计出版社的指导帮助,从法学专业和出版专业的角度为本书审定把关。谨在本书出版之际,向所有关心支持本书编写出版工作的朋友们表示衷心感谢!

编　者

2022 年 7 月